"十二五"职业教育规划教材

Jiaotong Xinxi Shuju Chuanshu Jishu
交通信息数据传输技术

赵兰华　主编

朱　昊　主审

人民交通出版社股份有限公司
China Communications Press Co.,Ltd.

内 容 提 要

本书为"十二五"职业教育规划教材。全书共分为六个项目:第一个项目为交通信息数据传输系统综述,总体介绍交通信息数据传输系统所涉及的各数据传输系统;接下来四个项目分别介绍移动通信系统和设备使用、无线局域网和设备使用、全球定位系统和设备使用、光纤通信系统和设备使用等,使读者认识各传输系统并会使用相关设备;最后一个项目介绍公交信息数据传输应用案例,使读者从应用角度了解交通信息数据传输。

本书参考学时数为64学时,适用于职业院校城市交通信息技术应用类、交通运输类等专业师生学习,也可供交通行业人员参考。

* 本书配有教学课件,读者可于人民交通出版社股份有限公司下载。

图书在版编目(CIP)数据

交通信息数据传输技术/赵兰华主编. —北京:
人民交通出版社股份有限公司,2015.8
ISBN 978-7-114-12333-7

Ⅰ.①交… Ⅱ.①赵… Ⅲ.①交通信息系统—数据传输Ⅳ.①U49

中国版本图书馆 CIP 数据核字(2015)第 135350 号

"十二五"职业教育规划教材

书　　名:	交通信息数据传输技术
著 作 者:	赵兰华
责任编辑:	袁　方　杨　捷
出版发行:	人民交通出版社股份有限公司
地　　址:	(100011)北京市朝阳区安定门外外馆斜街3号
网　　址:	http://www.ccpress.com.cn
销售电话:	(010)59757973
总 经 销:	人民交通出版社股份有限公司发行部
经　　销:	各地新华书店
印　　刷:	北京市密东印刷有限公司
开　　本:	787×1092　1/16
印　　张:	13.5
字　　数:	333千
版　　次:	2015年8月　第1版
印　　次:	2015年8月　第1次印刷
书　　号:	ISBN 978-7-114-12333-7
定　　价:	40.00元

(有印刷、装订质量问题的图书由本公司负责调换)

前　言

　　2006年，上海市教育委员会按照课程教材改革三年行动计划，制定了第一批以"任务引领"为教育理念的新型职业教育专业教学标准。新标准以科学发展观为指导，以就业为导向，以能力为本位，以岗位需要和职业标准为依据，以促进学生职业生涯发展为目标，对职业教育课程体系进行重新构建，实现职业教育课程模式和培养模式的根本性转变。

　　本书依据该批教学标准中的城市交通信息技术应用专业教学标准编写，编写模式突破了原来以学科为主线的课程体系，以应用为目的，以必需、够用为度，围绕职业能力的形成组织课程内容。全书以项目为中心整合相应的知识、技能，并由任务引领，实现课程改革的宗旨，每个项目均涉及几个相关任务，以体现"做中学"的特点。

　　本书共分六个项目，内容涵盖交通信息数据传输系统综述、移动通信系统认识和设备使用、无线局域网认识和设备使用、全球定位系统认识和设备使用、光纤通信系统认识和设备使用，以及公交信息数据传输应用案例等。

　　本书共六个项目，由上海市公用事业学校赵兰华担任主编，上海市城乡建设交通发展研究所朱昊高级工程师担任主审。各项目编写人员如下：赵兰华编写第一、二、四、五项目；赵兰华和邱嫦娟（上海中安电子信息科技有限公司）编写第三个项目；赵兰华和陈刚（上海中安电子信息科技有限公司）编写第六个项目。

　　由于编者水平有限，书中难免存在缺点和错误，恳请各位教师和读者给予批评指正。

编　者
2015年5月

目　　录

项目一　交通信息数据传输系统综述 ·· 1

　　任务一　认识交通信息数据传输系统组成 ···································· 1
　　任务二　熟悉交通信息数据传输系统基础知识 ································ 6
　　任务三　学习使用 MAX + plus II 软件 ····································· 22
　　任务四　伪随机码发生器电路仿真 ·· 28

项目二　移动通信系统认识和设备使用 ·· 34

　　任务一　认识移动通信系统的组成 ·· 34
　　任务二　认识 GPRS 移动通信系统的组成 ··································· 39
　　任务三　使用 GPRS 系统终端设备和服务器端进行数据传输 ···················· 46
　　任务四　认识 CDMA 移动通信系统的组成 ·································· 66
　　任务五　使用 CDMA 系统终端设备和服务器端进行数据传输 ··················· 74
　　任务六　第三代移动通信技术及展望 ······································ 89

项目三　无线局域网认识和设备使用 ·· 96

　　任务一　认识无线局域网组成 ·· 96
　　任务二　进行无线局域网组网 ··· 108

项目四　全球定位系统认识和设备使用 ······································· 129

　　任务一　认识全球定位系统的组成 ······································· 129
　　任务二　用 GPS 模块进行定位 ·· 141
　　任务三　在地图上添加 GPS 模块定位数据 ································· 148

项目五　光纤通信系统认识和设备使用 ······································· 160

　　任务一　认识光纤和光纤通信系统组成 ··································· 160
　　任务二　使用光纤和光端机在两台电脑间进行数据传输 ····················· 178

项目六　公交信息数据传输应用案例 ··· 195

　　任务一　公交信息数据传输应用案例 ····································· 195
　　任务二　公交信息数据传输基本通信协议举例 ····························· 197

参考文献 ·· 208

项目一 交通信息数据传输系统综述

 知识要求

1. 掌握交通信息数据传输系统组成。
2. 熟悉各种通信方式。
3. 熟悉信道与传输媒体。
4. 熟悉信源编码和信道编码。
5. 熟悉调制技术。
6. 了解几种主要数据通信协议。

 技能要求

1. 学习使用 MAX + plus II 软件。
2. 伪随机码发生器电路仿真。
3. 会根据伪码发生器反馈逻辑表设计伪随机序列。

 材料、工具及设备

1. 通信原理技术实训箱。
2. 20MHz 以上双踪示波器。
3. Byte Blaster 下载缆线。
4. 数字万用表。
5. PC 机。

任务一 认识交通信息数据传输系统组成

广义地讲,无论用任何方法、通过任何传输媒介,将信息从一个地方传送到另外一个地方均可称为通信。而交通信息数据传输系统也就是为了将交通信息从一个地方传送到另一个地方而采用的各种通信方式的集合。

一、任务内容

(一)认识交通信息数据传输系统组成

交通信息数据传输系统的组成如图 1-1-1 所示。

由图 1-1-1 中我们可以看出,整个系统包括了 GPRS 网络、GPS 全球定位系统、Internet 等。该系统主要使用了 CDMA 移动通信系统、GPRS 移动通信系统、无线局域网 GPS 全球定位系统和光纤通信系统等。

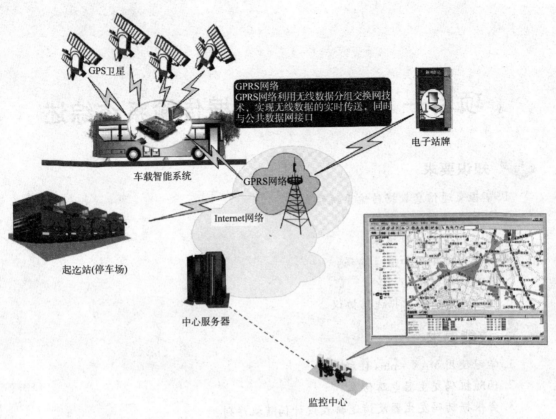

图 1-1-1 交通信息数据传输系统示例

(二) 认识各通信系统

1. 移动通信系统

移动通信是指通信双方至少有一方是在运动中进行信息交换的。近二十年来,在微电子技术和计算机技术的推动下,移动通信从过去简单的无线对讲或广播方式发展成为把有线、无线融为一体,固定、移动相互连接的全国规模、全球范围的通信系统。我国从20世纪90年代中期开始发展移动通信,经历了第一代TACS制式模拟移动通信系统、GSM制式第二代数字移动通信系统和CDMA制式第三代移动通信系统的发展历程。在今后的发展过程中,它必然朝着数字化、微型化、个人化、智能化和标准化等方面发展。随着新理论、新技术和新产品的不断涌现,移动通信将更加可靠、方便、快速、灵活,并全方位地满足人们对通信的需求。

2. 无线局域网

无线局域网是指以无线信道作传输媒介的计算机局域网络(Wireless Local Area Network,简称WLAN),是在有线网的基础上发展起来的,用于使网上的计算机具有可移动性,能快速、方便地解决有线方式不易实现的网络信道的连通问题。

3. GPS 全球定位系统

GPS是全球定位系统(Global Positioning System)的英文缩写,它可以用来实现连续的实时三维导航。该系统是20世纪70年代由美国国防部研制的新一代卫星导航定位系统,向全球范围内的用户全天候提供高精度的导航、定位和授时服务。目前,GPS已在地形测量、交通管理、导航、野外勘探等领域得到了广泛的应用。

4. 光纤通信系统

光纤通信是以光波为载频、以光纤为传输媒介的新型通信方式,其应用规模之大、范围之广、涉及学科之多,是以往任何一种通信方式所未有的。与电缆通信相比,每芯光纤通话路数高达百万路,中继距离达到100km。现在,光纤通信的新技术仍在不断涌现,诸如频分复用系统、光放大器、相干光通信、光孤子通信等,其中主要以单模长波光纤通信、大容量数字传输技术以及相干光通信为主流。这些技术预示着光纤通信技术的强大生命力和广阔的应用前景。光纤通信系统将对未来的信息社会发挥巨大的作用,产生深远的影响。

二、相关知识

(一)通信系统的模型

通信系统由信源、发送设备、信道、接收设备和信宿五部分组成,如图1-1-2所示。

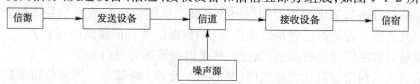

图1-1-2 通信系统模型

信源的作用是把信息变换成原始电信号,这个信号称为基带信号。例如,在人与人之间通信的情况下,信源是指发出信息的人;在机器与机器之间通信的情况下,信源是指发出信息的机器,如计算机或其他机器。不同的信源构成不同形式的通信系统,如对应语音形式信源的是移动通信系统,对应计算机等数据信源的是光纤通信系统或无线局域网等。

发送设备将信源产生的信号变换为适于信道传输的信号。变换方式多种多样,正弦调制是常见的变换方式,经正弦调制后的信号称为频带信号。在现代通信系统中,为满足不同的要求,需要不同的变换和处理方式,如放大、滤波、调制、数/模转换、加密、纠错等。发送设备是一个整体概念,可能包括许多的电路、器件与系统,如把声音转换为电信号的麦克风,把基带信号转换成频带信号的调制器等。

信道是信号的传输介质,即传输信号的通道。信号在通信系统中传输时,不可避免地会受到系统外部和系统内部噪声(即信道噪声)的干扰。这些噪声可能是进入信道的各种外部噪声,也可能是通信系统中各种电路、器件或设备自身产生的内部噪声,在分析时往往把所有的干扰(包括内部噪声)折合到信道上统一用一个等效噪声源表示。根据传输媒质的不同,信道可分为有线信道(明线、电缆、光纤等)和无线信道(微波、卫星等)。明线和电缆可用来传输速率低的数字信号,其他信道均要进行调制。只经信道编码而不经调制就可直接送到明线或电缆中去传输的数字信号称为数字基带信号,经调制后的信号称为频带信号。

接收设备接收从信道传输过来的信息,并将信息转换成信宿便于接收的形式,其功能与发送设备的功能刚好相反。接收设备也是一个整体概念,可能包括许多的电路、器件与系统,如把频带信号转换为基带信号的解调器,把数字信号转换为模拟信号的数/模转换器等。

信宿的作用是将基带信号恢复成原始信号。它可以与信源相对应构成人—人通信或机—机通信;也可以与信源不一致,构成人—机通信或机—人通信。

图1-1-2所示的通信系统模型是对各种通信系统的概括,反映了通信系统的共性。根据所研究的对象不同,会出现形式不同的具体的通信模型。例如,移动通信便是一个典型的数字通信系统,其通信系统模型如图1-1-3所示。

信源是信息变换成原始电信号的设备或电路。常见的信源有产生模拟信号的电话机、话筒、摄像机和输出数字信号的电子计算机等。

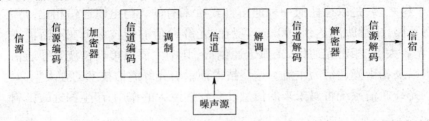

图 1-1-3　数字通信系统模型

信源编码的主要功能是把人的话音以及机器产生的如文字、图表及图像等模拟信号变换成数字信号,即模拟/数字变换(简称模/数变换或 A/D 变换)。在数字系统中,信源编码一般包括模拟信号的数字化和压缩编码两个范畴。压缩编码对数字信号进行处理,去除或减少信号的冗余度。若信源已经是数字信号(如数据信号),信源编码可省去。

加密器是对数字信号进行加密,通过一些逻辑运算即可进行加密。

信道编码包括纠错编码和线路编码(又称码型变换)两部分。经过信道编码的码流、码元之间具有较强的规律性,可以满足信道的要求,适宜在信道上传输,易于接收端同步接收发送端送来的数字码流,并且根据信道编码形成的规律性自动进行检错甚至纠错。

有时为了适应传输系统的频带要求,将编码后的数字信号频谱变换到高频范围内,这一变换称为调制,(如光纤信道中的光调制,无线信道中的调频、调相、调幅等)。例如,手机信号的传送就是将编码后的数字信号用 900MHz 频段装载实现无线电波发送的。

接收端的解调、信道解码、解密器和信源解码等功能分别是发送端的调制、信道编码、加密器和信源编码等功能一一对应的逆过程,这里不再赘述。

需要指出的是,具体的数字通信系统并非一定包括图 1-1-3 所示的全部过程。例如,信源是数字信息时,则信源编码和信源解码可去掉,这时的通信系统称为数字通信系统;基带传输系统,调制和解调可去掉;当通信不需要保密时,加密器和解密器可去掉。

(二)模拟信号与数字信号

随着生产力的发展和科技的进步,人类社会已步入了信息社会。信息对收信者来说,是指未知的交换、存储或提取的内容。信息可以有多种表现形式,如语言、文字、数据、图像等。信息交换与快速传递变得越来越重要。

信号(Signal)是信息的载体,是运载信息的工具。人们要想交换和传递信息必须借助信号,以信号作为载体。例如,以交通运输相比拟,信号就相当于各种运输工具(如汽车、火车、轮船、飞机等),而信息则相当于被运输的人或物品。

数据是运送信息的实体,而信号则是数据的电气的或电磁的表现。无论数据或信号,都既可以是模拟的也可以是数字的。所谓"模拟的"就是连续变化的,而"数字的"则表示取值仅允许为有限的几个离散数值。

1. 模拟信号(Analogue Signal)

如果信号的幅度值是连续(其含义是在某一取值范围内可以取无限多个数值)的而不是离散的,则这样的信号称为模拟信号。图 1-1-4a)是话音信号的电压波形,它模拟了语声声强的大小,其幅度是连续变化的,因此是模拟信号。图 1-1-4b)是对图 1-1-4a)按一定的时间间隔 T 抽样后的抽样信号,在时间上是离散的,但幅度取值仍然连续,所以图 1-1-4b)仍然是模拟信号。例如,收音机接收的调幅、调频信号,普通电话机发送、接收的信号,模拟电视机接收的信号等都是模拟信号。

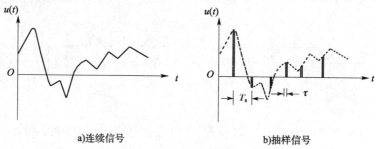

图 1-1-4　模拟信号波形

2. 数字信号(Digital Signal)

图 1-1-5 所示为数字信号的两个波形。图 1-1-5a)所示为二进制码,每一个码元只取两个状态(0、1)之一。图 1-1-5b)所示为四电平码,每个码元只能取四个状态(3、1、−1、−3)中的一个。数字信号的特点是:其幅度值被限制在有限个数值之内,不是连续的而是离散的。例如,计算机处理的信号,电报传送的信号,手机收、发处理的信号,网络传输的数据信号等均属于数字信号。

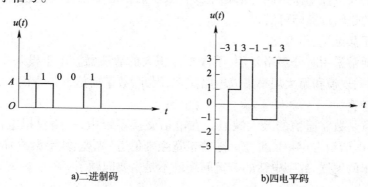

图 1-1-5　数字信号波形

由上面分析可知,判断一个信号是数字信号还是模拟信号,关键是看信号幅度的取值是否离散。一个信号既可用模拟信号表示,也可以用数字信号表示,因此模拟信号和数字信号在一定条件下可相互转换。

(三)数字通信的特点

与模拟通信比较,数字通信的特点如下:

1. 抗干扰能力强,无噪声积累

信号在传输过程中必然会受到各种噪声的干扰。在模拟通信中,为了实现远距离传输,提高通信质量,需在信号传输过程中及时对衰减的信号进行放大,同时叠加在信号上的噪声也被放大,如图 1-1-6a)所示。由于在模拟通信中,噪声是直接干扰信号幅度的,因此难以把信号和干扰噪声分开。随着传输距离的增加,噪声积累越来越大,通信质量越来越差。

在数字通信中,信息变换在脉冲的有无之中。为实现远距离传输,当信噪比恶化到一定程度时,可在适当的距离采用再生的方法对已经失真的信号波形进行判决,消除噪声的积累,如图 1-1-6b)所示。

2. 灵活性强,能适应各种业务要求

在数字通信中,各种消息(电报、电话、图像和数据等)都可以变换成统一的二进制数字信号进行传输。采用数字传输方式可以通过程控数字交换设备进行数字交换,组成统一的综合业务数字网(ISDN)。

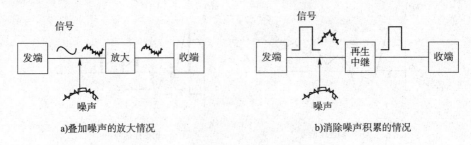

图1-1-6 模拟和数字通信中噪声的形式

3.便于与计算机连接

由于数字通信中的二进制数字与计算机所采用的信号完全一致,所以便于与计算机连接,形成复杂的远距离大规模自动控制系统和自动数据处理系统,实现以计算机为中心的自动交换通信网。

4.便于加密处理

信息传输的安全性和保密性越来越重要。数字通信的加密处理比模拟通信容易得多,经过一些简单的逻辑运算即可实现。

5.设备便于集成化、小型化

数字通信通常采用时分多路复用,不需要体积大的滤波器。由于设备中大部分电路是数字电路,可用大规模和超大规模集成电路实现,因此,数字通信设备体积小、功耗低。

6.占用频带宽

占用频带宽是数字通信的最大缺点。在电话交换系统中,一路模拟电话约占4kHz带宽,而一路数字电话约占64kHz带宽。随着带宽频带信道(光缆、数字微波)的大量利用及数字信号处理技术的发展,数字电话的带宽问题已不是主要问题了。

复习与思考

1. 试画出数字通信系统组成框图,并说明各部分的作用。
2. 结合交通信息数据传输系统,举例说明现代通信的几种方式。
3. 模拟信号与数字信号的主要区别是什么?
4. 简述数字通信系统的特点。

任务二 熟悉交通信息数据传输系统基础知识

(一)认识信道与传输介质

通信系统中的信道是物理信道,是指信号发送设备与信号接收设备之间传送信号的通道。信道可连接两个终端设备,完成点对点通信。在现代通信网中,信道作为链路可连接网络节点的交换设备,从而构成多个用户连接的网络。信号必须依靠传输介质传输。传输介质是指可以传输电信号(或光信号)的物质,分为有线介质和无线介质。各种物理传输介质被定义为狭义信道。另一方面,信号还需经过许多设备(如发送机、接收机、调制器、解调器、放大器等)进行处理。因此,传输介质(狭义信道)和信号必须经过的各种通信设备又统称为广义信道。

1. 信道工作方式

一条通信电路往往包含一条发送信道和一条接收信道。从通信的双方信息交互的方式看,可以有以下三种基本方式:

1)单工通信

单工通信是只有一个方向的通信,而没有反方向的交互,仅需要一条信道。无线电广播、电视广播就属于这种类型。

2)半双工通信

半双工通信即通信的双方都可以发送信息,但不能同时发送。

3)全双工通信

全双工通信即通信的双方可以同时发送和接收信息,通常需要两条信道。

2. 传输介质

常见的传输介质包括双绞线、同轴电缆、光缆、无线传输等。

1)双绞线

将一对以上的双绞线封装在一个绝缘外套中,为了降低信号的干扰程度,电缆中的每一对双绞线一般是由两根绝缘铜导线相互扭绕而成,也因此把它称为双绞线。双绞线中每对信号传输线间的距离比明线小,包于绝缘体内,外界破坏和干扰较小,性能也较稳定。双绞线的质量和可靠性比早期的架空明线好,通信容量也相对较大,但其损耗随工作频率的增大而急剧增大。通常每公里的衰减分贝数与频率成正比,因而双绞线通信容量受到限制。这类双绞线通常制成多芯电缆,从 2 对 4 芯起直到 200 对,形成多层结构而包成一条电缆。

双绞线分为非屏蔽双绞线(UTP)和屏蔽双绞线(STP),如图 1-2-1 所示。

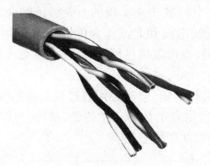

a)非屏蔽双绞线(UTP)　　　　　　　　b)屏蔽双绞线(STP)

图 1-2-1　双绞线

STP 的内部与 UTP 相同,外包铝箔,抗干扰能力强、传输速率高,但价格昂贵。

双绞线在通信网中广泛应用于用户环路,即从用户终端至复接设备或交换机之间,如电话线、局域网线等。其带宽有限,而且传输距离短。通过数字信号处理技术和各种调制技术,能够提高铜线的传输速率和距离,从而在宽带网络中可以继续使用现有的双绞线。高性能双绞线的短距离数字传输速率可达 100Mbit/s,成为主要的用户环路之一。

2)同轴电缆

同轴电缆(如图 1-2-2 所示)由一根空心的外圆柱导体和一根位于中心轴线的内导线组成,内导线和圆柱导体及外界之间用绝缘材料隔开。按其直径的不同,同轴电缆可分为粗缆和细缆两种。同轴电缆传输带宽较大,是容量较大的有线信道,但造价高、施工复杂。

有线电视网络大量采用了同轴电缆,计算机局域网中也部分采用了同轴电缆。在传输容量和传输距离方面,同轴电缆优于双绞线但远不及光纤,故不适于宽带网络的主干线路,可用于从光节点到用户的短距离高速通信。同轴电缆曾作为通信网固定的干线信道,目前逐渐被光缆替代。

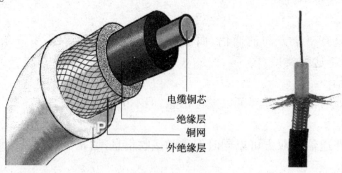

图1-2-2 同轴电缆

3)光缆

光缆是由一组光导纤维组成的用来传播光束的、细小而柔韧的传输介质。光纤的基本结构由纤芯和包层组成。应用光学原理,由光发送机产生光束,将电信号变为光信号,再把光信号导入光纤,在另一端由光接收机接收光纤上传来的光信号,并把它变为电信号,经解码后再处理。与其他传输介质比较,光纤的电磁绝缘性能好、信号衰减小、频带宽、传输速度快、传输距离大,主要用于要求传输距离较长、布线条件特殊的主干网连接。目前光纤到户也已逐步推开,具体介绍可见后续项目内容。

4)无线传输

在无线传输中,信号的传输是利用电磁波在空间的传播实现的。无线传输介质指可以传播电磁波(包括光波)的空间或大气,主要由无线电波和光波作为传输载体。由于无线电波传输距离远,能够穿过建筑物,既可全方向传播,也可定位传播,因此绝大多数无线通信都采用无线电波作为信号传输的载体。

无线传输信道中的信息主要通过自由空间进行传输,但还必须通过发射机系统、发射天线系统、接收天线系统和接收机系统,才能使携带信息的信号正常传输,从而组成一条无线传输信道。无线传输包括卫星通信、微波通信和移动通信三类。

3. 信道的分类

1)按照范围分类

狭义信道:指传输信号的具体媒介,如电缆、光缆等。

广义信道:不仅包含具体的物理介质,而且还包含了终端(收/发端)的部分设备在内的那段信号通路,如编码信道、调制信道等。

2)按照传输的信号类型分类

模拟信道:传输的是在幅度和时间上都连续变化的模拟信号,如传统的电话线就构成一个模拟信道。

数字信道:在信道上只能传输数字信号的信道,如数字电话信道、计算机组成的局域网等。

3)按照信道的使用方式分类

专用信道:两点或多点之间的线路是固定不变的,如民航系统、金融系统内部自己组建的网络等。

公用信道:通过公用网络为广大用户提供服务的信道,如公用电话网、数字数据网等。
4)按照传输媒质分类
有线信道:由固体媒体(如铜线或光纤)传输的导向媒体。
无线信道:在自由空间传输的非导向媒体(如短波、微波)。

(二)认识信源编码

实现通信数字化的前提是为信源所提供的各种用于传递的消息(例如语音、图像、数据、文字等)都必须以数字化形式表示。模拟信号数字化之后,一般会导致传输信号的带宽明显增加,这将占用更多的信道资源。为了提高传输效率,需要采用压缩编码技术,在保证一定信号质量的前提下,尽可能地去除或降低信号中的冗余信息,从而减小传输所用带宽。针对信源发送信息所进行的压缩编码,一般称为信源编码。

1. 模拟信号数字化

模拟信号的数字化是信源编码处理的前提。对于时间连续和取值连续的原始语音和图像等模拟信号,若以数字方式进行传输,在发送端必须首先进行模/数(A/D)变换,将原始信号转换为时间离散和取值离散的数字信号。

模拟信号的数字化过程可以分为抽样、量化和编码等阶段,如图1-2-3所示。

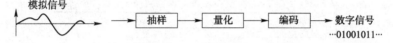

图1-2-3 模拟信号的数字化过程示意图

抽样:是指用时间间隔确定的信号样值序列代替原来在时间上连续的信号,即在时间上将模拟信号离散化,如图1-2-4所示。

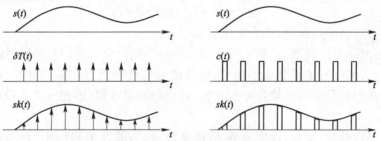

图1-2-4 抽样过程示意图图

抽样过程在理论上即:抽样过程 = 周期冲激序列 × 模拟信号。

而实际上是:抽样过程 = 周期性窄脉冲 × 模拟信号。

理论和实践证明,只要抽样脉冲的间隔 $T < 1/2f_m$(f_m 是原信号的最高频率),则抽样后的样值序列可不失真地还原成原来的语音信号(图1-2-5),该推理称为抽样定理。

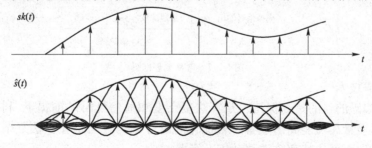

图1-2-5 抽样信号恢复的波形

量化:用有限个幅度值近似原来连续变化的幅度值,把模拟信号的连续幅度变为有限数量且有一定间隔的离散值。抽样把模拟信号变成了时间上离散的脉冲信号,但脉冲的幅度仍是连续的,还需进行离散化处理,即对幅值进行化零取整的处理,才能最终用数字来表示。

量化的方法是把样值的最大变化范围划分成若干个相邻的间隔。当某样值落在某一间隔内,其输出数值就用此间隔内的某一固定值来表示。一般常用均匀量化和非均匀量化。

均匀量化是采用相等的量化间隔对采样得到的信号作量化。

非均匀量化是采用压缩、扩张的方法。即在发送端对输入信号先进行压缩,再均匀量化,在接收端则进行相应的扩张处理。若小信号时量化级间的宽度小,而大信号时量化级间的宽度大,就可使小信号时和大信号时的信噪比趋于一致。这种非均匀量化级的方式称为非均匀量化,如图1-2-6所示。

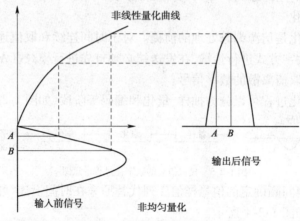

图1-2-6 非均匀量化示意图

量化过程必然会引入误差,称为量化误差。

编码:是按照一定的规律,把量化后的信号编码形成一个二进制数字码组输出。

抽样、量化后的信号还不是数字信号,需将此信号转换成数字编码脉冲,该过程称为编码。解码是把数字信号变为模拟信号的过程,是编码的逆过程,即把一个8位码字恢复为一个样值信号的过程。

模拟信号经过抽样、量化、编码完成A/D变换,称为脉冲编码调制(PCM),简称脉码调制,如图1-2-7所示。

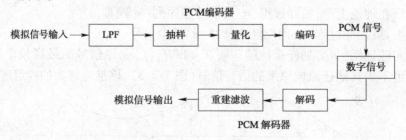

图1-2-7 PCM原理框图

2.语音编码技术

进行语音编码的目的是在保持一定算法复杂度和通信延时的前提下,利用尽可能少的信道容量,传送质量尽可能高的话音。较优化的语音编码方法是在算法复杂度和时延之间找到平衡点,并向更低比特率方向移动该平衡点。

语音编码研究的基本目标是在给定编码速率的条件下,用尽量小的编解码延时和算法复杂度,得到尽可能好的重建语音质量。衡量一种语音编码方法的好坏,一般要考虑语音质量、编码速率、信号延时和算法复杂度等多个方面。在不同的应用场合,对性能要求的侧重点将会有所区别。

语音是通信系统处理和传输的一种主要信息形式。自脉冲编码调制(PCM)技术出现以来,语音编码方法层出不穷,目前仍是通信领域内的一个重要研究课题。

根据编码器的实现机理,语音编码一般分为波形编码、信源编码(参数编码或声码器)和混合编码三大类型。

3. 图像编码技术

近年来,随着数字图像压缩编码理论与方案的不断创新、数字通信与计算机技术的高速发展、超大规模集成电路(VLSI)的多次更新换代和成本的降低,图像通信的发展速度越来越快,主要表现为图像通信的普及程度和图像通信质量的提高。

图像编码是信源编码的一个重要方面。图像编码种类很多,图像数据压缩算法也很多,根据应用的不同而产生了众多的编码方法。图像是二维的,表述的数学方法多种多样。以存储为目的和以传输为目的图像编码方法不同,静止图像与运动图像的编码方法也不同。

(三)信道复用技术

通信技术的发展和通信系统的广泛应用,使得通信网的规模越来越大和通信需求越来越多。而系统容量则成为一个非常重要的问题。一方面,原来只传输一路信号的链路上,现在可能要求传输多路信号;另一方面,一条链路的频带通常很宽,足以容纳多路信号传输。所以,多路通信(多路独立信号在一条链路上传输)技术则应运而生。

在现代通信网传输系统中,一条信道所提供的带宽通常比所传送的某种信号带宽要宽得多。若一条信道只传送一种信号则将浪费资源。多路复用技术用于实现在同一信道中传递多路信号而互相不干扰,以提高信道利用率。

多路复用技术的理论基础是信号分割原理,根据信号在频率、时间、码型等参量上的不同,将各路信号复用在同一信道中进行传输。多路复用技术包括复用、传输和分离三个过程。多个复用系统的再复用和解复用称为复接和分解,如图1-2-8所示。

图1-2-8 多路复用

常用的多路复用技术有频分多路复用(FDM)、时分多路复用(TDM)和码分多路复用(CDM)等。

1. 频分多路复用(Frequency Division Multiplexing,简称FDM)

当传输介质的可用带宽超过各路给定信号所需带宽的总和时,可以把多个信号调制在不同的载波频率上,从而在同一介质上实现同时传送多路信号,这就是频分多路复用。

FDM适用于模拟信号的传输,主要用于长途载波电话、立体声调频、电视广播和空间遥测等方面。频分复用将传输介质的频带资源划分为多个子频带,分别分配给不同的用户形成各自的传输子通路,各用户只能使用被分配的子通路传送信息。频分多路复用设备复杂,成本较高,目前应用已不多,正在逐步被时分多路复用所替代。

频分多路复用技术见如图 1-2-9 ~ 图 1-2-13 所示。

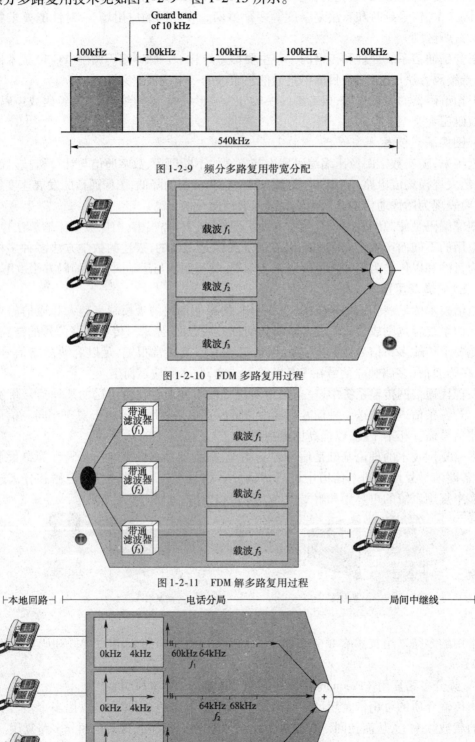

图 1-2-9　频分多路复用带宽分配

图 1-2-10　FDM 多路复用过程

图 1-2-11　FDM 解多路复用过程

图 1-2-12　FDM 中的移频与叠加(频谱)

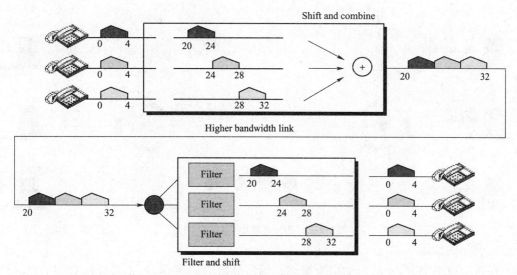

图 1-2-13　FDM 多路复用与解复用全过程

2. 时分多路复用(Time Division Multiplexing,简称 TDM)

当传输介质所能达到的数据传输速率超过各路信号的数据传输速率的总和时,可以将物理信道按时间分成若干时间片轮换地分配给多路信号使用,每一路信号在自己的时间片内独占信道传输,这就是时分多路复用。

时分多路复用技术按规定的间隔在时间上相互错开,在一条公共通道上传输多路信号,其理论基础是抽样定理,其必要条件是定时与同步。

时分多路复用可分为同步 TDM 和异步 TDM。

时分多路复用 TDM 多用来传输数字信号,但并不局限于传输数字信号,有时也可以用来分时传输模拟信号。

另外,对于模拟信号,有时可把 TDM 和 FDM 结合起来一起使用。例如,第二代移动电话的 GSM 标准中,将一个传输系统的可用频带分成许多子信道,每个子信道再利用时分多路复用来细分。如图 1-2-14、图 1-2-15 所示。

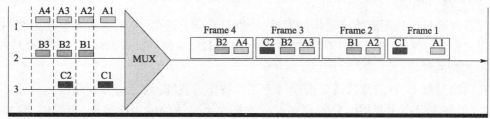

图 1-2-14　时分多路复用

3. 码分多路复用

在频分多路复用或时分多路复用方式中,不同的用户分别占用不同的频带或时隙进行通信。在码分多路复用方式中,则依靠不同的地址码区分不同的用户,所有的用户使用相同的频率和相同的时间在同一地区通信。

(四)认识调制技术

调制是将基带信号的频谱搬移到某个载频频带再进行传输的方式。这种适合于信道传输的信号频谱搬移过程,以及在接收端将被搬移的信号频谱恢复为原始基带信号的过程,称为信号的调制和解调。

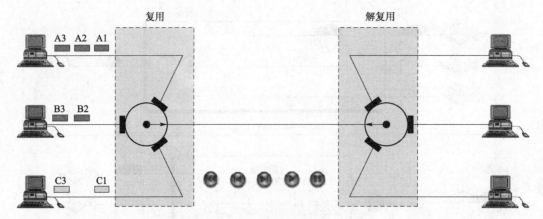

图 1-2-15 时分多路复用解复用全过程

1. 调制的作用

在通信技术中,载波是一个用来搭载原始信号(信息)的信号,不含任何有用信息。调制是使载波的某参数随调制信号(原始信号)的改变而变化的过程。

调制的一般过程如图 1-2-16 所示。

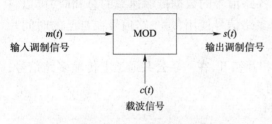

图 1-2-16 调制的一般过程

调制的实质是进行频谱变换。调制是在发送端把基带信号的频谱搬移到传输信道通带内的过程。解调是在接收端把已调制信号还原成基带信号的过程,是调制的逆过程。调制有两方面的目的:

(1)将基带信号变为带通信号。把基带调制信号的频谱搬移到载波频率附近,选择不同的载波频率(载频)可将信号的频谱搬移到希望的频段上,以适应信道传输的要求,或将多个信号合并起来用以多路传输。

(2)提高信道传输时的抗干扰能力。不同调制方式产生的已调信号的带宽不同,因此影响传输带宽的利用率。

随着大容量与远距离数字通信的发展,特别是在移动通信、卫星通信和数字微波中继通信中以充分节省频谱和高效利用可用频带作为目标,频谱资源的高效率利用就显得日益重要。

2. 调制的种类

在调制过程中,频谱搬移需要借助一个正弦波作为载波,基带信号则调制到载波上。通常,载波的频率远高于调制信号的频率。载波是一个确知的周期性波形,有振幅、载波角频率和初始相位等参量。载波的三个参量都可以被独立地调制,所以最基本的调制体制有调幅、调频和调相。

若基带信号是连续变化的模拟量,上述处理过程称为模拟调制。若用数字基带信号对载波进行调制,使基带信号的频谱搬移到较高的载波频率上,该信号处理方式称为数字调制。

1)模拟信号的调制

模拟调制是指用来自信源的基带模拟信号去调制某个载波。在模拟调制中,通常利用正弦高频信号作为传送消息的载体,称为载波信号。

若载波信号的幅度随基带信号成比例地变化,称为幅度调制,简称为调幅,如图 1-2-17 所示。调幅方式在无线电广播和载波电话中应用广泛。

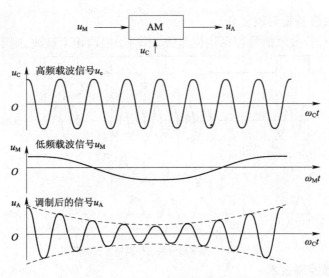

图 1-2-17 调幅示意图

若载波信号的频率随基带信号成比例地变化,则为频率调制,简称为调频,如图 1-2-18 所示。调频在电视和超短波广播中广泛应用。但是超短波只能直线传播一二百公里,收视距离较短。

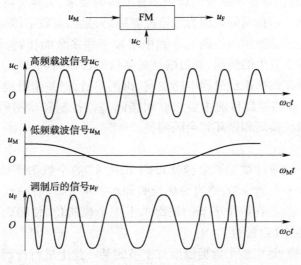

图 1-2-18 调频示意图

若载波信号的相位随基带信号成比例地变化,则为相位调制,简称为调相。调频和调相又统称为调角。调频时必然会引起调相,调相时必然会引起调频。

2)数字信号的调制

数字调制又称为"键控",其将数字信息码元的脉冲序列视为"电键"对载波的参数进行控制。与模拟调制相似,数字调制所用的载波一般也是连续的正弦型信号,但调制信号则为数字基带信号。调制方式可以是调频、调幅、调相,如图 1-2-19 所示。

3. 解调方式

解调方式可分为非相干解调和相干解调。

非相干解调不需要同步载波。

相干解调误码率比非相干解调低,需要在接收端从信号中提取出相干载波(与发送端同频同相的载波),故设备相对较复杂。

在衰落信道中,若接收信号存在相位起伏,不利于提取相干载波,则不宜采用相干解调。

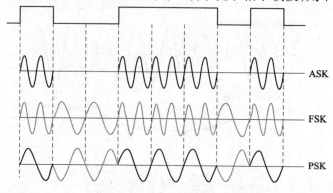

图1-2-19　数字信号的三种调制方式波形图

(五)认识差错控制技术

通信系统的主要质量指标是通信的有效性和可靠性。由于信道传输特性不理想以及加性噪声的影响,所接收到的信息不可避免地会发生错误,从而影响传输系统的可靠性。在数字通信系统中,编码器分为信源编码(解决通信的有效性问题)和信道编码(解决通信的可靠性问题)。不同的通信业务对系统的误码率有不同的要求,大容量高速传输的数据传输对误码率有更高的要求。信道编码也称为差错控制编码,是提高数字传输可靠性的一种措施。

信道编码是在经过信源编码的码元序列中增加一些多余的比特,利用该特殊的多余信息可发现或纠正传输中发生的错误,其目的是提高信号传输的可靠性。

差错控制就是指在数据通信过程中能发现、纠正差错,把差错限制在尽可能小的允许范围内的技术和方法。差错控制目前主要采取纠错码差错控制和检错码差错控制两种策略,常用的检错码有奇偶检验码和循环冗余码两类。

1.奇偶校验码

奇偶校验码是一种通过增加冗余位使得码字中"1"的个数为奇数或偶数的编码方法。奇偶校验码又分为水平奇偶校验、垂直奇偶校验和水平垂直奇偶校验。

(1)水平奇偶校验:是在每个字节的尾部加上一个校验位,使得码组中"1"的个数为偶数个(偶校验)或奇数个(奇校验)。

(2)垂直奇偶校验:是在整个数据段所有字节的某一位上进行奇偶校验。

(3)水平垂直奇偶检验:是既对每个字节进行校验,又在垂直方向对所有字节的某一位进行校验的水平奇偶校验和垂直奇偶校验的综合。

奇偶校验码的主要优点是简单,缺点是当收到偶数个位出错时,奇偶校验将无法检测出来。奇偶校验只能检测出部分传输差错。

2.循环冗余码(Cyclic Redundancy Check)

循环冗余检验是一种通过多项式除法运算检测错误的方法。CRC码的生成与校验过程可用软件或硬件实现(许多通信集成电路本身带有标准的CRC码生成与校验功能)。CRC码的校验能力很强,既能检测随机差错,又能检测突发差错。

1)基本原理

CRC检验原理实际上就是在一个p位二进制数据序列之后附加一个r位二进制检验码(序列),从而构成一个总长为$n=p+r$位的二进制序列。附加在数据序列之后的这个检验码与数据序列的内容之间存在着某种特定的关系。如果因干扰等原因使数据序列中的某一位或某些位发生错误,这种特定关系就会被破坏。因此,通过检查这一关系,就可以实现对数据正确性的检验。

2) CRC 检验码的计算

设信息字段为 K 位,校验字段为 R 位,则码字长度为 $N(N=K+R)$。设双方事先约定了一个 R 次多项式 $g(x)$,则 CRC 码:

$$V(x) = A(x)g(x) = xRm(x) + r(x)$$

其中:$m(x)$ 为 K 次信息多项式,$r(x)$ 为 $R-1$ 次校验多项式。

这里 $r(x)$ 对应的代码即为冗余码,加在原信息字段后即形成 CRC 码。

$r(x)$ 的计算方法为:在 K 位信息字段的后面添加 R 个 0,再除以 $g(x)$ 对应的代码序列,得到的余数即为 $r(x)$ 对应的代码(应为 $R-1$ 位;若不足则在高位补 0)。

例:设需要发送的信息为 $M=1010001101$,产生多项式对应的代码为 $P=110101$,$R=5$。在 M 后加 5 个 0,然后对 P 做模 2 除法运算,得余数 $r(x)$ 对应的代码为 01110。故实际需要发送的数据是 101000110101110。

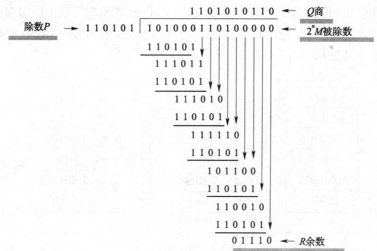

3) 错误检测

当接收方收到数据后,用收到的数据对 P(事先约定的)进行模 2 除法,若余数为 0,则认为数据传输无差错;若余数不为 0,则认为数据传输出现了错误。由于不知道错误发生在什么地方,不能进行自动纠正,因而对接收到的错误数据一般的做法是丢弃。

(六)了解数据通信协议

1. 通信协议的一般概念

1) 协议的概念

协议是通信双方都要遵守的约定的集合,是网络内使用的语言,用于协调网络的运行,以达到互连互通、互换互控的目的。协议的组成要素有语法、语义和定时关系。语法是确定数据和控制信息的结构或格式;语义规定双方要交流哪些数据信息;定时关系则规定事件执行的顺序。

2) 协议的功能

数据通信协议的主要功能有:信号的发送与接收、差错控制、顺序控制、透明性、链路控制与管理、流量控制、路径选择、对话控制等。

2. 通信协议的分层

1) 通信协议分层的概念

数据通信协议十分繁杂,涉及面很广。为了减少网络协议的复杂性,并不是为所有形式的通信都设计一个单一而巨大的协议,而是采用对协议分层的方法设计网络协议。

协议分层是按照信息的流动过程,将网络通信的整体功能分解为各个子功能层。位于不同系统上的同等功能层之间,按相同的协议进行通信;而同一系统中上下相邻的功能层之间则通过接口进行信息传递。

因此,协议的制定和实现常采用层次结构,即把整个协议分成若干层次,将复杂的协议分解为一些简单的分层协议,然后再组合成总的协议。各层之间既相互独立,又相互联系,每一层完成一定的功能,下一层为上一层提供服务。层与层之间的通信包括请求、指示、响应、证实。

数据通信协议分层的特点为:各层之间相互独立,灵活性好,结构上可以隔开,易于实现和维护。

2) OSI 参考模型及各层功能

国际标准化组织(ISO)制定了开发系统互联(OSI)参考模型。OSI 是实现各个网络之间互通的一个标准化理想模型,是网络互连的理论基础。OSI 参考模型(OSI/RM)把网络协议从逻辑上分为七个功能层,如图 1-2-20 所示。

图 1-2-20　OSI 参考模型

(1) 物理层:讨论在通信线路上比特流的传输问题。此层协议描述传输媒质的电气、机械、功能和过程的特性。其典型的设计问题有:信号的发送电平、码元宽度、线路码型、物理连接器插脚的数量、插脚的功能、物理拓扑结构、物理连接的建立和终止、传输方式等。

(2) 数据链路层:讨论在数据链路上帧流的传输问题。此层协议的内容包括:帧的格式、帧的类型,比特填充技术,数据链路的建立和终止信息流量控制,差错控制,向物理层报告一个不可恢复的错误等。常见的数据链路协议有两类:一是面向字符的传输控制规程,如基本型传输控制规程(BSC);另一类是面向比特的传输控制规程,如高级数据链路控制规程(HDLC)。

(3) 网络层:要处理分组在网络中的传输。这一层协议的功能是:路由选择、数据交换,网络连接的建立和终止一个给定的数据链路上网络连接的复用,根据从数据链路层来的错误报告而进行的错误检测和恢复,分组的排序,信息流的控制等。

(4) 传输层:是第一个端到端的层次,也就是计算机—计算机的层次。OSI 的前三层可组成公共网络,被很多设备共享,并且计算机—节点机、节点机—节点机是按照"接力"方式传送的。为了防止传送途中报文的丢失,两个计算机之间可实现端到端控制。其基本功能是实现建立、维持和拆除传送连接等。

(5)会话层:指用户与用户的连接,它通过在两台计算机间建立、管理和终止通信完成对话。会话层的主要功能是在建立会话时核实双方身份是否有权参加会话,确定何方支付通信费用等。

(6)表示层:主要处理应用实体间交换数据的语法,其目的是解决格式和数据表示的差别,从而为应用层提供一个一致的数据格式,使字符、格式等有差异的设备之间相互通信。

(7)应用层:该层与提供网络服务相关,这些服务包括文件传送、打印服务、数据库服务、电子邮件等。应用层提供了一个应用网络通信的接口。

(七)串口介绍

串口叫作串行接口,也称串行通信接口。按电气标准及协议来分,包括 RS-232-C、RS-422、RS-485、USB 等。RS-232-C、RS-422 与 RS-485 标准只对接口的电气特性做出规定,不涉及接插件、电缆或协议。USB 是近几年发展起来的新型接口标准,主要应用于高速数据传输领域。

串口通信的概念非常简单,串口按位(bit)发送和接收数据,能够实现远距离通信。

典型的串口用于 ASCII 码字符的传输。通信使用地线、发送和接收三根线完成。由于串口通信是异步的,端口能够在一根线上发送数据的同时在另一根线上接收数据。其他线用于握手,但是不是必需的。串口通信最重要的参数是波特率、数据位、停止位和奇偶校验。对于两个进行通信的端口,这些参数必须匹配。

波特率:这是一个衡量通信速度的参数。它表示每秒钟传送的位的个数。

数据位:这是衡量通信中实际数据位的参数。当计算机发送一个信息包,实际的数据不会是 8 位的,标准的值是 5、7 和 8 位。如何设置取决于传送的信息。

停止位:用于表示每个包的最后一位。典型的值为 1、1.5 和 2 位。由于数据是在传输线上定时的,并且每一个设备有自己的时钟,很可能在通信中两台设备间出现小小的不同步。因此停止位不仅仅是表示传输的结束,并且提供计算机校正时钟同步的机会。

奇偶校验位:在串口通信中一种简单的检错方式,有偶、奇、高和低四种检错方式。当然没有校验位也是可以的。对于偶和奇校验的情况,串口会设置校验位(数据位后面的一位)用一个值确保传输的数据有偶或奇个逻辑高位。

1. RS-232 接口

RS-232 接口(又称 EIA RS-232-C)是目前最常用的一种串行通信接口。它是在 1970 年由美国电子工业协会(EIA)联合贝尔系统、调制解调器厂家及计算机终端生产厂家共同制定的用于串行通信的标准。它的全名是"数据终端设备(DTE)和数据通信设备(DCE)之间串行二进制数据交换接口技术标准"。

该标准规定采用一个 25 脚的 DB25 连接器,对连接器的每个引脚的信号内容加以规定,还对各种信号的电平加以规定。随着设备的不断改进,出现了代替 DB25 的 DB9 接口,现在都把 RS232 接口叫作 DB9。

(1)接口的信号内容。实际上 RS-232 的 25 条引线中有许多是很少使用的,一般只使用 3~9 条引线。

(2)接口的电气特性。在 RS-232 中任何一条信号线的电压均为负逻辑关系。逻辑"1":-5~-15V;逻辑"0":+5~+15V。噪声容限为 2V。即要求接收器能识别低至 +3V 的信号作为逻辑 0,高到 -3V 的信号作为逻辑 1。

(3)接口的物理结构。RS-232 接口连接器一般使用型号为 DB25 的 25 芯插头座,通常插头在 DCE 端,插座在 DTE 端。一些设备因为不使用对方的传送控制信号,只需三条接口线,即发送数据、接收数据和信号地。所以采用 DB9 的 9 芯插头座,传输线采用屏蔽双绞线。

(4)传输电缆长度。由 RS-232 标准规定在码元畸变小于 4% 的情况下,传输电缆长度应为 50ft。在实际应用中,约有 99% 的用户是按码元畸变 10%~20% 的范围工作的,所以实际使用中最大距离会远超过 50ft。

图 1-2-21 为 RS-232 的 DB9 各引脚定义,图 1-2-22 为 RS-232 的 DB25 各引脚定义。

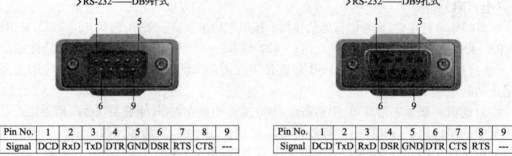

图 1-2-21 RS-232 的 DB9 各引脚定义

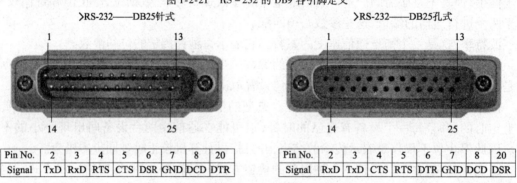

图 1-2-22 RS-232 的 DB25 各引脚定义

表 1-2-1 为 RS-232 接口引脚定义。RS-232 是目前主流的串行通信接口之一。

RS-232 接口引脚定义 表 1-2-1

9 针串口(DB9)			25 针串口(DB25)		
针号	功能说明	缩写	针号	功能说明	缩写
1	数据载波检测	DCD	8	数据载波检测	DCD
2	接收数据	RxD	3	接收数据	RxD
3	发送数据	TxD	2	发送数据	RxD
4	数据终端准备	DTR	20	数据终端准备	DTR
5	信号地	GND	7	信号地	GND
6	数据设备准备好	DSR	6	数据准备好	DSR
7	请求发送	RTS	4	请求发送	RTS
8	清除发送	CTS	5	清除发送	CTS
9	振铃指示	DELL	22	振铃指示	DELL

2. RS-485 接口

由于 RS-232 接口标准出现较早,难免有不足之处,主要有以下四点:

(1)接口的信号电平值较高,易损坏接口电路的芯片,又因为与 TTL 电平不兼容,故需使用电平转换电路方能与 TTL 电路连接。

(2)传输速率较低,在异步传输时波特率为 20Kbps。

(3)接口使用一根信号线和一根信号返回线构成共地的传输形式,容易产生共模干扰,抗噪声干扰性弱。

(4)传输距离有限,最大传输距离标准值为 50ft,实际上也只能用在 50m 左右。

针对 RS-232 接口的不足,又出现了一些新的接口标准,RS-485 就是其中之一。RS-485 接口具有以下特点:

(1)RS-485 的电气特性。逻辑"1"以两线间的电压差为 +(2~6)V 表示;逻辑"0"以两线间的电压差为 -(2~6)V 表示。接口信号电平比 RS-232 降低,不易损坏接口电路的芯片,且该电平与 TTL 电平兼容,可方便与 TTL 电路连接。

(2)RS-485 的数据最高传输速率为 10Mbps。

(3)RS-485 接口是采用平衡驱动器和差分接收器的组合,抗共模干扰能力增强,即抗噪声干扰性好。

(4)RS-485 接口的最大传输距离标准值为 4000ft,实际上可达 3000m。另外 RS-232 接口在总线上只允许连接 1 个收发器,即单站能力。而 RS-485 接口在总线上是允许连接多达 128 个收发器,即具有多站能力,这样用户可以利用单一的 RS-485 接口方便地建立起设备网络。

因 RS-485 接口具有良好的抗噪声干扰性、长的传输距离和多站能力等优点,就使它成为首选的串行接口。目前,很多交通信息智能设备之间的连线多数采用 RS-485 连接。RS-485 接口组成的半双工网络一般只需两根连线,所以均采用屏蔽双绞线传输。RS-485 接口连接器采用 DB9 的 9 芯插头座,与智能终端 RS-485 接口采用 DB9(孔),与键盘连接的键盘接口 RS-485 采用 DB9(针)。如图 1-2-23 所示。

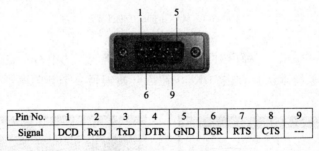

Pin No.	1	2	3	4	5	6	7	8	9
Signal	DCD	RxD	TxD	DTR	GND	DSR	RTS	CTS	---

图 1-2-23 RS-485 引脚定义

 复习与思考

1. 简述模拟信号的数字化过程。
2. 试述脉冲编码调制(PCM)的概念。
3. 什么是调制?什么是解调?简述调制的作用和分类。
4. 简述差错控制编码的分类及特点。
5. 简述 OSI 参考模型各层名称及功能。

6. 简述 RS-485 接口特点。

任务三　学习使用 MAX+plus II 软件

一、任务内容

(一)任务准备

在这个任务中,我们要学习使用 MAX+plus II 软件,通过软件用图形输入法设计一个 6MHz 晶体振荡器,并生成仿真波形。为此需要一台配有 MAX+plus II 软件的 PC 机。

(二)任务步骤

1. 在 PC 机上建立 6MCLK 文件夹

在 D 盘上建立一个 THEXT-1 新文件夹,然后打开此文件夹,建立子文件夹 6M CLK (注意文件名不能用中文),即 D:\THEXT-1\6MCLK,然后关闭。

2. 启动 MAX+plus II

在 PC 机桌面上双击 MAX+plus II 图标,屏幕上出现 MAX+plus II 设计界面,如图 1-3-1 所示。

图 1-3-1　MAX+plus II 设计界面

3. 建立新文件

选取菜单项 File\New...,弹出对话框如图 1-3-2 所示。选中 Graphic Editor file,并在下拉列表框中选.gdf(系统默认),单击"OK"按钮后开始编辑一个新的图形文件。编辑窗口如图 1-3-3 所示。

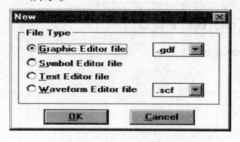

图 1-3-2　新建文件对话框

图 1-3-3　图形编辑窗口

4. 命名文件和保存文件

选菜单 File\Save,在弹出的 Save As 对话窗口中将存放目录更改为 D:\THEXT-1\

6MCLK,以 6mclk.gdf 的文件名保存。再按"OK"确定。保存文件对话框如图 1-3-4 所示。

5．设置当前工程文件名

选菜单 File\Project\Set Project to Current File,即设置工程文件名与当前编辑的图形文件名相同;或者选 File\Project\Name...,指定工程文件名。

6．输入电原理图

1)元器件放置

在图形编辑器的空白处双击鼠标左键,弹出对话框如图 1-3-5 所示。在 Symbol Name 栏内输入元器件名,再按"OK"按钮即可。在本任务中可输入 not 或 7404。在不清楚器件符号名称时,可在 Symbol Name 栏内双击相应符号库目录,在 Symbol Files 框内列出的符号清单中选择所需器件即可。另外,用同样的方法依次选择输入 input、输出 output。

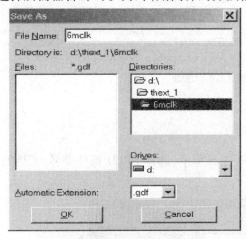 

图 1-3-4　保存文件对话框　　　　图 1-3-5　符号输入对话框

2)元器件复制

本任务需要两个反相器,可以采用元器件复制的方法,即按住键盘上的〈Ctrl〉键后用鼠标单击并拖动需复制的元器件符号(此时该符号边缘的虚线变为红色粗实线,且鼠标右上方出现一个小加号),当出现一个同样大小的红色细矩形时,松开鼠标左键,复制一个元器件符号。输入、输出端口可用同样的方法复制。本任务需要两个输出端(即再复制两个输出端)。

3)元器件移动

用鼠标单击并拖动元器件至相应地方即可。若要同时移动多个符号,可以按住鼠标左键画一个将所有要移动的符号包括在内的大矩形框,然后用鼠标点中矩形框内任意一点就可随意移动。

4)元器件转动

用鼠标右键单击需转动元器件符号,弹出快捷菜单如图 1-3-6 所示,可对元器件作水平镜像转动(Flip Horizontal)、垂直镜像转动(Flip Vertical),也可按 90°、180°、270°转动(Rotate)。

5)元器件删除

单击选中元器件符号后,点 Delete 键删除该符号。

6)管脚的命名

绘制完所有的符号后,注意此时所有输入输出管脚

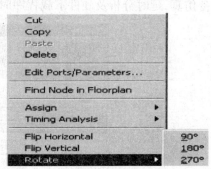

图 1-3-6　快捷菜单

的默认名均为 PIN_NAME。用鼠标左键双击 PIN_NAME，使其变为黑底白字显示，然后直接键入管脚名。本任务的输入命名为 IN1，输出命名分别是 OUT1、OUT2。

7）在元器件之间添加连线

将元器件移动到合适位置，以便于连线。鼠标移到元器件引脚附近，鼠标光标会自动由箭头变为十字形，按住鼠标左键拖动，即可画出连线。完成后的 6MHz 晶体振荡器电原理如图 1-3-7 所示。

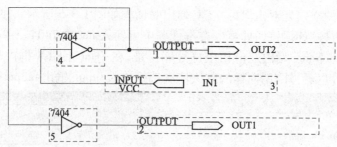

图 1-3-7　6MHz 晶体振荡器电原理图

7. 保存电原理图
8. 编译

1）器件类型选择

选取菜单项 Assign\Device，弹出对话框如图 1-3-8 所示，选择 EPLD 器件型号（EPM7128SLC84-15），单击"OK"命令按钮。

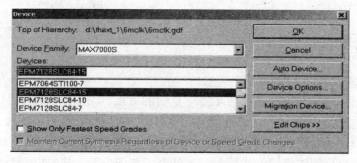

图 1-3-8　选择器件对话框

2）进行编译

选取菜单项 MAX+plus II\Compiler，弹出如图 1-3-9 所示的编译窗口，按"Start"按钮开始编译。若电路有错，则显示出错提示；若电路无错，则编译通过，生成 .Sof 或 .Pof 元件，以备仿真，延时分析及硬件下载程序时用；同时生成 .rpt 文件，可查看编译结果。

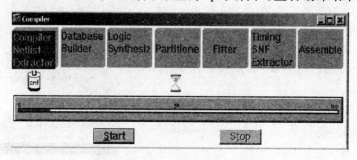

图 1-3-9　编译器

9. 管脚编辑

选取菜单项 Assign\pin\Location\chip…,弹出如图 1-3-10 的编辑窗口,在 Node Name 框内依次填入本任务中的 IN1、OUT1、OUT2,窗口中的 Pin Type 窗口会自动显示管脚性质。依次在 Pin 窗口中填下安排的管脚号,并单击"Add"按钮。全部完成后单击"OK"按钮,完成管脚编辑。

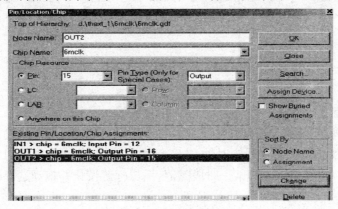

图 1-3-10 编辑管脚

标准了管脚号后的电原理如图 1-3-11 所示。

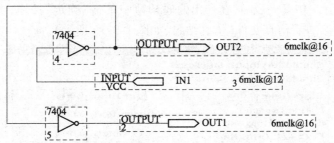

图 1-3-11 标注了管脚号后的电原理图

10. 仿真波形的使用

1)新建仿真波形文件

选取菜单项 max + plus II,在弹出菜单中选择 waveform editor,在 node 菜单项内选取 Enter Nodes from SNF…,点击"list"键,再击" = >"键,弹出对话框如图 1-3-12 所示。点击"OK",弹出对话框如图 1-3-13 所示。

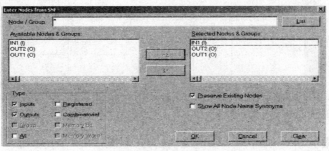

图 1-3-12 输入输出管脚选择

2)改变仿真总时间

选菜单 File\End Time…,就可在弹出的对话框中修改仿真总时间。本任务设定时间为 1μs。

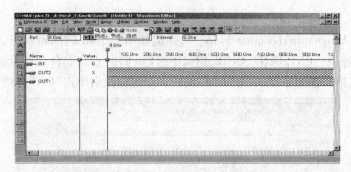

图 1-3-13　波形编辑器

3）给输入脚赋值

右击输入管脚名,弹出快捷菜单中,通过 OverWrite 子菜单,可以给输入脚设定 0、1、X、Clock、计数值、数组值等。其中设定时钟 CLK、计数值、数组值时会弹出对话框以设定频率、计数步距等参数。也可对输入脚某一时段赋值,用鼠标键按住并拖动选择时段。

4）保存文件

5）开始仿真

选取菜单项 MAX + plus II\Simulator,弹出仿真器对话框如图 1-3-14 所示,单击"Start"按钮,系统开始仿真。仿真完成后,在弹出的通知窗中单击"确定"按钮,再在仿真器窗口单击"Open SCF"按钮,查看仿真文件(仿真结果,如图 1-3-15 所示)。

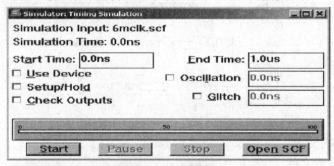

图 1-3-14　仿真器

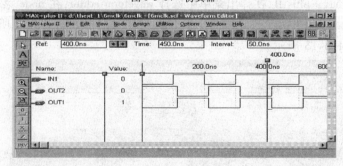

图 1-3-15　仿真结果

（三）任务结果分析

本任务是利用 MAX + plus II 的仿真软件进行 6MHz 晶体振荡器的设计,仿真的电路设计可以通过软件输入,结果可以通过软件以波形的形式直观地显示出来。我们可以直观地看出电路设计是否达到要求,并能显示电路波形的延时。通过这个简单电路的设计,初步掌握 MAX + plus II 的仿真软件使用,为完成后面的任务打好基础。

二、相关知识

在数字电路中,时钟信号的参数及质量水平在一定程度上决定了电路的质量水平。时钟信号在数字电路中的主要作用就是同步,保证数据在传输过程中不出差错。本任务使用的系统箱有三种时钟可供选择,可根据具体情况选择和切换。它们分别是由十四位分频器 CD4060 与 3.2768 MHz 晶振产生的 3.2M～0.2K 十一档时钟、由反相器 74HC04 与 16.9344MHz 晶振产生的双路 17MHz 异步同频时钟、由 CPLD/FPGA 内部程序与 6MHz 晶振产生的 6MHz 时钟。

1. 由 CD4060 十四位分频器组成的多路时钟信号

CD4060 是十四位 CMOS 分频器件,内带一组反相器与晶振组成一个简单的振荡电路。振荡频率 3.2768MHz,适合于一般数字电路应用。图 1-3-16、图 1-3-17 分别为 CD4060 引脚功能图和内部电路。

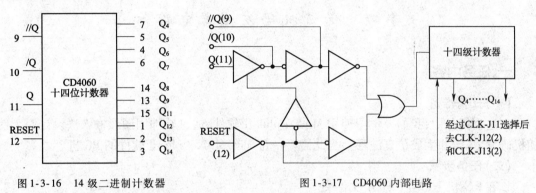

图 1-3-16　14 级二进制计数器
　　　　　　CD4060 引脚功能图

图 1-3-17　CD4060 内部电路

2. 由 74HC04 组成的晶体振荡器

由 74HC04 组成的两个 16.9MHz（16.9344 标称频率）晶体振荡器,图 1-3-18 是该振荡器的电原理图。

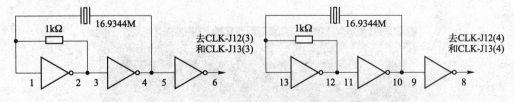

图 1-3-18　74HC04 组成的晶体振荡器的电原理图

3. 备用晶体振荡器

试验板预留一个由 EPM7128S 内部程序编写的备用晶体振荡器,可供试验时选用,图 1-3-19是该振荡器的电路连接图。

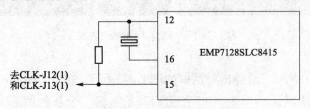

图 1-3-19　内部晶体振荡器电路连接图

复习与思考

1. 时钟信号在数字电路所起的作用是什么？
2. 用图形法设计一个 8 分频模块,模块电路图如图 1-3-20 所示。

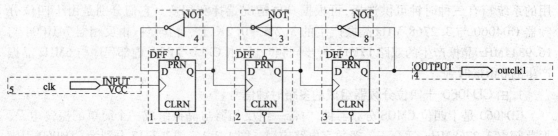

图 1-3-20　模块电路图

任务四　伪随机码发生器电路仿真

一、任务内容

(一)任务准备

在这个任务中,我们要学习使用 MAX+plus Ⅱ 软件,通过软件用图形输入法设计一个伪随机码发生器,并生成仿真波形。为此需要一台配有 MAX+plus Ⅱ 软件的 PC 机。

(二)任务步骤

1. 在 PC 机上建立 NRZ4 文件夹

打开 D 盘的 THEXT-1 文件夹,建立子文件夹 NRZ4(注意文件名不能用中文),即 D:\THEXT-1\NRZ4,然后关闭。

2. 启动 MAX+plus Ⅱ

在 PC 机桌面上双击 MAX+plus Ⅱ 图标,屏幕上出现 MAX+plus Ⅱ 设计界面,如图 1-4-1 所示。

图 1-4-1　MAX+plus Ⅱ 设计界面

3. 建立新文件

选取菜单项 File\New...,弹出对话框如图 1-4-2 所示,选中 Graphic Editor file,并在下拉列表框中选 .gdf(系统默认),单击"OK"按钮后开始编辑一个新的图形文件。编辑窗口如图 1-4-3 所示。

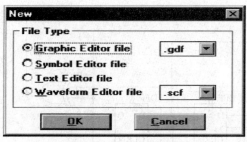

图1-4-2 新建文件对话框　　　　　图1-4-3 图形编辑窗口

4. 命名文件和保存文件

选菜单 File\Save，在弹出的 Save As 对话窗口中将存放目录更改为 D：\THEXT－1\NRZ4，以 nrz4. gdf 的文件名保存。再按"OK"确定。保存文件对话框如图1-4-4所示。

5. 设置当前工程文件名

选菜单 File\Project\Set Project to Current File，即设置工程文件名与当前编辑的图形文件名相同；或者选 File\Project\Name...，指定工程文件名。

6. 输入电原理图

（1）元器件放置：在图形编辑器的空白处双击鼠标左键，弹出对话框如图1-4-5所示。在 Symbol Name 栏内输入元器件名，再按"OK"按钮即可。在本任务中可输入 xor。另外用同样的方法依次选择 nor4、D 触发器 dff、输入 input、输出 output。

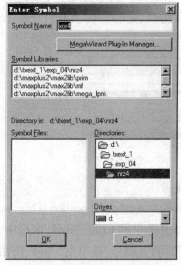

图1-4-4 保存文件对话框　　　　　图1-4-5 符号输入对话框

（2）元器件复制：本任务需要2个异或门、2个输出端和4个 D 触发器，可以采用元器件复制的方法。

（3）将元器件做适当移动、转动或删除。

（4）管脚的命名：绘制完所有的符号后，所有输入输出管脚的默认名均为 PIN_NAME。用鼠标左键双击 PIN_NAME，使其变为黑底白字显示，然后直接键入管脚名。本任务的输入命名为 CLK，输出命名是 NRZ4。

（5）在元器件之间添加连线：首先将元器件移动到合适位置，以便于连线。鼠标移到元器件引脚附近，鼠标光标会自动由箭头变为十字形，按住鼠标左键拖动，即可画出连线。完成后的 NRZ4 伪随机码发生器电原理如图1-4-6所示。

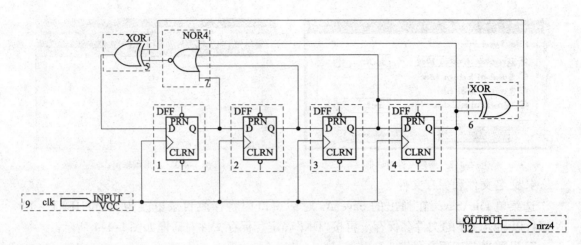

图 1-4-6　NRZ4 伪随机码发生器电原理图

7. 保存电原理图

8. 编译

(1) 器件类型选择:选取菜单项 Assign\Device,弹出对话框如图 1-4-7 所示,选择 EPLD 器件型号(EPM7128SLC84-15),单击"OK"命令按钮。

(2) 进行编译:选取菜单项 MAX+plus II\Compiler,弹出如图 1-4-8 所示的编译窗口,按"Start"按钮开始编译。若电路有错,则显示出错提示;若电路无错,则编译通过,生成.Sof 或.Pof 元件,以备仿真、延时分析及硬件下载程序时用;同时生成.rpt 文件,可查看编译结果。

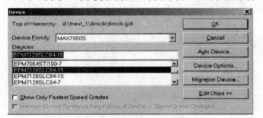

图 1-4-7　选择器件对话框　　　　　图 1-4-8　编译器

9. 管脚编辑

选取菜单项 Assign\pin\Location\chip…,弹出如图 1-4-9 的编辑窗口。在 Node Name 框内,依次填入本任务中的 CLK、NRZ4,窗口中的 Pin Type 窗口会自动显示管脚性质,依次在 Pin 窗口中填下安排的管脚号,并单击"Add"按钮。全部完成后单击"OK"按钮,完成管脚编辑。

10. 仿真波形的使用

(1) 新建仿真波形文件:选取菜单项 max+plus II,在弹出菜单中选择 waveform editor,在 node 菜单项内选取 Enter Nodes from SNF…。点击"list"键,再击"=>"键,弹出对话框如图 1-4-10 所示。点击"OK"弹出对话框如图 1-4-11 所示。

(2) 改变仿真总时间:选菜单 File\End Time…,在弹出的对话框中修改仿真总时间。本任务设定时间为 10μs。

(3) 给输入脚赋值:右击输入管脚名,在弹出快捷菜单中通过 OverWrite 子菜单,可以给输入脚设定 0、1、X、Clock、计数值、数组值等。其中,设定时钟 CLK、计数值、数组值时会弹出对话框以设定频率、计数步距等参数。也可对输入脚某一时段赋值(用鼠标键按住并拖动选择时段)。

(4) 保存文件。

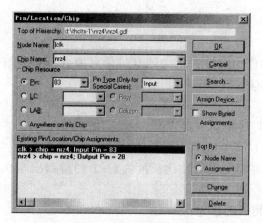
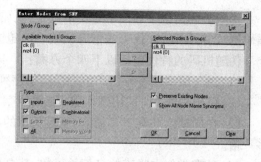

图1-4-9 管脚编辑　　　　　　　　　图1-4-10 输入输出管脚选择

（5）开始仿真：选取菜单项 MAX + plus II\Simulator，弹出仿真器窗口如图 1-4-12 所示，单击"Start"按钮，系统开始仿真。仿真完成后，在弹出的通知窗中单击"确定"按钮，再在仿真器窗口单击"Open SCF"按钮，查看仿真文件。仿真结果如图 1-4-13 所示。

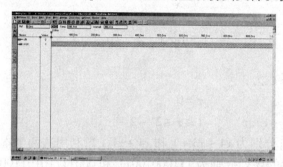
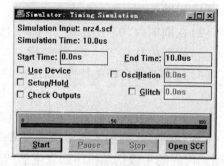

图1-4-11 波形编辑器　　　　　　　　图1-4-12 仿真器

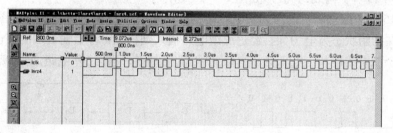

图1-4-13 仿真结果

11. 延时分析

在图 1-4-13 中，利用窗口左侧的比例显示工具按钮，将波形图形放大显示，可以看出输出符号相对于输入符号的延时，也可利用 MAX + plus II 中的延时分析器详细查看延时情况。选菜单项 MAX + plus II\Timing Analyzer，在弹出的延时矩阵窗口中点击"Start"按钮，系统分析完毕会自动显示结果。

（三）任务结果分析

本任务是利用 MAX + plus II 的仿真软件进行 4 级伪随机码发生器的设计，电路根据 $x^4 + x^3 + 1$ 的本原多项式，利用 4 个 D 触发器和异或门构成 4 级伪随机码发生器的电路图。由于基本电路在初始状态为全"0"时，电路将进入连"0"状态，所以用异或门和非或门增加破全"0"功能，仿真结果可以得到正确的伪随机码波形。

二、相关知识

伪随机码是数字通信中重要信码之一,常作为数字通信中的基带信号源,应用于扰码、误码测试、扩频通信、保密通信等领域。伪随机码又称 m 序列,简称 nrz。

伪随机码的特性包括以下四个方面:

(1)由 n 级移位寄存器产生的伪随机序列,其周期为 2^n-1。

(2)信码中"0"、"1"出现次数大致相等,"1"码只比"0"码多一个。

(3)在周期内共有 2^{n-1} 游程,长度为 i 的游程出现次数比长度为 $i+1$ 的游程出现次数多一倍。

(4)具有类似白噪声的自相关函数,其自相关函数为:

$$\rho(\tau) = \begin{cases} 1 & \tau=0 \\ -1/(2^n-1) & 1 \leq \tau \leq 2^n-2 \end{cases}$$

其中 n 是伪随机序列的寄存器级数。

例如,用 4 个 D 触发器和一个异或门构成的伪随机码序列发生器具有以下特性:

(1)周期为 $2^4-1=15$。

(2)在周期内"0"出现 $2^{4-1}-1=7$ 次,"1"出现 $2^{4-1}=8$ 次。

(3)周期内共有 $2^{4-1}=8$ 个游程。

(4)具有双值自相关特性,其自相关系数为:

$$\rho(\tau) = \begin{cases} 1 & \tau=0 \\ -1/(2^4-1) & 1 \leq \tau \leq 2^4-2 \end{cases}$$

4 级伪随机序列的本原多项式有两个,分别为 $x4+x3+1$ 和 $x4+x1+1$,利用这两个本原多项式构成的 4 级伪随机序列发生器产生的序列分别为 11100010011 和 000111101011001,一般采用 $x4+x3+1$ 构成,其波形如图 1-4-14 所示。

图 1-4-15 的 4 级伪随机码序列发生器结构框图可方便地通过电路实现。图 1-4-16 所示的基本电路在初始状态为全"0"时,经过反馈电路输入到移位寄存器输入端的值也为"0",电路将进入到一个孤立的连"0"状态,为了打破此状态,需加设一破全"0"电路,增加破全"0"功能。

图 1-4-14 4 级伪随机序列波形图　　图 1-4-15 4 级伪随机码序列发生器结构框图

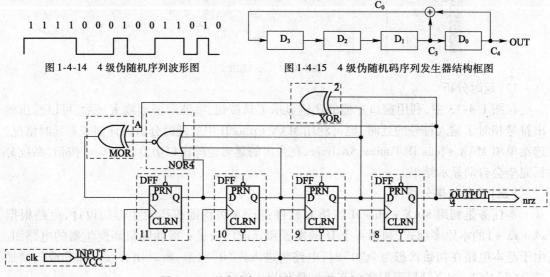

图 1-4-16 具有破全"0"功能的 4 级伪码参考电路

表 1-4-1 为各种伪随机码(m 序列)发生器反馈逻辑表,可根据此表设计不同周期的伪随机码。

伪随机码(m 序列)发生器反馈逻辑　　　　表 1-4-1

n	反馈逻辑(周期为 2^n-1)	n	反馈逻辑(周期为 2^n-1)
1	$X_n = X_{n-1}$	9	$X_n = X_{n-5} \oplus X_{n-9}$
2	$X_n = X_{n-1} \oplus X_{n-2}$	10	$X_n = X_{n-7} \oplus X_{n-10}$
3	$X_n = X_{n-2} \oplus X_{n-3}$	11	$X_n = X_{n-9} \oplus X_{n-11}$
4	$X_n = X_{n-3} \oplus X_{n-4}$	12	$X_n = X_{n-2} \oplus X_{n-10} \oplus X_{n-11} \oplus X_{n-12}$
5	$X_n = X_{n-3} \oplus X_{n-5}$	13	$X_n = X_{n-1} \oplus X_{n-11} \oplus X_{n-12} \oplus X_{n-13}$
6	$X_n = X_{n-5} \oplus X_{n-6}$	14	$X_n = X_{n-2} \oplus X_{n-12} \oplus X_{n-13} \oplus X_{n-14}$
7	$X_n = X_{n-6} \oplus X_{n-7}$	15	$X_n = X_{n-14} \oplus X_{n-15}$
8	$X_n = X_{n-2} \oplus X_{n-3} \oplus X_{n-4} \oplus X_{n-8}$		

复习与思考

1. 整理任务所采用的伪随机序列发生器电路,写出任务步骤。
2. 参考伪随机序列的特性,对逻辑仿真波形进行分析。
3. 根据伪码(m 序列)发生器反馈逻辑表,设计 5 级和 8 级伪随机序列、仿真电路,并记录电路仿真波形。

项目二 移动通信系统认识和设备使用

知识要求

1. 了解 GSM 移动通信系统。
2. 掌握 GPRS 的基本概念。
3. 熟悉码分多址技术基本原理。
4. 熟悉 CDMA 移动通信系统。
5. 了解第三代移动通信系统。

技能要求

1. 学习 GPRS 终端参数设置。
2. 学习服务器收发 GPRS 终端信息。
3. 学习 GPRS 终端收发服务器信息。
4. 学习 CDMA 终端设备参数设置。
5. 会进行服务器数据收发。
6. 会进行终端数据收发。

材料、工具及设备

1. GPRS 终端模块设备两套。
2. CDMA 终端模块设备两套。
3. RS-232/485 串行口连线。
4. 设置固定 IP 地址计算机两台。

任务一 认识移动通信系统的组成

移动通信是指通信双方或至少有一方是在运动中通过通信网络进行信息交换的。例如,固定点与移动体之间、移动体与移动体之间、人与人之间或人与移动体之间的通信都属于移动通信。20 世纪 20 年代移动通信开始在军事及某些特殊领域使用,20 世纪 40 年代才逐步向民用扩展,最近才是真正迅猛发展的时期,而且发展前景十分广阔。

(一) 数字移动通信技术

1. 多址技术

多址技术使众多的用户共用公共的通信线路。为使信号多路化而实现多址的方法基本上有三种,它们分别采用频率、时间或代码分隔的多址连接方式,即人们通常所称的频分多址(FDMA)、时分多址(TDMA)和码分多址(CDMA)三种接入方式(参见图 2-1-1)。图 2-1-1

用模型表示了这三种方法简单的一个概念。

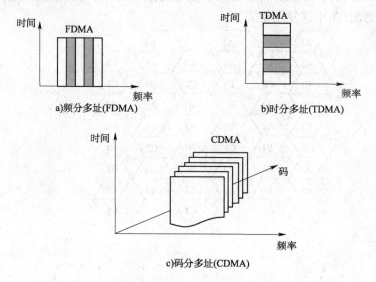

a)频分多址(FDMA)

b)时分多址(TDMA)

c)码分多址(CDMA)

图 2-1-1　三种接入方式示意图

FDMA 是以不同的频率信道实现通信的,TDMA 是以不同的时隙实现通信的,CDMA 是以不同的代码序列实现通信的。

2. 功率控制

当手机在小区内移动时,它的发射功率需要进行变化。当手机离基站较近时,需要降低发射功率,减少对其他用户的干扰;当手机离基站较远时,就应该增加功率,克服路径衰耗。

3. 蜂窝技术

移动通信系统是采用一个叫基站的设备提供无线服务范围的。基站的覆盖范围有大有小,基站的覆盖范围称为蜂窝。采用大功率的基站主要是为了提供比较大的服务范围,但它的频率利用率较低,也就是说基站提供给用户的通信通道比较少,系统的容量也就有限,只有话务量不大的地方可以采用,也称为大区制。采用小功率的基站主要是为了提供大容量的服务,同时采用频率复用技术提高频率利用率,即在相同的服务区域内增加基站的数目,使有限的频率得到多次使用,系统的容量增大,称为小区制或微小区制。

4. 频率复用的概念

在全双工工作方式中,一个无线信道包含一对信道频率,每个方向都用一个频率发射。在覆盖半径为 R 的地理区域 C_1 内呼叫一个小区使用特定无线信道 F_1,也可以在另一个相距 D、覆盖半径也为 R 的小区内再次使用 f_1,如图 2-1-2 所示。

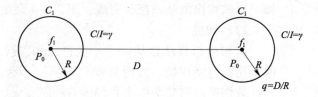

图 2-1-2　D/R 比

频率复用是蜂窝移动无线电系统的核心概念。在频率复用系统中,处在不同地理位置(不同的小区)的用户可以同时使用相同频率的信道(见图 2-1-2),并能极大地提高频谱效率。但是,如果系统设计得不好,将产生严重的干扰,这种干扰称为同信道干扰。这种干扰是由于相同信道公共使用造成的,是在频率复用概念中必须考虑的重要问题。图2-1-3所示为频率复用示意图(N小区复用模式)。

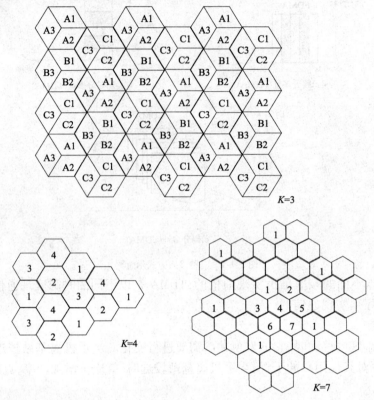

图 2-1-3　频率复用示意图

5. 越区切换

任何一种蜂窝网都是采用小区制方式,小区中常常分为若干个扇区(如3个或6个),因此移动台从一个扇区到另一个扇区,或从一个小区到另一个小区,甚至从一个业务区到另一个业务区都要进行越区切换,或者称为过境切换。CDMA系统的过境切换与FDMA或TDMA的过境切换是不同的。

1)更软切换

更软切换指移动台由同一个基站的一个扇区进入另一个具有同一载频的扇区时发生的过境切换。基站的RAKE接收机将来自两个扇区分集式天线的话音帧中最好的帧合并为一个业务帧。更软切换由基站控制完成。图2-1-4是更软切换的原理图。

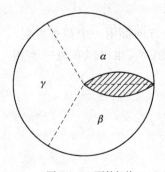

图 2-1-4　更软切换

2)软切换

软切换指移动台从一个小区进入相同载频的另外一个小区时采用的过境切换。此时移动台与不同小区或3个扇区保持通信。软切换由移动交换中心(MSC)控制完成。如图2-1-5所示。

3)软/更软切换

软/更软切换指移动台从一个小区的两个扇区进入相同载频的另外一个小区的扇区采用的过境切换。这种类型的切换网络资源包括小区A和B之间的双方软切换资源加上小区B内的更软切换资源。软/更软切换的原理如图2-1-6所示。

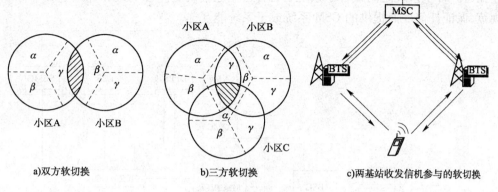

图 2-1-5 软切换的原理

4) 硬切换

硬切换指移动台穿越工作于不同的载频的小区时发生的过境切换,即移动台先中断与原基站的联系,再与新基站取得联系。

软切换是先接后断,有很突出的优越性,提高了切换的可靠性。在硬切换中,如果找不到空闲信道或切换指令的传输发生错误,则切换失败,通信中断。此外,当移动台靠近两个小区的交界处需要切换的时候,两个小区的基站在该处的信号电平都较弱而且有起伏变化,这会导致移动台在两个基站之间反复要求切换(即"乒乓"现象),从而重复往返地传送切换信息,使系统控制的负荷加重,或引起过载,并增加了掉话的可能性。

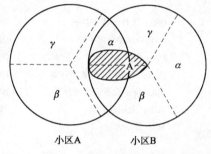

图 2-1-6 软/更软切换

软切换为实现分集接收提供了条件,当移动台处于两个或三个小区的交界处进行软切换时,会有两个或三个基站向它发送相同的信息,移动台采用 RAKE 接收机进行分集合并,起到了多基站宏分集的作用,从而提高正向业务信道的抗衰落性能和话音质量。

同样,在反向业务信道中,当移动台处于两个或三个小区的交界处进行软切换时,会有两个或三个基站同时收到一个移动台发出的信号,这些基站对所收信号进行解调并作质量估计,然后送往 MSC。这些来自不同基站而内容相同的信息由 MSC 采用选择式合并,逐帧挑选质量最好的,从而实现了反向业务信道的分集接收,提高了反向业务信道的抗衰落性能。

(二)移动通信系统的组成

目前,移动通信系统主要有 GSM 通信系统和 CDMA 通信系统,结构组成基本一样。下面以 GSM 系统为例说明移动通信系统的组成。GSM 通信系统的典型结构如图 2-1-7 所示。由图可见,GSM 通信系统是由若干个子系统或功能实体组成。其中基站子系统(BSS)在移动台(MS)和网络子系统(NSS)之间提供和管理传输通路,特别是包括了 MS 与 GSM 通信系统的功能实体之间的无线接口管理。NSS 必须管理通信业务,保证 MS 与相关的公用通信网或与其他 MS 之间建立通信,也就是说 NSS 不直接与 MS 互通,BSS 也不直接与公用通信网互通。MS、BSS 和 NSS 组成移动通信系统的实体部分。工作支持系统(OSS)则提供运营部门一种手段,控制和维护这些实际运行部分。

GSM 系统作为一种开放式结构和面向未来设计的系统具有下列主要特点:

(1)GSM 系统是由几个子系统组成的,并且可与各种公用通信网(PSTN、ISDN、PDN 等)

互连互通。各子系统之间或各子系统与各种公用通信网之间都明确和详细定义了标准化接口规范,保证任何厂商提供的 GSM 系统或子系统能互连。

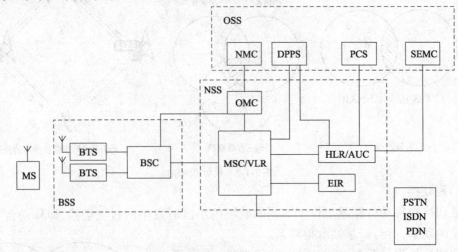

OSS：工作支持子系统　　　　BSS：基站子系统　　　　　　NSS：网络子系统
NMC：网络管理中心　　　　　DPPS：数据后处理系统　　　　SEMC：安全性管理中心
PCS：用户识别卡个人化中心　　OMC：工作维护中心　　　　　MSC：移动业务交换中心
VLR：来访用户位置寄存器　　　HLR：归属用户位置寄存器　　　AUC：鉴权中心
EIR：移动设备识别寄存器　　　BSC：基站控制器　　　　　　　BTS：基站收发信台
PDN：公用数据网　　　　　　　PSTN：公用电话网　　　　　　 ISDN：综合业务数字网
MS：移动台图

图 2-1-7　移动通信系统组成

(2) GSM 系统能提供穿过国际边界的自动漫游功能,全部 GSM 移动用户都可进入 GSM 系统而与国别无关。

(3) GSM 系统除了可以开放话音业务,还可以开放各种承载业务、补充业务和与 ISDN 相关的业务。

(4) GSM 系统具有加密和鉴权功能,能确保用户保密和网络安全。

(5) GSM 系统具有灵活和方便的组网结构,频率重复利用率高,移动业务交换机的话务承载能力一般都很强,保证在话音和数据通信两个方面都能满足用户对大容量、高密度业务的要求。

(6) GSM 系统抗干扰能力强,覆盖区域内的通信质量高。

(7) 用户终端设备(手持机和车载机)随着大规模集成电路技术的进一步发展向更小型、轻巧和功能增强趋势发展。

 复习与思考

1. 移动通信系统目前采用_____、_____和_____三种多址方式,GSM 主要采用_____多址方式。

2. 采用蜂窝技术,其目的就是频率复用,它可以_____。

3. GSM 系统主要结构由_____、_____、_____三个子系统和_____组成。

4. 简述移动通信系统的功率控制。

5. 什么是越区切换?简述软切换和硬切换的区别。

任务二 认识 GPRS 移动通信系统的组成

(一)GPRS 简介

1. 概述

GPRS(General Packet Radio Service)是通用分组无线业务的简称,是在现有的 GSM 移动通信系统基础之上发展起来的一种移动分组数据业务,能提供比现有 GSM 网 9.6kbit/s 更高的数据率。GPRS 采用与 GSM 相同的频段、频带宽度、突发结构、无线调制标准、跳频规则以及相同的 TDMA 帧结构。因此,在 GSM 系统的基础上构建 GPRS 系统时,GSM 系统中的绝大部分部件都不需要作硬件改动,只需作软件升级。

构成 GPRS 系统的方法如下:

(1)在 GSM 系统中引入 3 个主要组件:GPRS 服务支持节点(SGSN,Serving GPRS Supporting Node)、GPRS 网关支持节点(GGSN,Gateway GPRS Support Node)和分组控制单元(PCU)。

(2)对 GSM 的相关部件进行软件升级。

GPRS 系统原理如图 2-2-1 所示。

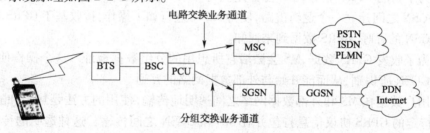

图 2-2-1 GPRS 系统原理图

现有的 GSM 移动台(MS)不能直接在 GPRS 中使用,需要按 GPRS 标准进行改造(包括硬件和软件)才可。GPRS 定义了三类 MS:

A 类可同时工作于 GPRS 和 GSM;

B 类可在 GPRS 和 GSM 之间自动切换工作;

C 类可在 GPRS 和 GSM 之间人工切换工作。

GPRS 被认为是 2G 向 3G 演进的重要一步,不仅被 GSM 支持,同时也被北美的 IS – 136 支持。

2. GPRS 的主要特点

(1)GPRS 采用分组交换技术,高效传输高速或低速数据和信令,优化了对网络资源和无线资源的利用。

(2)定义了新的 GPRS 无线信道,且分配方式十分灵活。每个 TDMA 帧可分配 1~8 个无线接口时隙。时隙能为活动用户所共享,且向上链路和向下链路的分配是独立的。

(3)支持中、高速率数据传输,可提供 9.05~171.2kbit/s 的数据传输速率(每用户)。GPRS 采用了与 GSM 不同的信道编码方案,定义了 CS – 1、CS – 2、CS – 3 和 CS – 4 四种编码方案。

(4)GPRS 网络接入速度快,提供了与现有数据网的无缝连接。

(5)GPRS 支持基于标准数据通信协议的应用,可以和 IP 网、X.25 网互联互通。支持特定的点到点和点到多点服务,以实现一些特殊应用如远程信息处理。GPRS 也允许短消息业务(SMS)经 GPRS 无线信道传输。

(6) GPRS 的设计使得它既能支持间歇的爆发式数据传输,又能支持偶尔的大量数据的传输。它支持四种不同的 QoS 级别。GPRS 能在 0.5~1s 之内恢复数据的重新传输。GPRS 的计费一般以数据传输量为依据。

(7) 在 GSM PLMN 中,GPRS 引入两个新的网络节点:一个是 GPRS 服务支持节点(SGSN),它和 MSC 在同一等级水平,并跟踪单个 MS 的小区位置,实现安全功能和接入控制。节点 SGSN 通过帧中继连接到基站子系统;另一个是 GPRS 网关支持节点 GGSN。GGSN 支持与外部分组交换网的互通,并经由基于 IP 的 GPRS 骨干网和 SGSN 连通。

(8) GPRS 的安全功能同现有的 GSM 安全功能一样。身份认证和加密功能由 SGSN 执行。其中的密码设置程序的算法、密钥和标准与目前 GSM 中的一样。不过 GPRS 使用的密码算法是专为分组数据传输所优化过的。GPRS 移动设备(ME)可通过 SIM 访问 GPRS 业务,不管这个 SIM 是否具备 GPRS 功能。

(9) 蜂窝选择可由 MS 自动进行,或者基站子系统指示 MS 选择某一特定的蜂窝。MS 在重新选择另一个蜂窝或蜂窝组(即一个路由区)时会通知网络。

(10) 为了访问 GPRS 业务,MS 会首先执行 GPRS 接入过程,以将它的存在告知网络。在 MS 和 SGSN 之间建立一个逻辑链路,使得 MS 可进行如下操作:接收基于 GPRS 的 SMS 服务,经由 SGSN 的寻呼,GPRS 数据到来通知。

(11) 为了收发 GPRS 数据,MS 会激活它所想用的分组数据地址。这个操作使得 MS 可被相应的 GGSN 所识别,从而能开始与外部数据网络的互通。

(12) 用户数据在 MS 和外部数据网络之间透明地传输,使用的方法是封装和隧道技术。数据包用特定的 GPRS 协议信息打包并在 MS 和 GGSN 之间传输。这种透明的传输方法缩减了 GPRS PLMN 对外部数据协议解释的需求,而且易于在将来引入新的互通协议。用户数据能够压缩,并有重传协议保护,因此数据传输高效且可靠。

(13) GPRS 可以实现基于数据流量、业务类型及服务质量等级(QoS)的计费功能,计费方式更加合理,用户使用更加方便。

(14) GPRS 的核心网网络层采用 IP 技术,底层可使用多种传输技术,很方便地实现与高速发展的 IP 网无缝连接。

3. GPRS 业务的具体应用

1) 信息业务

传送给移动电话用户的信息内容广泛,如股票价格、体育新闻、天气预报、航班信息、新闻标题、娱乐、交通信息等。

2) 交谈

人们更加喜欢直接进行交谈,而不是通过枯燥的数据进行交流。目前因特网聊天组是因特网上非常流行的应用。有共同兴趣和爱好的人们已经开始使用非话音移动业务进行交谈和讨论。由于 GPRS 与因特网的协同作用,GPRS 将允许移动用户完全参与到现有的因特网聊天组中,而不需要建立属于移动用户自己的讨论组。因此,GPRS 在这方面具有很大的优势。

3) 网页浏览

移动用户使用电路交换数据进行网页浏览无法获得持久的应用。由于电路交换传输速率比较低,数据从因特网服务器到浏览器需要很长的一段时间,并且按时间收费,因此 GPRS 更适合于因特网浏览。

4) 文件共享及协同性工作

移动数据使文件共享和远程协同性工作变得更加便利。这就可以使在不同地方工作的人们同时使用相同的文件工作。

5) 分派工作

非话音移动业务能够用来给外出的员工分派新的任务并与他们保持联系。同时业务工程师或销售人员还可以利用它使总部及时了解用户需求的完成情况。

6) 企业 E-mail

在一些企业中,往往由于工作的缘故需要大量员工离开自己的办公桌,因此通过扩展员工办公室里的 PC 上的企业 E-mail 系统使员工与办公室保持联系就非常重要。GPRS 能力的扩展,可使移动终端接转 PC 机上的 E-mail,扩大企业 E-mail 应用范围。

7) 因特网 E-mail

因特网 E-mail 可以转变成为一种信息不能存储的网关业务,或能够存储信息的信箱业务。在网关业务的情况下,无线 mail 平台将信息从 SMTP 转化成 SMS,然后发送到 SMS 中心。

8) 交通工具定位

该应用综合了无线定位系统,通告人们所处的位置,并且利用短消息业务转告其他人发信人所处的位置。任何一个具有 GPS 接收器的人都可以接收卫星定位信息以确定自己的位置。这一功能还能扩展到被盗车辆跟踪等方面。

9) 静态图像

照片、图片、明信片、贺卡和演讲稿等静态图像能在移动网络上发送和接收。GPRS 可以将图像从与一个 GPRS 无线设备相连接的数字相机直接传送到因特网站点或其他接收设备,并且可以实时打印。

10) 远程局域网接入

当员工离开办公桌外出工作时,他们需要与自己办公室的局域网保持连接。远程局域网包括所有应用的接入。

11) 文件传送

文件传送业务包括从移动网络下载量比较大的数据的所有形式。

4. GPRS 的优势及存在的问题

1) GPRS 的技术优势

① 资源利用率高

GPRS 引入了分组交换的传输模式,使得原来采用电路交换模式的 GSM 传输数据方式发生了根本性的变化,这在无线资源稀缺的情况下显得尤为重要。按电路交换模式来说,在整个连接期内用户无论是否传送数据都将独自占有无线信道。而对于分组交换模式,用户只有在发送或接收数据期间才占用资源,这意味着多个用户可高效率地共享同一无线信道,从而提高了资源的利用率。GPRS 用户的计费以通信的数据量为主要依据,体现了"得到多少、支付多少"的原则。实际上,GPRS 用户的连接时间可能长达数小时,却只需支付相对低廉的连接费用。

② 传输速率高

GPRS 可提供高达 115kbit/s 的传输速率(最高值为 171.2kbit/s)。这意味着通过便携式电脑,GPRS用户能和ISDN用户一样快速地上网浏览,同时也使一些对传输速率敏感的移动多媒体应用成为可能。

③接入时间短

分组交换接入时间缩短为少于1s,能提供快速即时的连接,可大幅度提高一些事务(如信用卡核对、远程监控等)的效率,并可使已有的Internet应用(如E-mail、网页浏览等)操作更加便捷、流畅。

④支持IP协议和X.25协议

GPRS支持因特网上应用最广泛的IP协议和X.25协议。而且由于GSM网络覆盖面广,使得GPRS能提供Internet和其他分组网络的全球性无线接入。

2)存在的问题

①GPRS会发生包丢失现象

由于分组交换连接比电路交换连接要差一些,因此使用GPRS会发生一些包丢失现象。而且,话音和GPRS业务无法同时使用相同的网络资源,用于专门提供GPRS使用的时隙数量越多,能够提供给话音通信的网络资源就越少。GPRS确实会对网络现有的小区容量产生影响,导致不同的用途只有有限的无线资源可供使用。例如,话音和GPRS呼叫都使用相同的网络资源,势必会相互产生一些干扰,影响的程度主要取决于时隙的数量。当然,GPRS可以对信道采取动态管理,并且能够通过在GPRS信道上发送短信息减少高峰时的信令信道数。

②实际速率比理论值低

GPRS数据传输速率要达到理论上的最大值172.2kbps,就必须只有一个用户占用所有的8个时隙,并且没有任何防错保护。运营商将所有的8个时隙都给一个用户使用显然是不太可能的。另外,最初的GPRS终端预计可能仅支持1个、2个或3个时隙,一个GPRS用户的带宽因此将会受到严重的限制,所以理论上的GPRS最大速率将会受到网络和终端现实条件的制约。

③终端不支持无线终止功能

目前还没有任何一家主要手机制造厂家宣称其GPRS终端支持无线终止接收来电的功能。这将是GPRS是否可以成功地从其他非语音服务市场抢夺到用户的核心问题。

启用GPRS服务时,用户将根据服务内容的流量支付费用,GPRS终端会装载WAP浏览器。但是,未经授权的内容也会发送给终端用户,更糟糕的是用户要为这些垃圾内容付费。

④调制方式不是最优

GPRS采用基于GMSK(Gaussian Minimum-Shift Keying)的调制技术。相比之下,EDGE基于一种新的调制方法8PSK(eight-phase-shift keying),允许无线接口支持更高的速率。8PSK也用于UMTS。网络营运商如果想过渡到第三代,必须在某一阶段改用新的调制方式。

⑤存在转接时延

GPRS分组通过不同的方向发送数据,最终达到相同的目的地,数据在通过无线链路传输的过程中就可能发生一个或几个分组丢失或出错的情况。

(二)GPRS网络总体结构

GPRS网络是在现有GSM网络中增加GGSN和SGSN实现的,使得用户能够在端到端分组方式下发送和接收数据。其系统结构如图2-2-2所示。

图2-2-2中,笔记本电脑通过串行或无线方式连接到GPRS蜂窝电话上。GPRS蜂窝电话与GSM基站通信,但与电路交换式数据呼叫不同,GPRS分组是从基站发送到GPRS服务支持节点(SGSN),而不是通过移动交换中心(MSC)连接到语音网络上。SGSN与GPRS网关支持节点(GGSN)进行通信。GGSN对分组数据进行相应的处理,再发送到目的网络,如因特网或X.25网络。

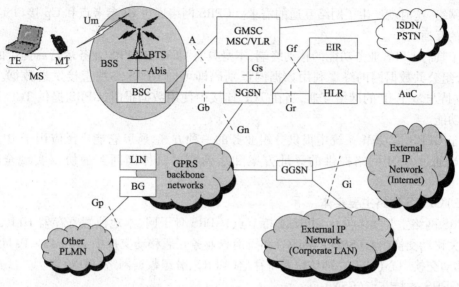

图2-2-2 GPRS系统结构

来自因特网标识有移动台地址的IP包,由GGSN接收,再转发到SGSN,继而传送到移动台上。

SGSN是GSM网络结构中的一个节点,与MSC处于网络体系的同一层。SGSN通过帧中继与BSS相连,是GSM网络结构与移动台之间的接口。SGSN的主要作用是记录移动台的当前位置信息,并且在移动台和GGSN之间完成移动分组数据的发送和接收。

GGSN通过基于IP协议的GPRS骨干网连接到SGSN,是连接GSM网络和外部分组交换网(如因特网和局域网)的网关。GGSN主要起网关作用,也有将GGSN称为GPRS路由器。GGSN可以把GSM网中的GPRS分组数据包进行协议转换,从而把这些分组数据包传送到远端的TCP/IP或X.25网络。

SGSN和GGSN利用GPRS隧道协议(GTP)对IP或X.25分组进行封装,实现两者之间的数据传输。

图2-2-3给出了GPRS网络结构的接入与参考点的简图。

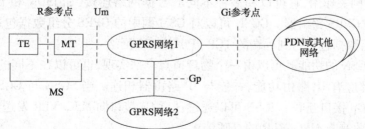

图2-2-3 GPRS总体结构及接口和参考点

GGSN到外部分组网络是通过Gi参考点连通的,而其他GPRS网络是通过Gp接口连通的。另外,从 MS 端到 GPRS 网络有两个接入点,Um 接口用于无线通信接入,而 R 参考点用于信息的产生或接收。移动终端 MT(例如手机)通过 Um 接口接入 GPRS PLMN,R 则是 MT 和 TE(如笔记本电脑)之间的参考点。这里的 MS 由 TE 和 MT 两部分组成,它们通过 R 参考点组成一个整体。另外,MS 也可单独由一个移动终端(MT)组成。

对于一个支持 GPRS 的公共陆地移动网络(PLMN),当它运行 GPRS 业务时可能涉及任何其他网络,这时就产生了网络互通的需求。GPRS 网络通过 Gi 参考点和 Gp 接口实现同其他网络的互通。

对于具有 GPRS 业务功能的移动终端,本身具有 GSM 和 GPRS 业务运营商提供的地址,这样,分组公共数据网的终端利用数据网识别码即可向 GPRS 终端直接发送数据。另外,GPRS 支持与基于 IP 的网络互通,当在 TCP 连接中使用数据报时,GPRS 提供 TCP/IP 报头的压缩功能。

由于 GPRS 是 GSM 系统中提供分组业务的一种方式,所以它能广泛应用于 IP 域。其移动终端通过 GSM 网络提供的寻址方案和运营商的具体网间互通协议实现全球网间通信。

(三)GPRS 网络主要实体

GPRS 网络主要实体包括 GPRS 支持节点、GPRS 骨干网、本地位置寄存器 HLR、短消息业务网关移动交换中心(SMS-GMSC)和短消息业务互通移动交换中心(SMS-IWMSC)、移动台、移动交换中心(MSC)/拜访位置寄存器(VLR)、分组数据网络(PDN)等。

1. GPRS 支持节点(GSN)

GPRS 的支持节点 GSN 是 GPRS 网络中最重要的网络节点,包含了支持 GPRS 所需的功能。GSN 具有移动路由管理功能,可以连接各种类型的数据网络,并可以连到 GPRS 寄存器。GSN 可以完成移动台和各种数据网络之间的数据传送和格式转换。GSN 是一种类似于路由器的独立设备,也与 GSM 中的 MSC 集成在一起。在一个 GSM 网络中允许存在多个 GSN。GSN 有 SGSN 和 GGSN 两种类型。

SGSN 是为移动终端(MS)提供业务的节点(即 Gb 接口由 SGSN 支持)。在激活 GPRS 业务时,SGSN 建立起一个移动性管理环境,包含关于这个移动终端(MS)的移动性和安全性方面的信息。SGSN 的主要作用就是记录移动台的当前位置信息,并且在移动台和 SGSN 之间完成移动分组数据的发送和接收。

GGSN 通过为移动终端(MS)配置一个 PDP 地址接入分组数据网。它存储属于这个节点的 GPRS 业务用户的路由信息,并根据该信息将 PDU 利用隧道技术发送到 MS 的当前的业务接入点,即 SGSN。GGSN 可以经 Gc 接口从 HLR 查询该移动用户当前的地址信息。GGSN 主要是起网关作用,它可以和多种不同的数据网络连接,如 ISDN 和 LAN 等。另外,GGSN 也被称作 GPRS 路由器。GGSN 可以对 GSM 网中的 GPRS 分组数据包进行协议转换,从而把这些分组数据包传送到远端的 TCP/IP 或 X.25 网络。

SGSN 与 GGSN 的功能既可以由一个物理节点全部实现,也可以在不同的物理节点上分别实现。它们都应有 IP 路由功能,并能与 IP 路由器相连。当 SGSN 与 GGSN 位于不同的 PLMN 时,通过 Gp 接口互联。SGSN 可以通过任意 Gs 接口向 MSC/VLR 发送定位信息,并可以经 Gs 接口接收来自 MSC/VLR 的寻呼请求。

2. GPRS 骨干网

GPRS 中有内部 PLMN 骨干网和外部 PLMN 骨干网。内部 PLMN 骨干网是指位于同一个 PLMN 上的并与多个 GSN 互联的 IP 网。外部 PLMN 骨干网是指位于不同的 PLMN 上的并与 GSN 和内部 PLMN 骨干网互联的 IP 网。如图 2-2-4 所示。

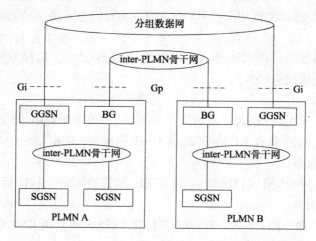

图 2-2-4　内部 PLMN 骨干网和外部 PLMN 骨干网

每一个内部 PLMN 骨干网都是一个 IP 专网，且仅用于传送 GPRS 数据和 GPRS 信令。IP 专网是采用一定访问控制机制以达到所需安全级别的 IP 网。两个内部 PIMN 骨干网是使用边界网关（BG，Border Gateways）和一个外部 PLMN 骨干网并经 Gp 接口相连的，外部 PLMN 骨干网的选择取决于包含有 BG 安全功能的漫游协定，BG 不在 GPRS 的规范之列。外部 PLMN 可以是一个分组数据网。

在同一个 PLMN 骨干网内，骨干网是图 2-2-4 中虚线方框内的部分。在 GPRS 骨干网内部，各 GSN 实体之间通过 Gn 接口相连，它们之间的信令和数据传输都是在同一传输平面中进行的，所利用的传输平面可以在 ATM、以太网、DDN、ISDN、帧中继等现有传输网中选择。如图 2-2-5。

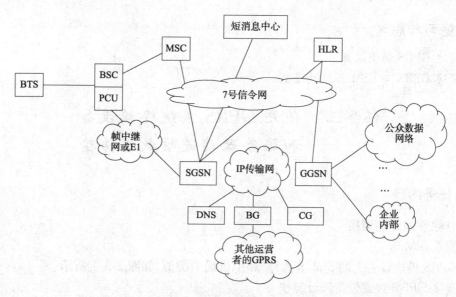

图 2-2-5　GPRS 网络骨干网的组成

1）本地位置寄存器（HLR）

在 HLR 中有 GPRS 用户数据和路由信息。从 SGSN 经 Gn 接口或 GGSN 经 Gc 接口都可访问 HLR。对于漫游的 MS 来说,HLR 可能位于另一个不同的 PLMN 中,而不是当前的 PLMN 中。

2)消息业务网关移动交换中心(SMS-GMSC)和短消息业务互通移动交换中心(SMS-IWMSC)

SMS-GMSC 和 SMS-IWMSC 经 Gd 接口连接到 SGSN 上,这样就能让 GPRS MS 通过 GPRS 无线信道收发短消息(SM)。

3)GPRS 移动台

GPRS MS 能以三个运行模式中的一个进行操作,其操作模式由 MS 所申请的服务决定:即仅有 GPRS 服务,同时具有 GPRS 和其他 GSM 服务,或依据 MS 的实际性能同时运行 GPRS 和其他 GSM 服务。

A 类(Class-A)操作模式:MS 申请有 GPRS 和其他 GSM 服务,而且 MS 能同时运行 GPRS 和其他 GSM 服务。

B 类(Class-B)操作模式:一个 MS 可同时监测 GPRS 和其他 GSM 业务的控制信道,但同一时刻只能运行一种业务。

C 类(Class-C)操作模式:MS 只能应用于 GPRS 服务。

4)移动交换中心(MSC)和拜访位置寄存器(VLR)

在需要 GPRS 网络与其他 GSM 业务进行配合时选用 Gs 接口,如利用 GPRS 网络实现电路交换业务的寻呼,GPRS 网络与 GSM 网络联合进行位置更新,以及 GPRS 网络的 SGSN 节点接收 MSC/VLR 发来的寻呼请求等。同时 MSC/VLR 存储 MS(此 MS 同时接入 GPRS 业务和 GSM 电路业务)的 IMSI 以及 MS 相连接的 SGSN 号码。

5)分组数据网络(PDN)

PDN 提供分组数据业务的外部网络。移动终端通过 GPRS 接入不同的 PDN 时,采用不同的分组数据协议地址。

 复习与思考

1. 简述 GPRS 的优缺点。
2. 简述 GPRS 与 GSM 系统的区别。

任务三 使用 GPRS 系统终端设备和服务器端进行数据传输

一、任务内容

(一)硬件线路的连接

1. 插入 SIM 卡

将 GPRS 模块设备上的 SIM 卡插好,和手机插卡类似,如图 2-3-1 所示。

2. 连接 GPRS 终端设备和计算机

用 RS-232 串口将两只 GPRS 终端设备(9IQ)分别与两台计算机连接,如图 2-3-2 和图 2-3-3 所示。由于终端设备和计算机串口都是 9 针,而串口线的一端是孔,一端是针,所以需要一个针孔转接头。图 2-3-3 所示为用针孔转接头连接计算机串口。

3. 将连接模块上的天线与电源

注意天线位置调整到信号接收比较强的位置(一般为手机信号比较强的位置),如图2-3-4所示。

a)　　　　　　　　　　　　　　　b)

图 2-3-1　SIM 卡安装图示

a)　　　　　　　　　　　　　　　b)

图 2-3-2　RS-232 串口一头连接 GPRS 终端模块

图 2-3-3　RS-232 串口另一头连接计算机串口　　　图 2-3-4　模块天线位置

4. 通电,启动计算机

(二)软件设置

1. 模块终端参数设置

点击开始程序/wirelessPlug/9I(如图 2-3-5 所示),打开终端模块参数设置窗口(如图 2-3-6 所示)。

IP 地址的设置是根据终端模块需要和哪个服务器通信而定,即设置该服务器的对外 IP 地址,例如我们这里服务器的对外地址为 210.5.144.149。

TCP 端口号的设置是根据服务器对应的 TCP 端口,这个设置一般是由网管事先设置好,如果不知道的话,请联系网管。我们这里的服务器对应的 TCP 端口号是 7001。

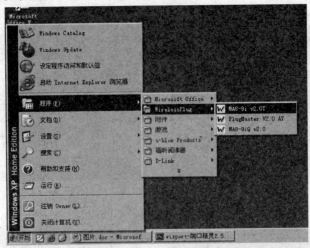

图 2-3-5　打开 9I 程序

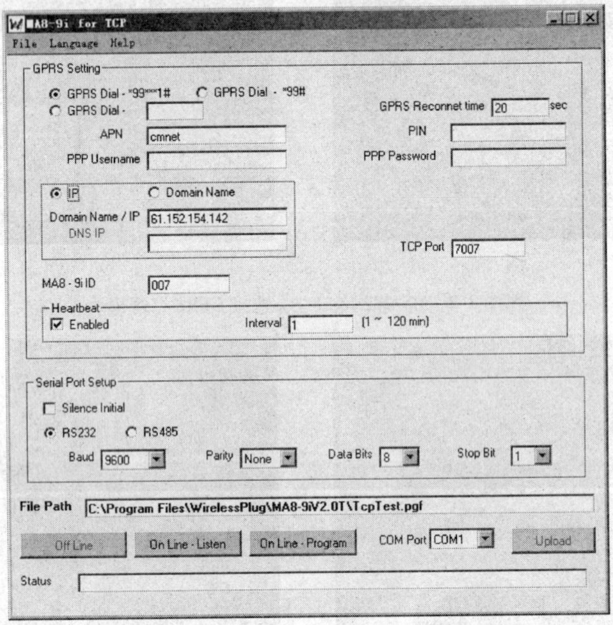

图 2-3-6　GPRS 终端模块参数设置窗口

设备 ID 号的设置是自定义的,我们这里设为 001。需要注意的是,ID 号不能和网络中其他终端设备号重复,服务器是通过这个设备号查找终端设备的。

其余参数一般采用默认参数。

2. 将设置好的参数程序烧录进终端模块设备

点击 online(在线) – listen 按钮,出现提示切断电源的信息窗口,如图 2-3-7 所示。

开关模块设备电源一次,等待出现初始化完成提示,如图 2-3-8 所示。

点击 upload(上载)按钮上传程序,如图 2-3-9 所示。

3. 服务器设置

1)设置服务器初始值

点击开始程序/wirelessplug/master,打开服务器程序,设置好初始值的TCP端口。这里的TCP端口和要通信的终端设备的TCP端口一致。如图2-3-10所示。

图2-3-7 信息窗口

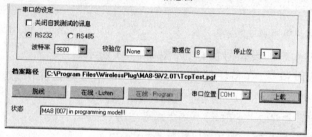

图2-3-8 初始化完成

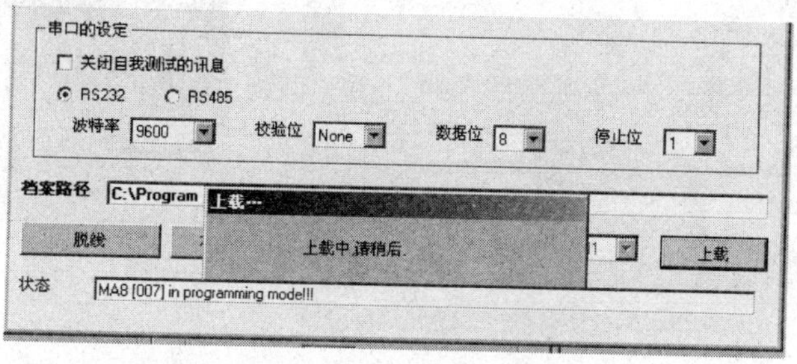

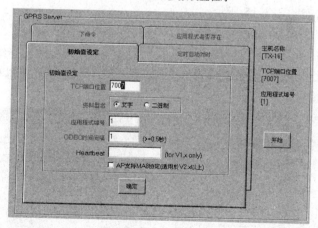

图2-3-9 烧录参数设置程序

图2-3-10 设置服务器初始值

2）将两台模块设备号添加进程序中

点击MA8维护菜单下的MA8属性子菜单,如图2-3-11所示。

出现口令检查窗口,输入初始密码为4个0,如图2-3-12所示。

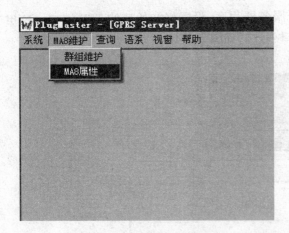
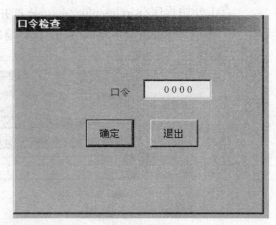

图 2-3-11　选择 MA8 属性子菜单　　　　　　图 2-3-12　口令检查窗口

口令正确,即进入添加设备号窗口,如图 2-3-13 所示。

在 MA8 处填入设备号,在备注处可以填写 GPRS 设备等备注信息。填写好后,点击新增按钮,出现信息窗口,如图 2-3-14 所示。然后点击"否"。

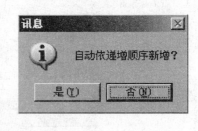

图 2-3-13　添加设备号窗口　　　　　　图 2-3-14　信息窗口

添加设备成功,如图 2-3-15 所示。

3)终端连线成功后与终端收发信息

检查终端设备是否与服务器连线。点击系统菜单下的 MA8 最新连线状态子菜单,如图 2-3-16 所示。如果连线成功,会在图 2-3-17 中出现设备号。这样服务器和终端设备连通,接下来可以进行数据传输了。

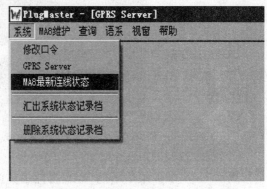

图 2-3-15　添加设备成功　　　　　　图 2-3-16　选择 MA8 最新连线状态子菜单

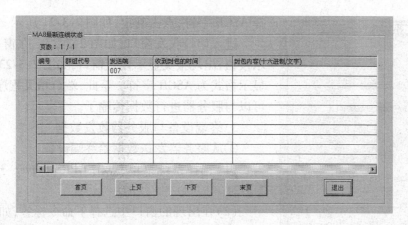

图 2-3-17　连线成功

注意,该服务程序要在做服务器的那台计算机上打开。

4. 在端口精灵程序中查看终端收发数据

1) 打开 WIZPORT. EXE 文件

打开桌面的我的文档,打开 SOCK 文件夹,选择 WIZPORT. EXE 文件,如图 2-3-18 所示,双击该文件。

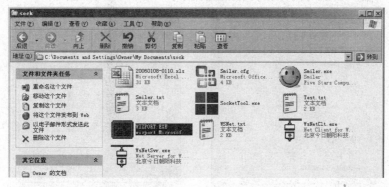

图 2-3-18　打开 WIZPORT. EXE 文件

2) 新建串口端口

点击端口菜单下的新建子菜单,如图 2-3-19 所示。

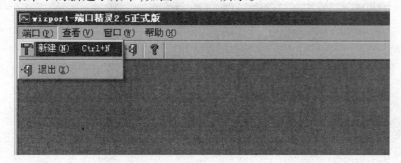

图 2-3-19　点击新建子菜单

注意,此时终端参数设置窗口要关闭。

在出现的选择建立新端口类型的窗口中,选择串口端口为串口 1 报文收发端口(因为我们的终端设备是通过 RS－232 串口与计算机连接的,所以如此选择),如图 2-3-20 所示。

在出现的报文发送参数设置窗口中,串口参数采用默认值,发送报文标签下发送格式选

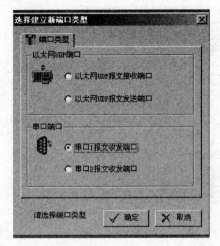

择 ASCII 字符,点击确定,如图 2-3-21 所示。

进入串口收发窗口,如图 2-3-22。在窗口上选择显示按钮,出现报文显示设置窗口,如图 2-3-23 所示,设置显示格式为 ASCII 字符。至此,端口精灵程序设置结束,可以与服务器进行数据传输了。

3)终端设备与服务器收发数据

①从服务器发送数据给终端设备

(1)选择系统菜单,点击 GPRS Server 子菜单,如图 2-3-24。

(2)在出现的窗口中选择下命令标签,如图 2-3-25。

(3)MA8 选择要通信的终端设备号,在命令里选择"检查是否仍在线上",在发送数据之前先检查一下终端设备是否在线上,如图 2-3-26 所示。设备仍在线上,则会出现检查成功信息,如图 2-3-27 所示。

图 2-3-20 串口端口选择

(4)给终端发送数据。在命令里选择"资料",如图 2-3-28 所示。出现资料内容设定窗口。在 ASCII 下输入要发送的数据,例如这里输入"hello"字样,如图 2-3-29 所示。

图 2-3-21 报文发送参数设置窗口

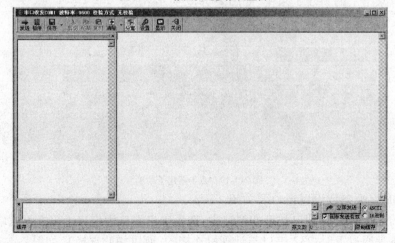

图 2-3-22 串口收发窗口

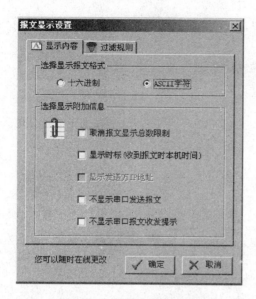

图 2-3-23 设置报文显示窗口　　　　图 2-3-24 选择 GPRS SERVER 子菜单

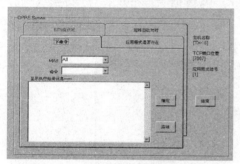
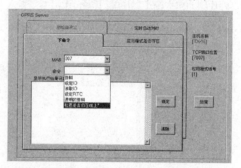

图 2-3-25 选择下命令标签　　　　图 2-3-26 检查终端设备是否在线

图 2-3-27 检查成功　　　　图 2-3-28 选择数据命令

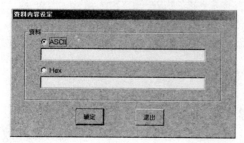
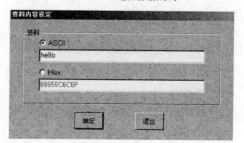

图 2-3-29 输入要发送数据

· 53 ·

(5)查看窗口精灵程序的串口收发窗口中,右上窗口是否有服务器发送来的信息。如有,说明发送成功。如图 2-3-30 所示。

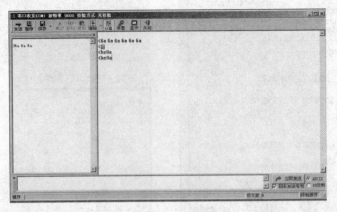

图 2-3-30　终端设备接收到服务器发送的数据

②从终端设备发送数据给服务器

在串口收发窗口中的下面窗口中输入要发送的数据,如图 2-3-31(也输入"hello"字样)。打开 Master 程序的 MA8 最新连线状态的子菜单,看见终端发送来的数据,说明终端发送服务器也成功,如图 2-3-32 所示。

图 2-3-31　终端发送数据

图 2-3-32　服务器接收到终端发送的数据

（三）观察结果

通信成功,则可用端口精灵程序和服务器程序相互收发数据。

通信不成功,可能是硬件连接问题或软件设置问题。按照以下步骤逐一检查排除故障:

(1)硬件接线检查:检查天线的信号是否良好,模块上信号灯是否亮,模块设备串口端口是否连接正确,SIM 卡是否安装好。

(2)软件设置检查:模块端口参数是否设置正确,端口精灵程序是否正确设置。

(3)以上均检查无异,则可见任务结果。

二、相关知识

(一)终端设备简介

MA8-9i 是使用在机器对机器(Machine-to-Machine)、机器对人(Machine-to-Man)及人对机器(Man-to-Machine)解决方案的设备,通过通信系统提供数据存取及远端监控功能。MA8-9i 产品可通过 GPRS 网络连接,也可通过 GPRS 网络的特性传送数据或是将数据与 Internet 连接。硬件也提供标准 RS-232/RS-485 界面与各种设备连接。

在 MA8-9i 上方有五个灯号用来显示 MA8-9i 状态(图2-3-33、表2-3-1)。

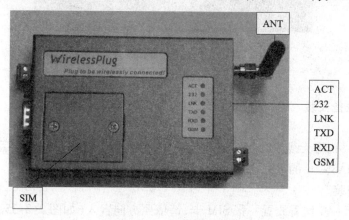

图2-3-33 终端设备外观

MA8-9i 灯号意义一览表　　　　　　　　　　　表2-3-1

灯 号	灯 号 意 义
ACT	GPRS 连线(TCP 状态每8秒闪一次,UDP 状态每3秒闪一次) Initial 状态(每1秒闪一次) Upload 状态(快闪)
232	RS-232/RS-485 灯号,灯亮表示 RS-232 工作
LNK	Link 灯号,表示与基地台保持连线
TXD	(TD,Transmit Data) 表示 MA8-9i 正在传送数据
RXD	(RD,Receive Data) 表示 MA8-9i 正在接收数据
GSM	表示 MA8-9iGPRS 模组正在接收数据

MA8-9i 正背面接口见图2-3-34和表2-3-2所示。

MA8-9i 正背面接口一览表　　　　　　　　　　表2-3-2

DC-IN	电源输入界面,可接受 9~30V 的直流电输入 工作时耗电量 0.27~1.03W,待机耗电量 0.27~0.54W
ANT	天线
RS-485	RS-485 输出入连接界面
RS-232	RS-232 输出入连接界面

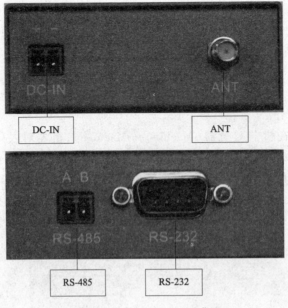

图 2-3-34　MA8-9i 正面及背面

(二)终端设备安装

1. 硬件

组装 MA8-9i,将天线依顺时针方向旋紧,再将电源与 MA8-9i 连接后即可。使用时仅需要将设备与 MA8-9i 的 RS-232、RS-485 相连即可。

2. SIM 卡安装

每一台 MA8-9i 均需放置一张 SIM 卡,请依照方向置入(如图 2-3-35)。由于铁片较为密合,请轻敲铁片上方即可将铁片取出。

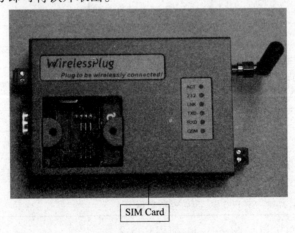

图 2-3-35　SIM 卡安装

3. 软件

MA8-9i 软件分为服务器端及客户端两种。要将使用者设定文件上传,仅需将 MA8-9i 的 RS-232 口与 PC 的通信口相连后,经由 MA8-9i 的设定软件上传即可。由于 MA8-9i 与 PC 同属 DTE 设备,所以需要使用 Null Modem 的 Cable 线相连。

(三)Plugene™介绍

Plugene™是专为 Windows 95/98/2000 及 Windows NT 操作系统而设计的。

1. GPRS 设定

图 2-3-36 为 GPRS 设定界面。

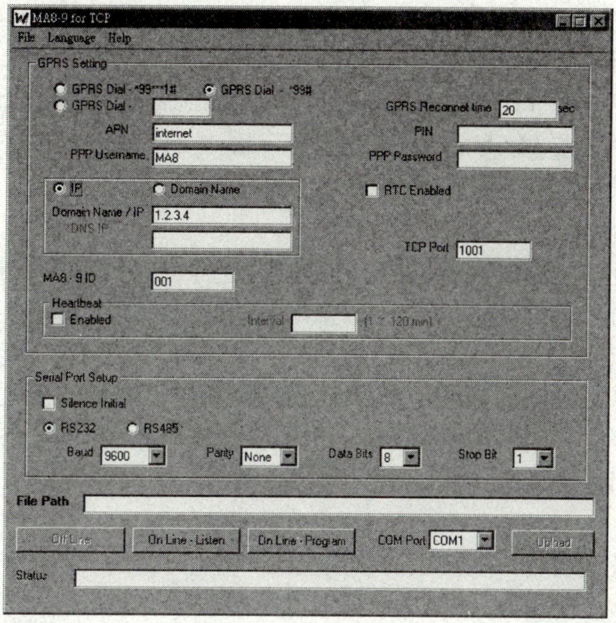

图 2-3-36 GPRS 设定界面

2. GPRS Dial

GPRS 拨号方式目前有 *99＊＊＊1# 及 *99# 两种,参照系统供应商要求选择。若系统供应商参数有所变动,使用者也可以自己输入拨号方式。另提供 GPRS Dial 可供使用者自行键入特殊的 APN。

3. GPRS Reconnect Time 设定

当 GPRS 通信品质不良而导致断线时,MA8-9i 会重新连线,而 GPRS Reconnect time 是用来设定 GPRS 断线重新连线时等待时间的。当 GPRS 断线次数超过内定值时,MA8-9i 会重置进行起始化操作。

4. APN Name

APN Name(Access Point Name)用来标示 GPRS 业务种类,一般是用来设定连接 Internet,预设值是 internet,中国移动则为 CMNET。

5. PIN Code

PIN Code(Personal Identification Number)是 SIM Card 用的保密设定,具有辨别身份的功能,可以由用户自行设定。在此处请填入 PIN Code 的密码,若 SIM Card 的密码已解除,此处空白即可。SIM Card 若连续输入三次错误的 PIN Code,则会被 Blocked,表示已被锁住,此时则需要向电信公司要求解锁,请务必在使用时注意。

6. PPP 设定

这里用来设定与系统提供商连线的信息,包括 PPP Username 用户名称及 PPP Password 用户密码,依各系统提供商需求填写。一般系统提供商仅需在 PPP Username 填写任何字串即可,而有些提供商在 PPP Username 则需空白,请参照 GSM/GPRS 系统提供商设定填写。

7. PlugMaster™ Server 设定

PlugMaster™ Server 的位置可以使用 IP 或 Domain Name 指定。MA8-9i 的 IP 及 Domain

Name 是二选一的选项。当使用者选择输入 Domain Name 时，除了输入 PlugMaster™ Server 的 Domain Name 外，还需要输入由 ISP 所提供的 DNS Server 的 IP Address 以供 MA8－9i 执行 Domain Name 的正反解析。若使用固定 IP Address 时，仅需要输入 PlugMaster™ Server 所在的机器的位置即可。当设定完 IP/Domain Name 后，仍需设定 TCP 口，此处的 TCP 口需与 PlugMaster™ 所设定的 TCP 口一致。若是 UDP 模式时，则需设定 UDP 口及 UDP 的 ID，此处的 UDP 口与 UDP ID 需与 PlugMaster™ 所设定的一致。要设定这个通信口，请向所在网络的网络管理人员索取。TCP 或 UDP 口的范围在 1～65535 之间。

8. MA8－9i ID 设定

MA8－9i ID 必须与在 PlugMaster™ 所设定相同。当 MA8－9i 连上 PlugMaster™ 时，这个 ID 是用来登录使用的。PlugMaster™ 会与数据库的信息比对，以确认是否为合法使用者。

9. Hearbeat 设定

用来设定与服务器之间的连线是否存在，使用者可以设定每隔多久送出，服务器可以定时收到以确保连线存在。而系统内建的 Heartbeat 字串为 48656C6C6F（ASCII 字串为 Hello）。

10. Serial Port 设定

1）Silence 设定

MA8－9i 初始化时会将一些测试的参数值往 Serial 口传送，以供开机测试时检测使用。若设定为 Silence Mode 时，则这些测试数据不传送，以避免干扰设备的正常工作。

2）通信口设定

MA8－9i 可通过 RS－232 或 RS－485 传送或接收数据，在此可以设定所连接的通信口。RS－232 或 RS－485 是二选一的选项，也包括下列设定：

Baud 用来表示串行通信数据传输的速率，可设定 1200～19200 bps。

Parity 是用来检查所收到的数据正确性，同位元检测分为奇同位及偶同位检测两种，通信两端设定必须要一样。可设定 None、Even 或 Odd。

Data bits 是数据位元的长度，设定为 8bit。

Stop bits 是传送过程中标示记号，用来表示数据到此结束，可设定为 1 或 2。

11. 资料上传

当 MA8－9i 与 Plugene™ 连线后，重新开启 MA8－9i 的电源开关，使 MA8－9i 进入初始状态。当 MA8－9i 检测到 Plugene™ 是在 On Line－Program 模式下时，MA8－9i 即进入 Programing Mode 下等待设定文件上传，此时 MA8－9i 的 ACT 灯号是在快闪状态。按 Upload 即可将设定文件上传。若有栏位尚未填写，则会跳出信息提醒使用者输入，待修正完毕后再次上传即可。上传完毕后，关闭 MA8－9i 电源开关，等待约 10 秒再行将电源插上，MA8－9i 重新初始化完毕，即开始使用新的设定值。状态栏及按钮分别描述如下：

Off Line，表示 Com 口开关。

On Line－Listen，表示 Com 口打开。

On Line－Program，表示 Com 口打开，且可上传数据到 MA8－9i。

COM Port，用来设定 PC 与 MA8 相连的通信口，预设值是 Com1。

Upload，上传设定值。

Status，用来显示设定状态。

12. 文件管理

1）File

MA8-9i 设定文件有四种处理方式：

New,开启新的设定文件。

Open,将旧的设定文件开启。

Save,将设定文件储存。

Save As,将设定文件另存文件名。

2）File Path

当文件储存或开启时,此时界面下方 File Path 会出现设定文件存放路径。

13. 简介

WirelessPlug 的 PlugMaster™是一套软件解决方案,通过 GPRS 网络可做终端设备的存取与控制。本产品利用既有 Internet 网络的固定 IP 即可工作,而不需系统提供商提供昂贵的 IP-tunneling 解决方案。有了此软件,便能控制无线终端应用系统及数据的存取,并防止未授权使用者的进入。

PlugMaster™是专为 MA8 系列产品所设计的服务器端服务软件,让使用者通过 Internet 与 GPRS 网络管理远端的 MA8 系列产品。除了负责 MA8 系列产品的认证管理,通过图形化界面进行 IP 管理、数据存取及数据交换外,通过 PlugMaster™,应用系统服务器利用 GPRS 网络与远端设备双向通信,可导入数据库管理,定时输出、查询及删除数据,并完整地保存联机记录及系统信息。

1）主要优点

（1）通过高速 ADSL 或是专线连接 Internet,节省成本。

（2）可通过 Internet 及 GPRS 网络与终端设备实现双向传输。

（3）与 Application Server 可通过数据库或通信口连接。

（4）图形化界面,安装设定容易。

（5）配合 IP 管理机制,维持 GPRS 的双向连线。

（6）Real IP/动态域名解析/虚拟 IP 等方式均可使用。

（7）数据可以定时输出、查询及删除,也可以完整保存系统信息及终端连线记录。

2）系统设定

PlugMaster™基本系统设定有密码、系统基本参数等。

①变更密码

PlugMaster™在设定 MA8 系列产品参数时需要填入密码,内置的密码数值是 0000。使用者可以改变系统密码,变更密码时先填入旧的密码,再填入新的密码,经确认后按 OK 即可(如图 2-3-37)。

②GPRS Server

GPRS Server 为 PlugMaster™最主要参数设定,有 Initial setting、send command 及 Periodically synchronize watches 三种。

a. Initial setting

Server Properties(图 2-3-38)。

TCP Port:PlugMaster™开启一个 TCP 口供 MA8 系列产品使用,这个 TCP 口是在与 MA8 系列产品连线进行前先设定的一个通信线路,Port Number 设定请与网管人员联系后取得,指定范围 1~65535,其中：

255 以下编号供公共应用系统使用；

255～1023 指定公司的商业应用系统使用；
1023 以上的号码尚未规定。

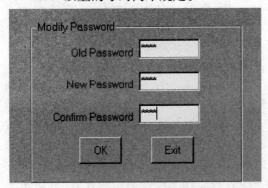

图 2-3-37　修改密码

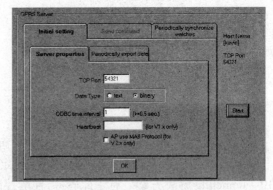

图 2-3-38　Server Properties

Data Tpye：MA8 系列产品传送的数据格式，有 text 及 binary 两种格式可供选用。

ODBC time interval：PlugMaster™ 从数据库读取数据传送回 MA8 系列产品的时间间隔，预设值 1 秒，最短时间可设到 0.5 秒。

Heartbeat（for V1.x only）：1.x 版的 Heartbeat 与 MA8 之间设定一致。此 Heartbeat 不会写入数据库。

AP use MA8 Protocol（For V2.x only）：针对 2.x 版的一选项，由应用系统负责解析 MA8 系列产品与 PlugMaster™ 之间的通信协议。

Periodically Export Data（图 2-3-39）。

File Type：PlugMaster™ 可以依客户的需求定时将数据从 Access 数据库导出，导出时可以设定成 txt 或 xls 两种格式。若使用者欲定时导出数据，须在 Periodically export data 的选项上打钩。

Set Time：时间设定可以依照 Day、Hour 或 Minute 三种模式执行。Day 是以每天设定 AM 12:00 导出一个文件，Hour 是整点时候导出，而 Minute 是每分钟设定时间导出。

Drive、Directory：文件导出时，可选择存放的驱动器以及路径，依导出时的年月日时分秒为文件名，如 datalog_20030919150000.txt。

b. Send command

图 2-3-40 为 Send command 界面。

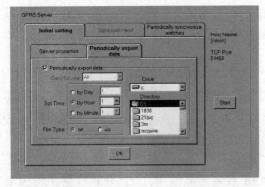

图 2-3-39　Periodically Export Data

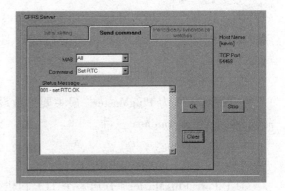

图 2-3-40　Send command

当 PlugMaster™ 执行后，可以直接通过 PlugMaster™ 对远端的 MA8 系列产品下指令。

MA8：远端的 MA8 系列产品 ID，包括 All、Group 或单独选取 MA8 ID。

Command:有 Data、Set IO、Read IO、Set RTC、Transparent Data、Check Alive 等六种,但选取的 MA8 ID 则只有 Transparent Data 的功能。

Status Message:为 MA8 系列产品显示状态值。

MA8 通信协议如下(数据格式均为 Hex):

MA8 Send data to PlugMaster:

func code = 0:一般数据,1002 + 0 + 数据内容 + 1003

func code = 1:一般数据 + RTC,1002 + 1 + 数据内容 + 12 – byte
　　　　　　　　　RTC(yymmddhhmmss) + 1003

func code = 2:heartbeat,1002 + 2 + 1003

func code = 3:ack or nack,ack – >1002 + 3 + 80 + 1003
　　　　　　　　　nack – >1002 + 3 + 81 + 1003

func code = 6:IO 值,1002 + 6 + 1 – byte IO 值 + 1003

AP Send command to MA8:

func code = 0:data,0 + HEX_data / 0 + ASCII_data

c. Periodically synchronize watches(RTC Mode Only)

图 2-3-41 为 Periodically synchronize watches 界面。

MA8 系列产品使用 RTC 功能时,第一次均由 PlugMaster™ 主动进行校时动作,以后可以在 PlugMaster™ 上设定定时对时的时间,有两个栏位需填写:

Day:表示几天校时一次,最小单位是 1d,最长是 180d。

Hour:表示几点校时,以 24h 方式来表示。

③连线状态

图 2-3-42 界面,当 PlugMaster™ 执行后,用来显示最近连线状态,包括从 MA8 系列产品数据传送内容及时间。可以通过这个界面监看 MA8 系列产品的连线情况。Sender 红色表示离线状态。

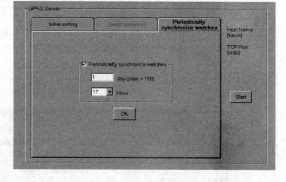

图 2-3-41　Periodically synchronize watches(RTC Mode Only)

④Export Data

图 2-3-43 为 Export Data 界面,可以通过手动的模式将数据导出,包括 All、Group 或是单独选取 MA8 ID,数据形态为 txt 或是 xls 两种。预设值存放在 C:\,文件名为 datalog_yyyymmddhhmmss.txt 或 datalog_yyyymmddhhmmss.xls。

图 2-3-42　连线状态

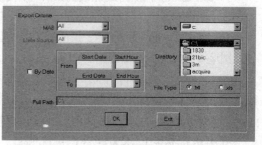

图 2-3-43　Export Data

导出数据记录文件各栏位说明：

log_date：记录收到数据的日期/时间，文字型态，固定长度 22byte，格式 yyyy/mm/dd hh:mm:ss. s。

sender：送封包者，文字形式，最大长度 10byte。

bin_data：送进来的封包若是 binary 格式则写进此栏位。

txt_data：送进来的封包若是 text 格式则写进此栏位。

rtc_time：若封包内带有 RTC 时间则写进此栏位。

receiver：收封包者，文字形式，最大长度 10byte。

source：数据来源类型，分为一般数据及 datalog(预留使用)。

completed：预留，目前尚未使用。

图 2-3-44 为 txt 文件范例，图 2-3-45 为 xls 文件范例。

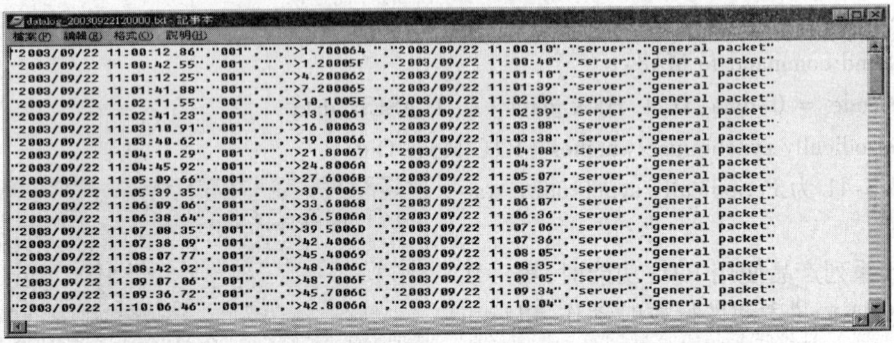

```
"2003/09/22 11:00:12.86","001","",">1.700064 ","2003/09/22 11:00:10","server","general packet"
"2003/09/22 11:00:42.55","001","",">1.20005F ","2003/09/22 11:00:40","server","general packet"
"2003/09/22 11:01:12.25","001","",">4.200062 ","2003/09/22 11:01:10","server","general packet"
"2003/09/22 11:01:41.88","001","",">7.200065 ","2003/09/22 11:01:39","server","general packet"
"2003/09/22 11:02:11.55","001","",">10.1005E ","2003/09/22 11:02:09","server","general packet"
"2003/09/22 11:02:41.23","001","",">13.10061 ","2003/09/22 11:02:39","server","general packet"
"2003/09/22 11:03:10.91","001","",">16.00063 ","2003/09/22 11:03:08","server","general packet"
"2003/09/22 11:03:40.62","001","",">19.00066 ","2003/09/22 11:03:38","server","general packet"
"2003/09/22 11:04:10.29","001","",">21.80067 ","2003/09/22 11:04:08","server","general packet"
"2003/09/22 11:04:45.92","001","",">24.8006A ","2003/09/22 11:04:37","server","general packet"
"2003/09/22 11:05:09.66","001","",">27.6006B ","2003/09/22 11:05:07","server","general packet"
"2003/09/22 11:05:39.35","001","",">30.60065 ","2003/09/22 11:05:37","server","general packet"
"2003/09/22 11:06:09.06","001","",">33.60068 ","2003/09/22 11:06:07","server","general packet"
"2003/09/22 11:06:38.64","001","",">36.5006A ","2003/09/22 11:06:36","server","general packet"
"2003/09/22 11:07:08.35","001","",">39.5006D ","2003/09/22 11:07:06","server","general packet"
"2003/09/22 11:07:38.09","001","",">42.40066 ","2003/09/22 11:07:36","server","general packet"
"2003/09/22 11:08:07.77","001","",">45.40069 ","2003/09/22 11:08:05","server","general packet"
"2003/09/22 11:08:42.92","001","",">48.4006C ","2003/09/22 11:08:35","server","general packet"
"2003/09/22 11:09:07.06","001","",">48.7006F ","2003/09/22 11:09:05","server","general packet"
"2003/09/22 11:09:36.72","001","",">45.7006C ","2003/09/22 11:09:34","server","general packet"
"2003/09/22 11:10:06.46","001","",">42.8006A ","2003/09/22 11:10:04","server","general packet"
```

图 2-3-44 txt 文件范例

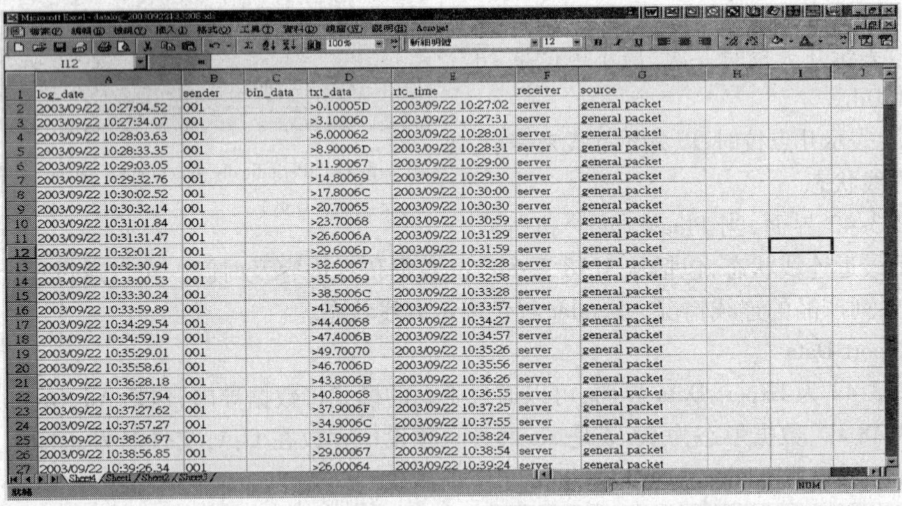

	A	B	C	D	E	F	G
1	log_date	sender	bin_data	txt_data	rtc_time	receiver	source
2	2003/09/22 10:27:04.52	001		>0.10005D	2003/09/22 10:27:02	server	general packet
3	2003/09/22 10:27:34.07	001		>3.100060	2003/09/22 10:27:31	server	general packet
4	2003/09/22 10:28:03.63	001		>6.000062	2003/09/22 10:28:01	server	general packet
5	2003/09/22 10:28:33.35	001		>8.90006D	2003/09/22 10:28:31	server	general packet
6	2003/09/22 10:29:03.05	001		>11.90067	2003/09/22 10:29:00	server	general packet
7	2003/09/22 10:29:32.76	001		>14.80069	2003/09/22 10:29:30	server	general packet
8	2003/09/22 10:30:02.52	001		>17.8006C	2003/09/22 10:30:00	server	general packet
9	2003/09/22 10:30:32.14	001		>20.70065	2003/09/22 10:30:30	server	general packet
10	2003/09/22 10:31:01.84	001		>23.70068	2003/09/22 10:30:59	server	general packet
11	2003/09/22 10:31:31.47	001		>26.6006A	2003/09/22 10:31:29	server	general packet
12	2003/09/22 10:32:01.21	001		>29.6006D	2003/09/22 10:31:59	server	general packet
13	2003/09/22 10:32:30.94	001		>32.60067	2003/09/22 10:32:28	server	general packet
14	2003/09/22 10:33:00.53	001		>35.50069	2003/09/22 10:32:58	server	general packet
15	2003/09/22 10:33:30.24	001		>38.5006C	2003/09/22 10:33:28	server	general packet
16	2003/09/22 10:33:59.89	001		>41.50066	2003/09/22 10:33:57	server	general packet
17	2003/09/22 10:34:29.54	001		>44.40068	2003/09/22 10:34:27	server	general packet
18	2003/09/22 10:34:59.19	001		>47.4006B	2003/09/22 10:34:57	server	general packet
19	2003/09/22 10:35:29.01	001		>49.70070	2003/09/22 10:35:26	server	general packet
20	2003/09/22 10:35:58.61	001		>46.7006D	2003/09/22 10:35:56	server	general packet
21	2003/09/22 10:36:28.18	001		>43.8006B	2003/09/22 10:36:26	server	general packet
22	2003/09/22 10:36:57.94	001		>40.80068	2003/09/22 10:36:55	server	general packet
23	2003/09/22 10:37:27.62	001		>37.9006F	2003/09/22 10:37:25	server	general packet
24	2003/09/22 10:37:57.27	001		>34.9006C	2003/09/22 10:37:55	server	general packet
25	2003/09/22 10:38:26.97	001		>31.90069	2003/09/22 10:38:24	server	general packet
26	2003/09/22 10:38:56.85	001		>29.00067	2003/09/22 10:38:54	server	general packet
27	2003/09/22 10:39:26.34	001		>26.00064	2003/09/22 10:39:24	server	general packet

图 2-3-45 xls 文件范例

⑤Export System Log

图 2-3-46 为 Export System Log 界面。

在 Export System log 中可以通过手动的模式将系统连线数据导出，包括 All、Group 或单独选取 MA8 ID，数据形式为 txt 或是 xls 两种。预设值存放在 C:\，文件名格式为 systemlog_yyyymmddhhmmss. txt 或 systemlog_yyyymmddhhmmss. xls。

导出系统状态记录文件各栏位说明：

MA8_id：MA8 系列产品的编号，文字形式，最大长度 10byte。

log_date：记录收到状态改变的日期/时间，文字形式，固定长度 22 – byte，格式 yyyy/mm/dd hh:mm:ss。

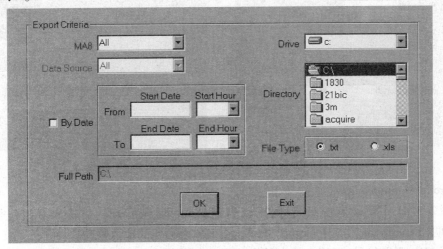

图 2-3-46　Export System Log

log_description：状态改变内容说明，文字形式。
MA8_ip：记录收到 MA8 系列产品状态改变时的 IP Address。
MA8_port：记录收到 MA8 系列产品状态改变时的 Port Number。
图 2-3-47 为文本文件；范例图 2-3-48 为 xls 文件范例。

图 2-3-47　txt 文件范例

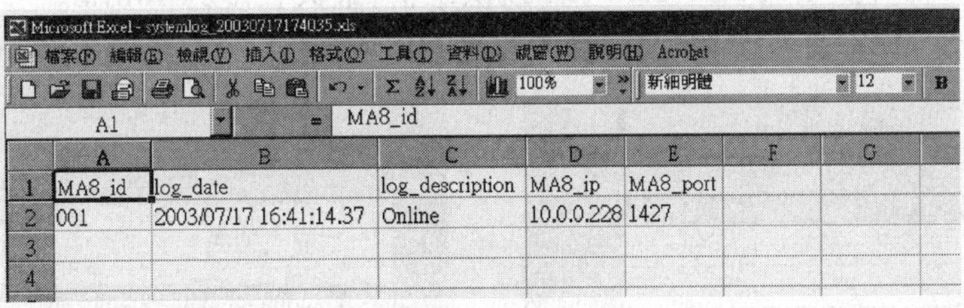

图 2-3-48　xls 文件范例

⑥Delete Data

图 2-3-49 为 Delete Data 界面。

可在 Delete Data 界面中手动删除数据记录文件，以避免数据膨胀速度太快，占据太多硬盘空间。删除的条件单位可以计算到小时。

⑦Delete System Log

图 2-3-50 界面主要功能为手动删除系统状态记录文件。此项记录为历史文件，可追踪 MA8 系列产品所有连线状态。删除的条件单位可以计算到小时。

⑧MA8 设定

主要功能为 Server 依实际需求对 MA8 系列产品做设定及维护，包括群组设定、MA8 设定两项，初始密码为 0000。

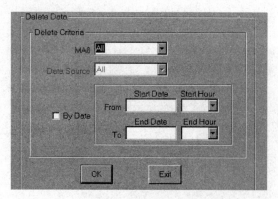

图2-3-49　Delete Data

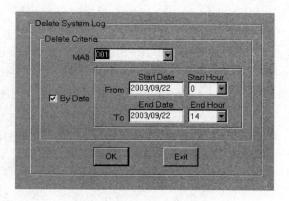

图2-3-50　Delete System Log

a. Group Maintenance

在图2-3-51中可设定群组名称,用以为MA8系列产品分类,可输入群组代号(Group ID)及说明(Description),其中群组代号(Group ID)为必要的输入栏位。

Group ID:群组代号,可输入最大长度10byte。

Description:群组说明,可输入最大长度50byte。

b. MA8 Properties

在图2-3-52中可设定MA8系列产品基本数据群组名称,作为MA8系列产品参数。由于PlugMaster™负责管理远端MA8系列产品的认证,此处设定为认证的依据。包括下列项目:

MA8 ID:远端MA8系列产品所使用的代号,可输入最大长度10byte。

Version:远端MA8系列产品所使用的版本,有1.x及2.x两种。

Group ID:MA8系列产品群组代号。

SIM Card No.:可供填入SIM Card No.以供维护,最大长度为16byte。

Remark:本台MA8系列产品注解,最大长度60byte。

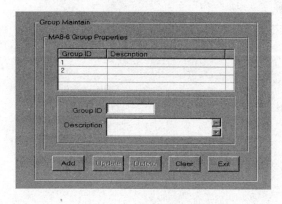

图2-3-51　Group Maintenance

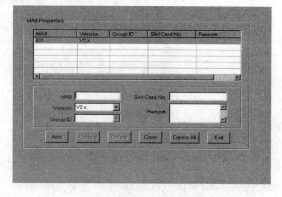

图2-3-52　MA8 Properties

⑨Enquiry

Enquiry主要用来查询数据库内传送的原始数据,可针对All、Group或单独选取MA8 ID,共有数据查询及系统数据查询两种。

a. Data Enquiry

在图2-3-53中按All、Group或单独选取MA8 ID选取MA8系列产品ID,再点选查询条件。其中MA8代号(MA8 ID)为必要的输入栏位,预设值为All。若要依特定日期查询,则By Date须勾选,而开始日期(Start Date)及结束日期(End Date)的预设值为当天的日期。

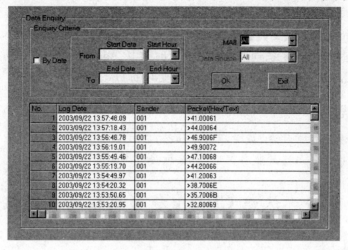

图2-3-53　Data Enquiry

查询数据记录文件各栏位说明：
Log_Date：记录收到数据的日期/时间,格式yyyy/mm/dd hh:mm:ss。
Sender：送封包者。
Packet(Hex/Text)：送进来的封包传译成HEX格式。
Original Packet：原始封包。
RTC Time：由MA8系列产品送过来的RTC时间。
Receiver：收封包者。
Source：预留。

b. System Log Enquiry

在图2-3-54中按All、Group或单独选取MA8 ID选取MA8系列产品ID,再点选查询条件。其中MA8代号(MA8ID)为必要的输入栏位,预设值为All。若要依特定日期查询,则By Date须勾选,而开始日期(Start Date)及结束日期(End Date)的预设值为当天的日期。

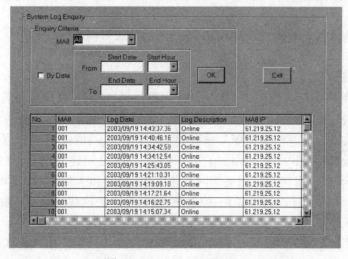

图2-3-54　System Log Enquiry

查询系统状态记录文件各栏位说明：
MA8：MA8系列产品的编号。
Log Date：记录收到状态改变的日期/时间，格式 yyyy/mm/dd hh:mm:ss.。
Log Description：状态改变内容说明，Online 或 Offline 两种。
MA8 IP：记录收到 MA8 系列产品状态改变时的 IP Address。
MA8 Port：记录收到 MA8 系列产品状态改变时的 Port Number。

 复习与思考

1. 如果数据没法正常收发，故障原因是什么？
2. 如果是终端设备与远处服务器通信，如何设置参数？

任务四　认识CDMA移动通信系统的组成

一、任务内容

（一）CDMA 移动通信系统的组成

1. CDMA 移动通信系统的基本特点

CDMA 系统作为一种开放式结构和面向未来设计的系统具有下列主要特点：

（1）CDMA 系统是由几个子系统组成的，并且可与各种公用通信网（PSTN、ISDN、PDN 等）互连互通。各子系统之间或各子系统与各种公用通信网之间都明确和详细定义了标准化接口规范，保证任何厂商提供的 CDMA 系统或子系统能互连。

（2）CDMA 系统能提供穿过国际边界的自动漫游功能。

（3）CDMA 系统除了可以开放电信业务，还可以开放各种承载业务、补充业务、智能业务。

（4）CDMA 系统具有加密和鉴权功能，能确保用户网络安全。

（5）CDMA 系统具有灵活和方便的组网结构，频率复用系数可以达到1，移动交换机的话务承载能力一般都很强，保证在话音和数据通信两个方面都能满足用户对大容量、高密度业务的要求。

（6）CDMA 系统抗干扰能力强，覆盖区域内的通信质量高。

（7）用户终端设备（手持机）功耗小，待机时间长。

2. CDMA 系统的结构与功能

CDMA 系统的典型结构如图 2-4-1 所示。由图可见，CDMA 系统是由若干个子系统或功能固定组成。其中，基站子系统（BSS）在移动台（MS）和网络子系统（NSS）之间提供和管理传输通路，特别是包括了 MS 与 CDMA 系统的功能固定之间的无线接口管理。NSS 必须管理通信业务，保证 MS 与相关的公用通信网或与其他 MS 之间建立通信，也就是说 NSS 不直接与 MS 互通，BSS 也不直接与公用通信网互通。MS、BSS 和 NSS 组成 CDMA 系统的固定部分。操作系统（OSS）则提供运营部门一种手段，控制和维护这些实际运行部分。

1）移动台（MS）

移动台是公用 CDMA 移动通信网中用户使用的设备，也是用户能够直接接触的整个 CDMA 系统中的唯一设备。

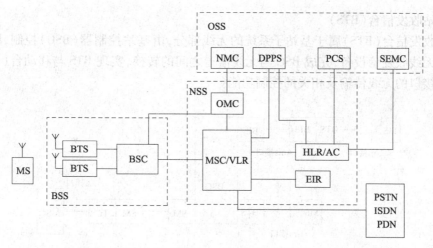

OSS：操作子系统	BSS：基站子系统	NSS：网络子系统
NMC：网络管理中心	DPPS：数据后处理系统	SEMC：安全性管理中心
PCS：用户识别卡个人化中心	OMC：操作维护中心	MSC：移动交换中心
VLR：拜访位置寄存器	HLR：归属位置寄存器	AC：鉴权中心
EIR：移动设备识别寄存器	BSC：基站控制器	BTS：基站收发信台
PDN：公用数据网	PSTN：公用电话网	ISDN：综合业务数字网
MS：移动台		

图 2-4-1 CDMA 系统结构

除了通过无线接口接入 CDMA 系统的无线和处理功能外，移动台必须提供与使用者之间的接口，如完成通话呼叫所需要的话筒、扬声器、显示屏和按键；或者提供与其他一些终端设备之间的接口，如与个人计算机或传真机之间的接口，或同时提供这两种接口。因此，根据应用与服务情况，移动台可以是单独的移动终端(MT)或者是由移动终端(MT)直接与终端设备(TE)传真机相连接而构成，或者是由移动终端(MT)通过相关终端适配器(TA)与终端设备(TE)相连接而构成，如图 2-4-2 所示。这些都归类为移动台的重要组成部分之一——移动设备。

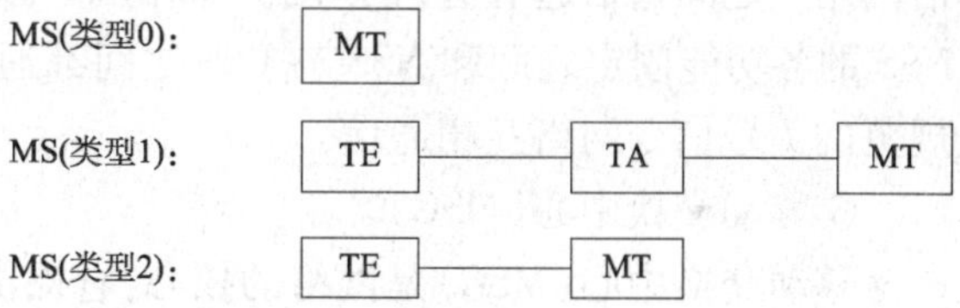

图 2-4-2 移动台的功能结构

2) 基站子系统(BSS)

基站子系统(BSS)是 CDMA 系统中与无线蜂窝方面关系最直接的基本组成部分。它通过无线接口直接与移动台相接，负责无线发送接收和无线资源管理。另一方面，基站子系统与网络子系统(NSS)中的移动交换中心(MSC)相连，实现移动用户之间或移动用户与固定网络用户之间的通信连接，传送系统信号和用户信息等。当然，要对 BSS 部分进行操作维护管理，还要建立 BSS 与操作子系统(OSS)之间的通信连接。

基站子系统是由基站收发信台(BTS)和基站控制器(BSC)这两部分的功能固定构成。实际上，一个基站控制器根据话务量需要控制数十个 BTS。BTS 可以直接与 BSC 相连接，也可以通过基站接口设备采用远端控制的连接方式与 BSC 相连接。需要说明的是，基站子系统还应包括码变换器(TC)和相应的子复用设备(SM)。码变换器在更多的实际情况下是置于 BSC 和 MSC 之间，在组网的灵活性和减少传输设备配置数量方面具有许多优点。因此，一种具有本地和远端配置 BTS 的典型 BSS 组成方式如图 2-4-3 所示。

①基站收发信台(BTS)

基站收发信台(BTS)属于基站子系统的无线部分,由基站控制器(BSC)控制,服务于某个小区的无线收发信设备,完成 BSC 与无线信道之间的转换,实现 BTS 与移动台(MS)之间通过空中接口的无线传输及相关的控制功能。

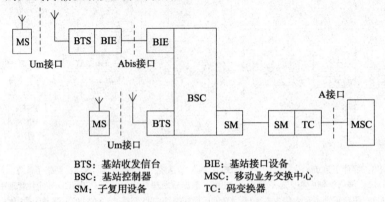

图 2-4-3 一种典型的 BSS 组成方式

②基站控制器(BSC)

基站控制器(BSC)是基站子系统(BSS)的控制部分,起着 BSS 的变换设备的作用,即各种接口的管理,承担无线资源和无线参数的管理。

3)网络子系统(NSS)

网络子系统(NSS)主要包含有 CDMA 系统的交换功能和用于用户数据与移动性管理、安全性管理所需的数据库功能,它对 CDMA 移动用户之间通信和 CDMA 移动用户与其他通信网用户之间通信起着管理作用。NSS 由一系列功能固定构成,整个 CDMA 系统内部,即 NSS 的各功能固定之间和 NSS 与 BSS 之间都通过符合 CCITT 信令系统 No.7 协议和 CDMA 规范的 7 号信令网络互相通信。

①移动交换中心(MSC)

移动交换中心(MSC)是网络的核心,它提供交换功能及面向系统其他功能实体:基站子系统 BSS、归属位置寄存器 HLR、鉴权中心 AC、移动设备识别寄存器 EIR、操作维护中心 OMC 和面向固定网(公用电话网 PSTN、综合业务数字网 ISDN、分组交换公用数据网 PSPDN、电路交换公用数据网 CSPDN)的接口功能,把移动用户与移动用户、移动用户与固定网用户互相连接起来。

移动交换中心 MSC 可从三种数据库,即归属位置寄存器(HLR)、拜访位置寄存器(VLR)和鉴权中心(AC)获取处理用户位置登记和呼叫请求所需的全部数据。反之,MSC 也根据最新获取的信息请求更新数据库的部分数据。

当然,作为网络的核心,MSC 还支持位置登记、越区切换和自动漫游等移动特征性能和其他网络功能。

对于容量比较大的移动通信网,一个网络子系统 NSS 可包括若干个 MSC、VLR 和 HLR,为了建立固定网用户与 CDMA 移动用户之间的呼叫,无须知道移动用户所处的位置。此呼叫首先被接入到入口移动交换中心,称为 GMSC。入口交换机负责获取位置信息,且把呼叫转接到可向该移动用户提供即时服务的 MSC,称为被访 MSC(VMSC)。因此,GMSC 具有与固定网和其他 NSS 固定互通的接口。目前,GMSC 功能就是在 MSC 中实现的。根据网络的需要，GMSC 功能也可以在固定网交换机中综合实现。

②拜访位置寄存器（VLR）

拜访位置寄存器（VLR）是服务于其控制区域内移动用户的，存储着进入其控制区域内已登记的移动用户相关信息，为已登记的移动用户提供建立呼叫接续的必要条件。VLR 从该移动用户的归属位置寄存器（HLR）处获取并存储必要的数据。一旦移动用户离开该 VLR 的控制区域，则重新在另一个 VLR 登记，原 VLR 将取消临时记录的该移动用户数据。因此，VLR 可看作为一个动态用户数据库。VLR 功能总是在每个 MSC 中综合实现的。

③归属位置寄存器（HLR）

归属位置寄存器（HLR）是 CDMA 系统的中央数据库，存储着该 HLR 控制的所有存在的移动用户的相关数据。一个 HLR 能够控制若干个移动交换区域以及整个移动通信网，所有移动用户重要的静态数据都存储在 HLR 中，包括移动用户识别号码、访问能力、用户类别和补充业务等。HLR 还存储且为 MSC 提供关于移动用户实际漫游所在的 MSC 区域有关动态信息数据。这样，任何入局呼叫可以即刻按选择路径送到被叫的用户。

④鉴权中心（AC）

CDMA 系统采取了特别的安全措施，例如用户鉴权、对无线接口上的话音、数据和信号信息进行保密等。因此，鉴权中心（AC）存储着鉴权信息和加密密钥，用来防止无权用户接入系统和保证通过无线接口的移动用户通信的安全。

AC 属于 HLR 的一个功能单元部分，专用于 CDMA 系统的安全性管理。

⑤移动设备识别寄存器（EIR）

移动设备识别寄存器（EIR）存储着移动设备的电子序列号（ESN），通过检查白色清单、黑色清单或灰色清单这三种表格（在表格中分别列出了准许使用的、出现故障需监视的、失窃不准使用的移动设备的 ESN），运营部门对于不管是失窃还是由于技术故障或误操作而危及网络正常运行的 MS 设备都能采取及时的防范措施，以确保网络内所使用的移动设备的唯一性和安全性。

4）操作子系统（OSS）

操作子系统（OSS）需完成许多任务，包括移动用户管理、移动设备管理以及网络操作和维护。

移动用户管理可包括用户数据管理和呼叫计费。用户数据管理一般由归属位置寄存器（HLR）完成，HLR 是 NSS 功能实体之一。用户识别卡 UIM 的管理也可认为是用户数据管理的一部分。但是，作为相对独立的用户识别卡 UIM 的管理，还必须根据运营部门对 UIM 的管理要求和模式采用专门的 UIM 个人化设备完成。呼叫计费可以由移动用户所访问的各个移动交换中心 MSC 和 GMSC 分别处理，也可以采用通过 HLR 或独立的计费设备集中处理计费数据的方式。

移动设备管理是由移动设备识别寄存器（EIR）完成的。EIR 与 NSS 的功能实体之间是通过 SS7 信令网络的接口互连，为此，EIR 也归入 NSS 的组成部分之一。

网络操作与维护是完成对 CDMA 系统的 BSS 和 NSS 进行操作与维护管理任务的，完成网络操作与维护管理的设施称为操作与维护中心（OMC）。

可以认为，操作子系统（OSS）已不包括与 CDMA 系统的 NSS 和 BSS 部分密切相关的功能实体，而成为一个相对独立的管理和服务中心，主要包括网络管理中心（NMC）、安全性管理中心(SEMC)、用于用户识别卡管理的个性化中心(PCS)、用于集中计费管理的数据后处理系统(DPPS)等功能实体。

5)接口和协议

CDMA 系统的主要接口是指 A 接口、Um 接口,如图 2-4-4 所示。它主要定义和标准化能保证不同供应商生产的移动台、基站子系统和网络子系统设备纳入同一个 CDMA 数字移动通信网运行和使用。

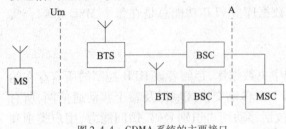

图 2-4-4　CDMA 系统的主要接口

① A 接口

A 接口定义为网络子系统(NSS)与基站子系统(BSS)之间的通信接口,从系统的功能实体来说,就是移动交换中心(MSC)与基站控制器(BSC)之间的互连接口。此接口传递的信息包括移动台管理、基站管理、移动性管理、接续管理等。

② Um 接口(空中接口)

Um 接口(空中接口)定义为移动台与基站收发信台(BTS)之间的通信接口,用于移动台与 CDMA 系统的固定部分之间的互通,其物理链接通过无线链路实现。此接口传递的信息包括无线资源管理、移动性管理和接续管理等。

(二) CDMA 基站呼叫处理

1. 移动台初始化状态

移动台接通电源后就进入初始化状态。在此状态下,移动台要判定它要在模拟系统中工作还是要在 CDMA 系统中工作。如果是后者,它就不断地检测周围各基站发来的导频信号和同步信号。各基站使用相同的引导 PN 序列,但其偏置各不相同,移动台只要改变其本地 PN 序列的偏置,就能很容易地测出周围有哪些基础基站在发送导频信号。移动台比较这些导频信号的强度,即可判断出自己目前处于哪个小区之中,一般情况下最强的信号是距离最近的基站发送的。

2. 移动台空闲状态

移动台在完成同步和定时后,即由初始化状态进入空闲状态。在此状态下,移动台可接收外来的呼叫,可进行向外的呼叫和登记注册的处理,还能设定所需的码信道和数据率。

移动台的工作模式有两种:一种是时隙工作模式,另一种是非时隙工作模式。如果是后者,移动台要一直监听寻呼信道;如果是前者,移动台只需在指配的时隙中监听寻呼信道,其他时间可以关掉接收机(有利于节电)。

3. 系统接入状态

如果移动台要发起呼叫,或者要进行注册登记,或者收到一种需要认可或应答的寻呼信息,移动台即进入系统接入状态,并在接入信道上向基站发送有关的信息。这些信息可分为两类:一类属于应答信息(被动发送);一类属于请求信息(主动发送)。

4. 移动台在业务信道控制状态

在此状态下移动台和基站利用反向业务信道和正向业务信道进行信息交换。其中比较特殊的是:

为了支持正向业务信道进行功率控制,移动台要向基站报告帧错误率的统计数字。如果基站授权它作周期性报告,则移动台要在规定的时间间隔内定期向基站报告统计数字;如果基站授权它作门限报告,则移动台只在帧错误率达到了规定的门限时才向基站报告统计数字。周期性报告和门限报告也可以同时授权或同时废权。为此,移动台要连续地对它收到的帧总数和错误帧数进行统计。

无论移动台还是基站都可以申请"服务选择"。基站在发送寻呼信息或在业务信道工作时,能申请服务选择。移动台在发起呼叫、向寻呼信息应答或在业务信道工作时,都能申请服务选择。如果移动台(基站)的服务选择申请是基站(移动台)可以接受的,则它们开始使用新的服务选择。如果移动台(基站)的服务选择申请是基站(移动台)不能接受的,则基站(移动台)能拒绝这次服务选择申请,或提出另外的服务选择申请,移动台(基站)对基站(移动台)所提供的另外的服务选择申请也可以接受、拒绝或再提出另外的服务选择申请,这种反复的过程称为"服务选择协商"。当移动台和基站找到了双方可接受的服务选择或者找不到双方可接受的服务选择,这个协商过程就结束了。移动台和基站使用"服务选择申请指令"申请服务选择或建议另外一种服务选择,而用"服务选择应答指令"去接受或拒绝服务选择申请。

基站呼叫处理有以下类型:

(1)导频和同步信道处理。在此期间,基站发送导频信号和同步信号,使移动台捕获和同步到 CDMA 信道。同时,移动台处于初始化状态。

(2)寻呼信道处理。在此期间,基站发送寻呼信号。同时,移动台处于空闲状态或系统接入状态。

(3)接入信道处理。在此期间,基站监听接入信道,以接收移动台发来的信息。同时,移动台处于系统接入状态。

(4)业务信道处理。在此期间,基站用正向业务信道和反向业务信道与移动台交换信息。同时,移动台处于业务信道控制状态。

(三)呼叫流程图

话音呼叫主要分为移动台始呼和移动台被呼两类。

如图 2-4-5 所示,移动台始呼过程的各个步骤如下:

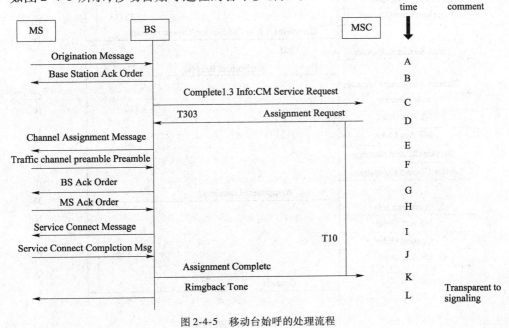

图 2-4-5　移动台始呼的处理流程

(1) MS 在空中接口的接入信道上，向 BS 发送携带层 2 证实请求的始发消息以请求业务。

(2) BS 收到消息后向 MS 发送基站证实指令。

(3) BS 构造一个 CM 业务请求信息，并将它放入完成层 3 消息中，发送给 MSC。如果使用了统一查询，那么 MSC 将在呼叫建立过程中等待鉴权证实。如果 MSC 收到了来自 VLR 的鉴权失败指示，MSC 可以清除该呼叫。

(4) MSC 向 BS 发送支配请求消息以请求 BS 分配无线资源。

(5) 如果有用于该呼叫的业务信道并且 MS 不在业务信道上，BS 将在空中接口的寻呼信道上发送信道指配消息（带 MS 的地址），以启动无线业务信道的建立。

(6) MS 开始在分配的反向业务信道上发送前同步码（业务信道（TCH）前同步）。

(7) 获取反向业务信道后，BS 在前向业务信道上向 MS 发送携带层 2 证实请求的基站证实指令。

(8) MS 收到基站证实指令后，发送移动台证实指令，并且在反向业务信道上传送空的业务信道数据（空 TCH 数据）。

(9) BS 向 MS 发送业务连接消息/业务选择响应消息，以指定用于呼叫的业务配置。MS 开始根据指定的业务配置处理业务。

(10) 收到业务连接信息后，MS 响应一条业务连接完成消息。

(11) 无线业务信道和地面电路均建立并且完全互通后，BS 向 MSC 发送指配完成消息，认为该呼叫进入通话状态。

(12) 在呼叫过程音由带内提供的情况下，回铃音将在话音电路中向 MS 发送。

如图 2-4-6 所示，如果主要是外网用户，则通过 CDMA 网络中的 GMSC 接入。移动台被呼过程的各个步骤如下：

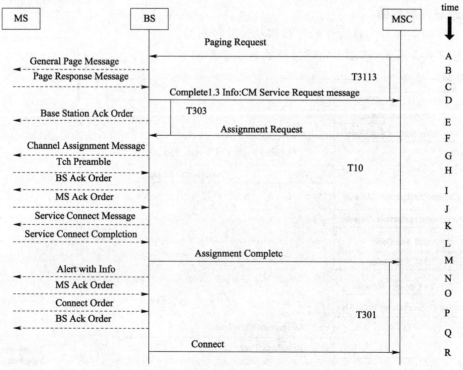

图 2-4-6　移动台被呼的处理流程

(1) 由始发 MSC 接收一个呼叫 MS 的号码簿号码。

(2) 始发 MSC/GMSC 向与 MS 有关的 HLR 发送一个位置申请信息(LOCREQ),这一关系是通过 MS 的号码簿号码确定的。

(3) 如果这个号码簿号码被分配给了合法用户,HLR 向 MS 漫游地的 VLR/MSC 发送一个路由申请信息(ROUTREQ)。在对 ROUTREQ 的响应过程中,服务 MSC/VLR 查询它的内部结构以确定 MS 是否正在进行一个呼叫。如果服务 MSC/VLR 没有获得服务项目清单,那么服务 MSC 可以通过向 VLR 发送资格申请消息(QUALREQ)得到 MS 的服务项目清单。本例假设服务 MSC/VLR 已经获得服务项目清单(例如通过 MS 登记)。

(4) 服务 MSC/VLR 分配一个临时本地号码簿号码(TLDN),并且在路由申请消息返回结果(routreq)中向 HLR 返回这一信息。

(5) 当 HLR 收到 routreq 时,它向始发 MSC/GMSC 返回位置申请信息(locreq)。其中在终端列表参数中有路由信息。

(6) 始发 MSC/GMSC 用 NO.7 号信令和 locreq 提供的路由信息建立至服务 MSC 的话音通路。

(7) 服务 MSC 收到始发 MSC 的呼叫请求消息后,向 BS 发送寻呼请求信息,起动移动台被呼的建立过程。

(8) BS 在寻呼信道上发送带 MS 识别码的寻呼消息。

(9) MS 识别出一个寻呼请求包含它的识别码,然后在接入信道上向 BS 回送一条寻呼响应消息。

(10) BS 利用从 MS 收到的消息,组成一个寻呼响应消息,发送到 MSC。

(11) 收到 MS 发来的寻呼响应消息后,BS 在空中接口上回应一条基站证实指令。

(12) 指配请求消息从 MSC 发送到 BS,以请求无线资源的指配。

(13) BS 和 MS 执行空中接口业务信道的建立过程,该过程与始呼处理中的对应操作相同。

(14) 在无线业务信道和地面电路均建立起来之后,BS 向 MSC 发送指配完成消息。

(15) BS 发送带特定信息的振铃消息使 MS 振铃。

(16) MS 收到带特定信息的振铃消息后,向 BS 发送移动台证实指令。

(17) 当 MS 应答该呼叫时(摘机),移动台向 BS 发送带层 2 证实请求的连接指令。

(18) 收到连接指令消息后,BS 在前向业务信道上向 MS 回应基站证实指令。

(19) BS 发送连接消息通知 MSC,移动台已经应答该呼叫。此时,该呼叫被认为进入通话状态。

(20) 服务 MSC 通知始发 MSC/GMSC,被叫已经接通。

 复习与思考

1. CDMA 系统主要结构由_____、_____、_____三个子系统和_____组成。

2. 试说明 HLR 和 VLR 的区别。

3. 画出 CDMA 系统的结构框图,并说明各部分的主要功能。

4. CDMA 系统的基站包括哪些呼叫处理过程?各完成什么功能?

任务五 使用CDMA系统终端设备和服务器端进行数据传输

(一)服务器和终端设备间传输

1. 硬件线路的连接

1)插入SIM卡

将CDMA模块设备上的UIM卡插好,和手机插卡类似,如图2-5-1所示。

图2-5-1 UIM卡安装图示

2)CDMA终端设备与计算机的连接

用RS-232串口将两只CDMA终端设备(9IQ)分别与两台计算机连接,如图2-5-2和图2-5-3所示。由于终端设备和计算机串口都是9针,而串口线的一端是孔,一端是针,所以需要一个针孔转接头。图2-5-3所示用针孔转接头连接计算机串口。

图2-5-2 RS232串口一头连接CDMA终端模块

3)模块上的天线与电源的连接

天线位置调整到信号接收比较强的位置(一般为手机信号比较强的位置),如图2-5-4所示。

4)启动计算机

通电,启动计算机。

2. 软件设置

1)模块终端参数设置

点击开始程序/wirelessplug/9IQ(如图2-5-5所示),打开终端模块参数设置窗口(如图2-5-6所示)。

IP 地址的设置是根据终端模块需要和哪个服务器通信而定,即设置该服务器的对外 IP 地址,例如我们这里服务器的对外地址为 210.5.144.149。

图 2-5-3　RS232 串口另一头连接计算机串口

图 2-5-4　模块天线位置

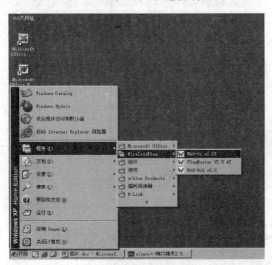

图 2-5-5　打开 9IQ 程序

图 2-5-6　CDMA 终端模块参数设置窗口

TCP 端口号的设置是根据服务器对应的 TCP 端口,这个设置一般是由网管事先设置好,如果不知道的话,请联系网管。我们这里的服务器对应的 TCP 端口号是 7001。

设备 ID 号的设置是自定义的,我们这里设为 101。需要注意的是,ID 号不能和网络中其他终端设备号重复,服务器是通过这个设备号查找终端设备的。

其余参数一般采用默认参数。

2)将设置好的参数程序烧录进终端模块设备

点击 online(在线) - listen 按钮,出现提示切断电源的信息窗口,如图 2-5-7 所示。

开关模块设备电源一次,等待出现初始化完成提示,如图 2-5-8 所示。

点击 upload(上载)按钮上传程序,如图 2-5-9 所示。

3)打开服务器程序

点击开始程序/wirelessplug/master,打开服务器程序,设置好初始值的 TCP 端口。这里的 TCP 端口和要通信的终端设备的 TCP 端口一致。如图 2-5-10 所示。

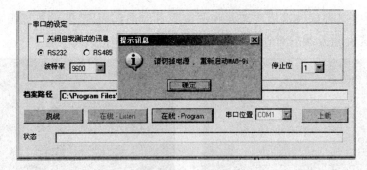

图 2-5-7　信息窗口

图 2-5-8　初始化完成

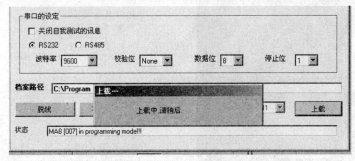

图 2-5-9　烧录参数设置程序

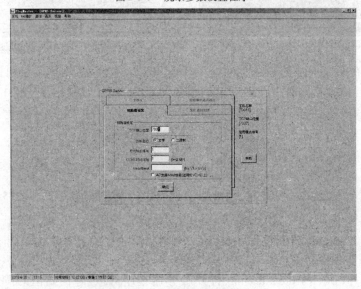

图 2-5-10　设置服务器初始值

将两台模块设备号添加进程序中。
(1)点击 MA8 维护菜单下的 MA8 属性子菜单。如图 2-5-11 所示。
(2)出现口令检查窗口,这里输入初始密码四个零。如图 2-5-12 所示。

图 2-5-11 选择 MA8 属性子菜单   图 2-5-12 口令检查窗口

(3)口令正确,即进入添加设备号窗口,如图 2-5-13 所示。
(4)在 MA8 处填入设备号,在备注处可以填写 CDMA 设备等备注信息。填写好后,点击新增按钮,出现信息窗口,如图 2-5-14 所示。然后点击"否"。

图 2-5-13 添加设备号窗口   图 2-5-14 信息窗口

(5)添加成功,如图 2-5-15 所示。
看终端是否连线,然后可以与终端收发信息。
检查终端设备是否与服务器连线。点击系统菜单下的 MA8 最新连线状态子菜单,如图 2-5-16 所示。如果连线成功,会在图 2-5-17 中出现设备号。这样服务器和终端设备连通,接下来可以进行数据传输了。
注意:该服务程序要在做服务器的那台计算机上打开。

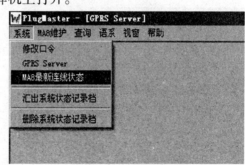

图 2-5-15 添加设备成功   图 2-5-16 选择 MA8 最新连线状态子菜单

4)在端口精灵程序中查看终端收发数据
打开桌面的我的文档,打开 SOCK 文件夹,选择 WIZPORT.EXE 文件,如图 2-5-18 所示,双击该文件。

新建串口端口,用 ASCII 码显示。

注意:此时终端参数设置窗口要关闭。

图 2-5-17　连线成功

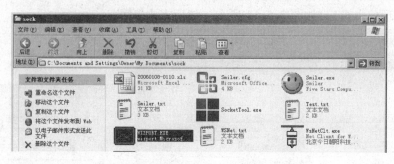

图 2-5-18　打开 WIZPORT.EXE 文件

(1)点击端口菜单下的新建子菜单,如图 2-5-19 所示。

图 2-5-19　点击新建子菜单

(2)在出现的选择建立新端口类型的窗口中,选择串口端口为串口 1 报文收发端口(我们的终端设备是通过 RS－232 串口与计算机连接的,所以如此选择),如图 2-5-20 所示。

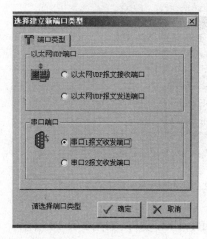

图 2-5-20　串口端口选择

(3)在出现的报文发送参数设置窗口中,串口参数采用默认值,发送报文标签下发送格式选择 ASCII 字符,点击确定,如图 2-5-21 所示。

(4)进入串口收发窗口,如图 2-5-22。在窗口上选择显示按钮,出现报文显示设置窗口,如图 2-5-23 所示,设置显示格式为 ASCII 字符。至此,端口精灵程序设置结束,可以与服务器进行数据传输了。

3.终端设备与服务器收发数据

1)从服务器发送数据给终端设备

(1)选择系统菜单,点击 GPRS Server 子菜单,如图 2-5-24。

(2)在出现的窗口中选择下命令标签,如图 2-5-25。

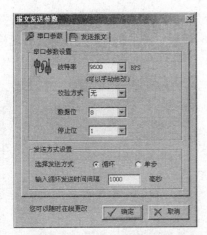 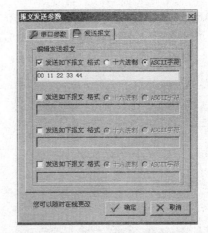

图 2-5-21　报文发送参数设置窗口

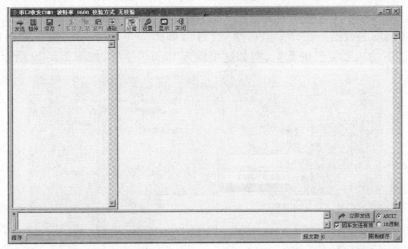

图 2-5-22　串口收发窗口

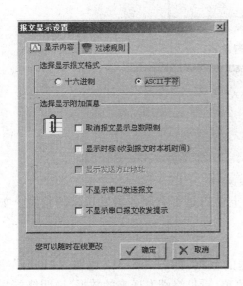

图 2-5-23　设置报文显示窗口

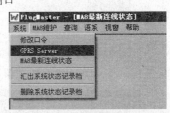

图 2-5-24　选择 CDMA SERVER 子菜单

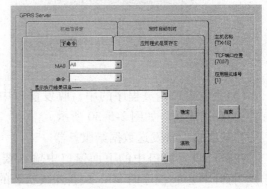

图 2-5-25　选择下命令标签

· 79 ·

(3) MA8 选择要通信的终端设备号,在命令里选择"检查是否仍在线上",在发送数据之前先检查一下终端设备是否在线上,如图 2-5-26 所示。设备仍在线上,则会出现检查成功信息,如图 2-5-27 所示。

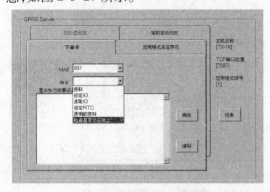
图 2-5-26 检查终端设备是否在线

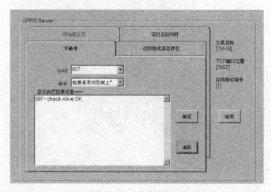
图 2-5-27 检查成功

(4) 给终端发送数据。在命令里选择"资料",如图 2-5-28 所示。出现资料内容设定窗口。在 ASCII 下输入要发送的数据,例如这里输入"hello"字样,如图 2-5-29 所示。

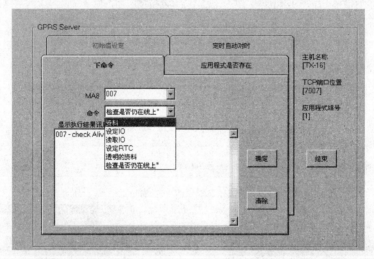
图 2-5-28 选择资料命令

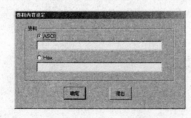
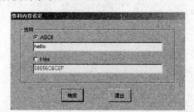
图 2-5-29 输入要发送数据

(5) 查看窗口精灵程序的串口收发窗口中,右上窗口是否有服务器发送来的信息。如有,说明发送成功。如图 2-5-30 所示。

2) 从终端设备发送数据给服务器

在串口收发窗口中的下面窗口中输入要发送的数据,如图 2-5-31(也输入"hello"字样)。打开 Master 程序的 MA8 最新连线状态的子菜单,看见终端发送来的数据,说明终端发送服务器也成功,如图 2-5-32 所示。

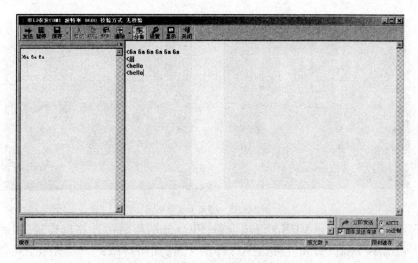

图 2-5-30　终端设备接收到服务器发送的数据

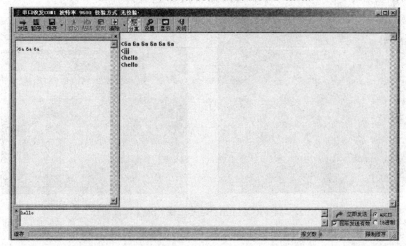

图 2-5-31　终端发送数据

图 2-5-32　服务器接收到终端发送的数据

(二)两台终端设备间传输

1. 硬件线路的连接

首先将两台 CDMA 模块设备上的 UIM 卡插好,和手机插卡类似,如图 2-5-33 所示。

图 2-5-33　UIM 卡安装图示

用 RS-232 串口将两只 CDMA 终端设备(9IQ)分别与两台计算机连接,如图 2-5-34 和 2-5-35 所示。由于终端设备和计算机串口都是 9 针,而串口线的一端是孔,一端是针,所以需要一个针孔转接头。图 2-5-35 所示用针孔转接头连接计算机串口。

图 2-5-34　RS-232 串口一头连接 CDMA 终端模块

将模块上的天线与电源连接好,注意天线位置调整到信号接收比较强的位置(一般为手机信号比较强的位置)。如图 2-5-36 所示。

通电,启动计算机。

图 2-5-35　RS-232 串口另一头连接计算机串口　　　图 2-5-36　模块天线位置

2. 软件设置

1）模块终端参数设置

点击开始程序/wirelessplug/9IQ（如图 2-5-37 所示），打开终端模块参数设置窗口如图 2-5-38 所示。

图 2-5-37　打开 9I 程序

图 2-5-38　CDMA 终端模块参数设置窗口

IP 地址的设置是根据终端模块需要和哪个服务器通信而定，即设置该服务器的对外 IP 地址，例如我们这里服务器的对外地址为 210.5.144.149。

TCP 端口号的设置是根据服务器对应的 TCP 端口，这个设置一般是由网管事先设置好，如果不知道的话，请联系网管。我们这里的服务器对应的 TCP 端口号是 7001，也是终端模块需要通信的那个服务器的 TCP，如果终端模块需要通信的服务器是另一台，那么这里就输入其他 TCP 端口，例如 7002 等。

设备 ID 号的设置是自定义的，我们这里设为 101。需要注意的是，ID 号不能和网络中其他终端设备号重复，服务器是通过这个设备号查找终端设备的。

其余参数一般采用默认参数。

2）将设置好的参数程序烧录进终端模块设备

点击 online（在线）– listen 按钮，出现提示切断电源的信息窗口，如图 2-5-39 所示。

开关模块设备电源一次，等待出现初始化完成提示，如图 2-5-40 所示。

图 2-5-39　信息窗口　　　　　　　　　　　图 2-5-40　初始化完成

点击 upload（上载）按钮上传程序，如图 2-5-41 所示。

3）打开服务器程序

点击开始程序/wirelessplug/master，打开服务器程序，设置好初始值的 TCP 端口。这里的 TCP 端口和要通信的终端设备的 TCP 端口一致。如图 2-5-42 所示。

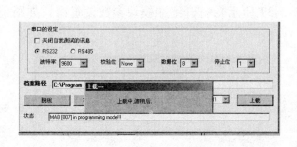

图 2-5-41 烧录参数设置程序

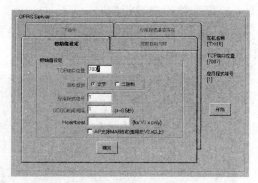

图 2-5-42 设置服务器初始值

将两台模块设备号添加进程序中。
(1) 点击 MA8 维护菜单下的 MA8 属性子菜单。如图 2-5-43 所示。
(2) 出现口令检查窗口，这里输入初始密码四个零。如图 2-5-44 所示。

图 2-5-43 选择 MA8 属性子菜单

图 2-5-44 口令检查窗口

(3) 口令正确，即进入添加设备号窗口，如图 2-5-45 所示。
(4) 在 MA8 处填入设备号，在备注处可以填写 CDMA 设备等备注信息。填写好后，点击新增按钮，出现信息窗口，如图 2-5-46 所示。然后点击"否"。

图 2-5-45 添加设备号窗口

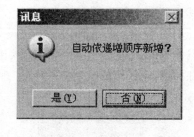

图 2-5-46 信息窗口

(5) 添加成功，如图 2-5-47 所示。
看终端是否连线，然后可以与终端收发信息。
检查终端设备是否与服务器连线。点击系统菜单下的 MA8 最新连线状态子菜单，如图 2-5-48 所示。如果连线成功，会在图 2-5-49 中出现设备号。这样服务器和终端设备连通，接下来可以进行数据传输了。
注意：该服务程序要在做服务器的那台计算机上打开。

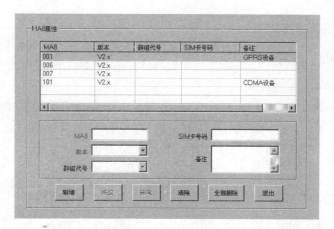

图 2-5-47 添加设备成功

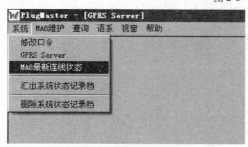

图 2-5-48 选择 MA8 最新连线状态子菜单

图 2-5-49 连线成功

4)在端口精灵程序中查看终端收发数据

打开桌面的我的文档,打开 SOCK 文件夹,选择 WIZPORT.EXE 文件,如图 2-5-50 所示,双击该文件。

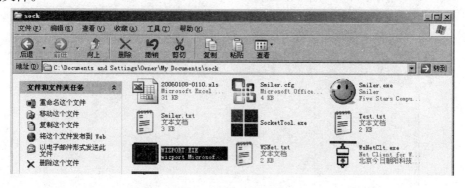

图 2-5-50 打开 WIZPORT.EXE 文件

新建串口端口,用 ASCII 码显示。

注意:此时终端参数设置窗口要关闭。

(1)点击端口菜单下的新建子菜单,如图 2-5-51 所示。

图 2-5-51 点击新建子菜单

(2)在出现的选择建立新端口类型的窗口中,选择串口端口为串口1报文收发端口(我们的终端设备是通过RS-232串口与计算机连接的,所以如此选择),如图2-5-52所示。

(3)在出现的报文发送参数设置窗口中,串口参数采用默认值,发送报文标签下发送格式选择ASCII字符,点击确定,如图2-5-53所示。

(4)进入串口收发窗口,如图2-5-54。在窗口上选择显示按钮,出现报文显示设置窗口,如图2-5-55所示,设置显示格式为ASCII字符。至此,端口精灵程序设置结束,可以与服务器进行数据传输了。

终端设备与服务器收发数据具体步骤如下:

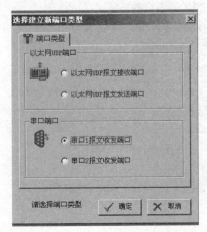

图2-5-52 串口端口选择

 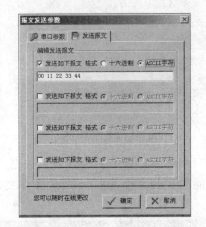

图2-5-53 报文发送参数设置窗口

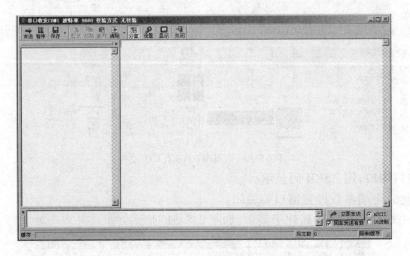

图2-5-54 串口收发窗口

①从服务器发送数据给终端设备
(1)选择系统菜单,点击CDMA Server子菜单,如图2-5-56。
(2)在出现的窗口中选择下命令标签,如图2-5-57。

（3）MA8 选择要通信的终端设备号,在命令里选择检查是否仍在线上,在发送数据之前先检查一下终端设备是否在线上,如图 2-5-58 所示。设备仍在线上,则会出现检查成功信息,如图 2-5-59 所示。

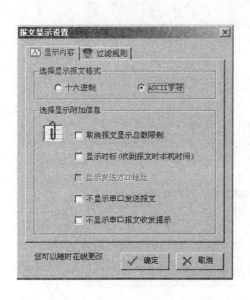

图 2-5-55 设置报文显示窗口

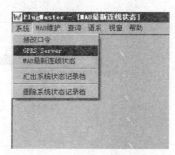

图 2-5-56 选择 CDMA Server 子菜单

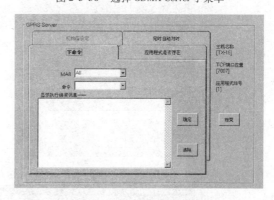

图 2-5-57 选择下命令标签

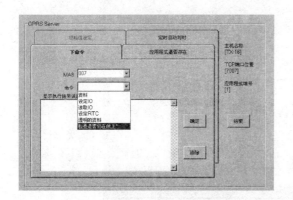

图 2-5-58 检查终端设备是否在线

图 2-5-59 检查成功

（4）给终端发送数据。在命令里选择资料,如图 2-5-60 所示。出现资料内容设定窗口。在 ASCII 下输入要发送的数据,例如这里输入"hello"字样,如图 2-5-61 所示。

（5）查看窗口精灵程序的串口收发窗口中,右上窗口是否有服务器发送来的信息,如有,说明发送成功。如图 2-5-62 所示。

② 从终端设备发送数据给服务器

在串口收发窗口中的下面窗口中输入要发送的数据,如图 2-5-63（也输入"hello"字样）。打开 Master 程序的 MA8 最新连线状态的子菜单,看见终端发送来的数据,说明终端发送服务器也成功,如图 2-5-64 所示。

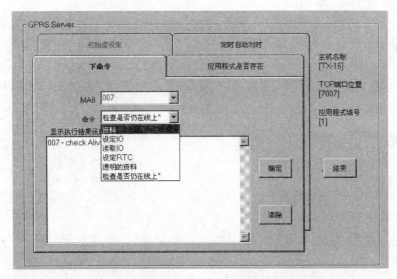

图 2-5-60 选择资料命令

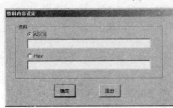 

图 2-5-61 输入要发送数据

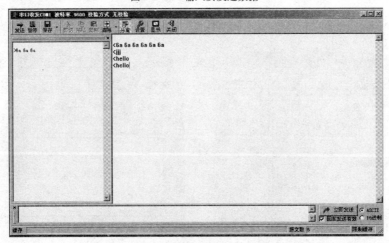

图 2-5-62 终端设备接收到服务器发送的数据

(三)观察结果

(1)通信成功,则可用端口精灵程序和服务器程序相互收发数据。

(2)通信不成功,可能是硬件连接问题或软件设置问题。

(3)按照以下步骤逐一检查排除故障:

硬件接线检查:首先检查天线的信号是否好,模块上信号灯是否亮,其次检查模块设备串口端口是否连接正确,最后检查 UIM 卡是否安装好。

软件设置检查:模块端口参数、端口精灵程序是否设置正确。

以上均检查无异,则可见任务结果。

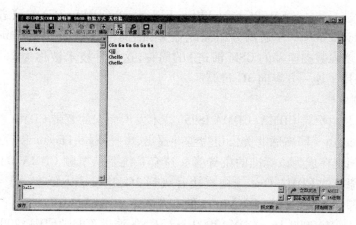

图 2-5-63 终端发送数据

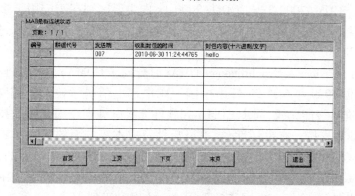

图 2-5-64 服务器接收到终端发送的数据

 复习与思考

如果数据没法正常收发,故障原因如何?

任务六 第三代移动通信技术及展望

(一)第三代移动通信技术

CDMA 是第三代移动通信系统的技术基础。3G 全称为 3rd Generation,中文含义就是指第三代移动通信系统。CDMA 系统以其频率规划简单、系统容量大、频率复用系数高、抗多径能力强、通信质量好、软容量、软切换等特点显示出巨大的发展潜力。

国际电信联盟(ITU)在 2000 年 5 月确定 WCDMA、CDMA2000、TD – SCDMA 三大主要无线接口标准,写入 3G 技术指导性文件《2000 年国际移动通讯计划》(简称 IMT—2000)。以下对各个标准作简要介绍。

1. WCDMA

WCDMA,全称为 Wideband CDMA,意为宽频分码多重存取,是基于 GSM 网发展出来的 3G 技术规范,是欧洲提出的宽带 CDMA 技术,与日本提出的宽带 CDMA 技术基本相同。WCDMA 的支持者主要是以 GSM 系统为主的欧洲厂商,日本公司也或多或少参与其中,包括欧美的爱立信、阿尔卡特、诺基亚、朗讯、北电,以及日本的 NTT、富士通、夏普等。这套系统能够架设在现有的 GSM 网络上,对于 GSM 系统提供商而言可以较轻易地过渡,具有先天的市场优势。该标准提出了 GSM(2G) – GPRS – EDGE – WCDMA(3G)的演进策略。GPRS 是 General Packet Radio Service（通用分组无线业务）的简称，EDGE 是 Enhanced Data rate for GSM Evolution（增强数据速率的 GSM 演进）的简称，这两种技术被称为 2.5 代移动通信技术。中国联通采用了这一方案向 3G 过渡。

2. CDMA2000

CDMA2000 是由窄带 CDMA(CDMA IS95)技术发展而来的宽带 CDMA 技术，也称为 CDMA Multi – Carrier，由美国高通北美公司为主导提出，摩托罗拉、Lucent 和后来加入的韩国三星都有参与，韩国现在成为该标准的主导者。这套系统是从窄频 CDMA One 数字标准衍生出来的，可以从原有的 CDMA One 结构直接升级到 3G，建设成本低廉。但目前使用 CDMA 的地区只有日、韩和北美，所以 CDMA2000 的支持者不如 WCDMA 多。该标准提出了从 CDMA IS95(2G) – CDMA2000 1x – CDMA2000 3x(3G)的演进策略。CDMA2000 1x 被称为 2.5 代移动通信技术。CDMA2000-3x 与 CDMA2000-1x 的主要区别在于应用了多路载波技术，通过采用三载波使带宽提高。中国电信接手中国联通采用了这一方案向 3G 过渡。

3. TD – SCDMA

全称为 Time Division – Synchronous CDMA(时分同步 CDMA)。该标准是由中国大陆独自制定的 3G 标准，1999 年 6 月 29 日由中国原邮电部电信科学技术研究院（大唐电信）向 ITU 提出。该标准将智能无线、同步 CDMA 和软件无线电等当今国际领先技术融于其中，在频谱利用率、对业务支持具有灵活性、频率灵活性及成本等方面的独特优势。另外，鉴于中国庞大的市场，该标准受到各大主要电信设备厂商的重视，全球一半以上的设备厂商都宣布可以支持 TD – SCDMA 标准。该标准提出不经过 2.5 代的中间环节，直接向 3G 过渡，非常适用于 GSM 系统向 3G 升级。中国移动采用这一方案升级到 3G。

TD – SCDMA 的关键技术如下：

1) 综合的寻址（多址）方式

TD – SCDMA 空中接口采用了四种多址技术：TDMA、CDMA、FDMA 和 SDMA(智能天线)。综合利用四种技术资源分配时在不同角度上的自由度可以动态调整，使资源分配最优化。

2) 灵活的上下行时隙配置

灵活的时隙上下行配置可以随时满足打电话、上网浏览、下载文件、视频业务等需求，保证用户清晰、畅通享受 3G 业务。

3) TD 克服呼吸效应和远近效应

什么是呼吸效应？在 CDMA 系统中，当一个小区内的干扰信号很强时，基站的实际有效覆盖面积就会缩小；当一个小区的干扰信号很弱时，基站的实际有效覆盖面积就会增大。简言之，呼吸效应表现为覆盖半径随用户数目的增加而收缩。导致呼吸效应的主要原因是 CDMA 系统是一个自干扰系统，用户增加导致干扰增加而影响覆盖。

对于 TD – SCDMA 而言，通过低带宽 FDMA 和 TDMA 抑制系统的主要干扰，在单时隙中采用 CDMA 技术提高系统容量，通过联合检测和智能天线技术（SDMA 技术）克服单时隙中多个用户之间的干扰，因而使产生呼吸效应的因素显著降低。TD – SCDMA 系统不再是一个干扰受限系统（自干扰系统），覆盖半径不像 CDMA 那样因用户数的增加而显著缩小，可认为没有呼吸效应。

什么是远近效应？由于手机用户在一个小区内是随机分布的，而且是经常变化的，同一手机用户可能有时处在小区的边缘，有时靠近基站。如果手机的发射功率按照最大通信距离设计,则当手机靠近基站时,功率必定有过剩,而且形成有害的电磁辐射。解决这个问题的方法是根据通信距离的不同,实时地调整手机的发射功率(即功率控制)。

功率控制的原则是,当信道的传播条件变好时,功率控制单元在几微秒内快速响应,以防止信号突然增强而对其他用户产生附加干扰;相反,当传播条件变坏时,功率调整的速度可以相对慢一些。也就是说,宁愿单个用户的信号质量短时间恶化,也要防止对其他众多用户产生较大的背景干扰。

4) 智能天线(Smart Antenna)

在 TD-SCDMA 系统中,基站系统通过数字信号处理技术与自适应算法,使智能天线动态地在覆盖空间中形成针对特定用户的定向波束,充分利用下行信号能量并最大限度地抑制干扰信号。基站通过智能天线可在整个小区内跟踪终端的移动,使终端的信噪比得到了极大的改善,提高业务质量。

5) 动态信道分配(DCA,Dynamic Channel Allocation)

动态信道分配就是根据用户的需要进行实时动态的资源(频率、时隙、码字等)分配。

动态信道分配的优点是:频带利用率高;无须网络规划中的信道预规划;可以自动适应网络中负载和干扰的变化等。

动态信道分配(DCA)根据调节速率分为慢速 DCA 和快速 DCA。

慢速 DCA 将无线信道分配至小区范围,而快速 DCA 将信道分配至承载业务。RNC(无线网络控制器,Radio Network Controller)负责小区可用资源的管理,并将其动态分配给用户。RNC 分配资源的方式取决于系统负荷、业务 QoS 要求等参数。目前 DCA 最多的是基于干扰测量的算法,即根据用户移动终端反馈的干扰实时测量结果分配信道。

(二)3G 在交通信息中的应用

1. 3G 实时视频一体化监控系统

3G 实时视频一体化监控系统通过在车辆上安装 GPS/DVR 监控终端,实现对车辆位置、运行状态、实时视频的一体化监控。

3G 实时视频一体化监控系统在传统 GPS 车辆监控的基础上,通过 DVR 和 3G 网络实现对车辆的实时视频监控,便于管理人员随时了解车辆内部实时状况,可应用于"两客一危"车辆、公交及客运车辆、校车、企业运营车辆等的监控管理。

整个系统主要由三个部分组成,包括车载终端(车载卫星定位仪、车载硬盘录像机、车载液晶显示屏)、企业监控系统、无线通信网络(图 2-6-1)。

(1)车载终端:安装在车辆上的终端设备,采集车辆行驶轨迹、行驶状态、视频等信息,通过 GRPS、3G 网络实时上传到企业监控平台及行业监管平台,支持报警,接受企业监控系统的消息和指令。

(2)3G 实时视频一体化监控平台:车载终端采集的数据发送到该系统,企业通过该系统实现对车辆位置、运行状态、实时视频信息的监控,可支持一体化实时监控、轨迹图像回放、远程拍照等功能。

(3)无线通信网络:车载终端采集信息的通信载体采用 GRPS、3G 方式,实时将车载终端采集到的信息传输到监控中心,同时将监控中心的消息及指令及时下发到车载设备。

2. 校车 GPS 及 3G 实时视频一体化监控平台

该监控平台(图 2-6-2)针对国内校车事故频发的状况,基于 GPS 监控、车载视频监控及 3G 无线网络传输,从技术上对校车的监控管理、安全事件预防及应急处理提供实时有效的技术支撑,并通过手机 APP 客户端为学生家长提供便利的监控渠道,方便学生家长随时查看校车运行状况。

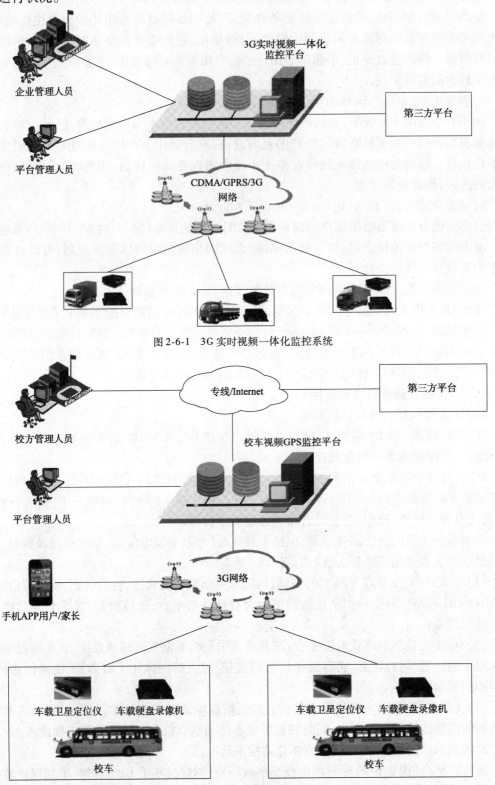

图 2-6-1　3G 实时视频一体化监控系统

图 2-6-2　系统架构图

（1）通过在校车上安装 GPS 定位设备,实现对校车的位置、行车状态、视频、安全事件等信息的采集;

（2）通过 GPRS 网络将车载终端采集的数据传输到校车视频 GPS 监控中心平台;

（3）校车 GPS 监控中心平台对采集的数据进行汇总处理并存储,并基于 GIS 地图展现校车相关信息;

（4）平台管理人员对所有接入的校车进行监控管理,并对学校、家长等用户进行管理;

（5）校方管理人员对本校的校车进行监控管理,可通过电脑和手机 APP 客户端进行操作;

（6）家长通过安装手机 APP 客户端可实时查看校车运行状况;

（7）平台可扩展提供第三方接口,为教育部门、交通部门等业务平台提供相关监控信息。

(三)4G/5G 展望及应用

2013 年 12 月 4 日,工业和信息化部向中国移动、中国电信、中国联通正式发放了第四代移动通信业务牌照(即 4G 牌照),中国移动、中国电信、中国联通三家均获得 TD – LTE 牌照,此举标志着中国电信产业正式进入了 4G 时代。

4G 通常被用来描述相对于 3G 的下一代通信网络,但很少有人明确 4G 的含义。实际上,4G 在开始阶段也是由众多自主技术提供商和电信运营商合力推出的,技术和效果也参差不齐。后来,国际电信联盟(ITU)重新定义了 4G 的标准——符合 100Mbps/s 传输数据的速度。达到这个标准的通信技术,理论上都可以称之为 4G。

4G 包括 TD – LTE 和 FDD – LTE 两种制式,是集 3G 与 WLAN 于一体,并能够快速传输数据和高质量音频、视频、图像等。4G 移动系统网络结构可分为三层,即物理网络层、中间环境层、应用网络层。物理网络层提供接入和路由选择功能,由无线和核心网的结合格式完成。中间环境层的功能有 QoS 映射、地址变换和完全性管理等。物理网络层与中间环境层及其应用环境之间的接口是开放的,使发展和提供新的应用及服务变得更为容易,提供无缝高数据率的无线服务,并运行于多个频带。

4G 移动通信系统的关键技术包括:信道传输;抗干扰性强的高速接入技术、调制和信息传输技术;高性能、小型化和低成本的自适应阵列智能天线;大容量、低成本的无线接口和光接口;系统管理资源;软件无线电、网络结构协议等。4G 移动通信系统主要是以正交频分复用(OFDM)为技术核心。

5G 就是第五代移动通信技术,也是 4G 的延伸,正在研制中。目前还没有任何电信公司或标准订定组织(像 3GPP、WiMAX 论坛及 ITU – R)的公开规格或官方文件提到 5G。

目前,欧盟宣布成立 METIS,投资 2700 万欧元用于 5G 技术应用研究。据了解,METIS 由 29 个成员组成,其中包括爱立信、华为、法国电信等主要设备商和运营商,以及欧洲众多的学术机构、宝马集团等。

中国工业和信息化部科技司司长闻库也曾表示,工信部已成立工作小组进行 5G 研发,中国移动研究院等国内组织也有相关部门在推进。作为国家无线电管理技术机构,国家无线电监测中心正积极参与到 5G 相关的组织与研究项目中。监测中心频谱工程实验室正在大力建设基于面向服务的架构(SOA)的开放式电磁兼容分析测试平台,实现大规模软件、硬件及高性能测试仪器仪表的集成与应用,为无线电管理机构、科研院所及业界相关单位等提供良好的无线电系统研究、开发与验证实验环境。面向 5G 关键技术评估工作,监测中心计划利用该平台搭建 5G 系统测试与验证环境,从而实现对 5G 各项关键技术客观高效的评估。

三星也已开展5G技术试验,透过64根天线,以28GHz频段进行最快达1.056Gbps的无线传输,最远传输距离可达2公里,其速度几乎是4G的百倍以上。

按照业内初步估计,包括5G在内的未来无线移动网络业务能力的提升将在三个维度上同时进行:

(1)通过引入新的无线传输技术将资源利用率在4G的基础上提高10倍以上;

(2)通过引入新的体系结构(如超密集小区结构等)和更加深度的智能化能力将整个系统的吞吐率提高25倍左右;

(3)进一步挖掘新的频率资源(如高频段、毫米波与可见光等),使未来无线移动通信的频率资源扩展4倍左右。

5G有以下特点:

(1)5G研究在推进技术变革的同时将更加注重用户体验,网络平均吞吐速率、传输时延以及对虚拟现实、3D、交互式游戏等新兴移动业务的支撑能力等将成为衡量系统性能的关键指标。

(2)与传统的移动通信系统理念不同,5G系统研究将不仅仅把点到点的物理层传输与信道编译码等经典技术作为核心目标,而是以更为广泛的多点、多用户、多天线、多小区协作组网作为突破的重点,力求在体系构架上寻求系统性能的大幅度提高。

(3)室内移动通信业务已占据应用的主导地位,5G室内无线覆盖性能及业务支撑能力将作为系统优先设计目标,从而改变传统移动通信系统"以大范围覆盖为主、兼顾室内"的设计理念。

(4)高频段频谱资源将更多地应用于5G移动通信系统,但由于受到高频段无线电波穿透能力的限制,无线与有线的融合、光载无线组网等技术将被更为普遍地应用。

(5)可"软"配置的5G无线网络将成为未来的重要研究方向,运营商可根据业务流量的动态变化实时调整网络资源,有效地降低网络运营的成本和能源的消耗。

目前,4G在公交行业的应用已经初具规模。2012年3月,刚刚成为虚拟运营商的巴士在线宣布,计划打造国内最大的"公交移动Wi-Fi平台",将4G信号转换为Wi-Fi,为用户提供免费上网服务。由中兴提供解决方案和产品,双方在呼叫中心、车联网、终端定制、数据中心等方面充分展开合作。同年初,江苏移动南京分公司就和该市三家公交公司签署4G Wi-Fi独家合作协议,为全市7000辆公交车提供Wi-Fi上网服务。

2015年,海南首个公交4G-Wi-Fi项目正式启动,海南移动与海口公交总公司合作推出"4G公交专线",已于近日在海口正式启动。目前已率先在总计79辆公交车上实现了4G-Wi-Fi网络覆盖,乘客可通过手机、PC、IPAD等带有Wi-Fi功能的终端设备免费体验4G高速网络。

能让公交车覆盖Wi-Fi信号的设备实际上叫"移动LTE-FI",是一个车载专用的4G路由器。这个设备内置中国移动USIM卡,可将移动4G信号转换为Wi-Fi热点,用户只需用智能终端搜索到Wi-Fi信号即可上网。该热点通常可支持车上30人左右同时接入使用,在公交移动状态下可达到40兆带宽。

随着首批4G-Wi-Fi公交车的投入运营及成熟运作,加上移动4G网络覆盖的日渐成熟,后期将继续扩大覆盖线路和车次,让更多老百姓享受到移动高速4G-Wi-Fi网络的服务。

全国很多地方也已开始提供 Wi-Fi 免费公交。不久的将来，每一辆公交车就是一个移动的 Wi-Fi 热点，而且网速是高速且稳定的。

 复习与思考

1. 简述 3G 标准。
2. 简述 4G 关键技术。
3. 简述 5G 特点。

项目三 无线局域网认识和设备使用

知识要求

1. 熟悉无线局域网概念和标准。
2. 了解无线局域网发展的问题。
3. 熟悉无线局域网的安全问题。

技能要求

1. 会使用 AP。
2. 会使用无线网卡。

材料、工具及设备

1. AP 或带 AP 功能的无线网卡一只。
2. 无线网卡若干只。
3. 计算机若干台。

任务一 认识无线局域网组成

(一)无线局域网(WLAN)发展概况

据中国互联网络信息中心(CNNIC)2015 年 1 月公布的统计资料,目前中国网民已达到 6.49 亿,CN 下注册的域名达到 1109 万。在全球网络经济出现低迷徘徊的时期,中国的互联网业却获得了蓬勃的发展。尤其是移动通信与互联网的融合,进一步推进了中国互联网业的发展,使网络经济出现了新的赢利模式。据 CNNIC 统计,中国手机网民规模达 5.57 亿,网民中使用手机上网人群占比为 85.8%。在移动通信与互联网结合所产生的各种新型技术中,无线局域网(WLAN)是最值得关注的一项。

1. 无线局域网简介

无线局域网是指以无线信道作传输媒介的计算机局域网络(Wireless Local Area Network,简称 WLAN),是在有线网的基础上发展起来的,使网上的计算机具有可移动性,能快速、方便地解决有线方式不易实现的网络信道的连通问题。

无线局域网要求以无线方式相连的计算机之间共享资源,具有现有网络操作系统(NOS)所支持的各种服务功能。计算机无线联网常见的形式是把远程计算机以无线方式连入一个计算机网络中,作为网络中的一个节点,使之具有网上工作站所具有的同样功能,获得网络上的所有服务,或把数个有线或无线局域网联成一个区域网。当然,也可用全无线方式构成一个局域网或在一个局域网中混合使用有线与无线方式。此时,以无线方式入网的计算机将具有可移动性,在一定的区域移动而同时又随时与网络保持联系。

2. WLAN 的优点

WLAN 是利用电磁波在空气中发送和接收数据,而无须线缆介质。WLAN 的数据传输速率现在已经能够达到 300Mbps,传输距离可远至 5km 以上。它是对有线联网方式的一种补充和扩展,使网上的计算机具有可移动性,能快速方便地解决使用有线方式不易实现的网络连通问题。与有线网络相比,WLAN 具有以下优点:

1)安装便捷

一般在网络建设中,施工周期最长、对周边环境影响最大的就是网络布线施工工程,往往需要破墙掘地、穿线架管。而 WLAN 最大的优势就是免去或减少网络布线的工作量,一般只要安装一个或多个接入点(Access Point)设备,就可建立覆盖整个建筑或地区的局域网络。

2)使用灵活

在有线网络中,网络设备的安放位置受网络信息点位置的限制。而 WLAN 建成后,在无线网的信号覆盖区域内任何一个位置网络设备都可以接入网络。

3)经济节约

有线网络缺少灵活性,网络规划者要尽可能地考虑未来发展的需要,预设大量利用率较低的信息点。而一旦网络的发展超出设计规划,又要花费较多费用进行网络改造。而WLAN 可以避免或减少以上情况的发生。

4)易于扩展

WLAN 有多种配置方式,可根据需要灵活选择。WLAN 能胜任从只有几个用户的小型局域网到上千用户的大型网络,可提供像"漫游(Roaming)"等有线网络无法提供的功能。

3. WLAN 的结构

1)独立式 WLAN(Independent WLANs,ad hoc)

一个构造简单的独立的无线局域网是由带无线射频网络适配卡(ISA 或 PCI 接口)的 PC 机所构成,只相当于对等网(peer to peer)的形式。当需要两个或两个以上的无线网卡并行连接时,就可构置成独立式 WLAN。

一个独立的无线局域网中,AP 可以使用,也可以不用。在不使用 AP 时(如图 3-1-1),各个用户之间通过无线直接互联,但是通信距离较近,且用户数量较多时性能较差。使用了 AP 之后(如图 3-1-2),无线活动范围扩大了,有效的加倍了无线设备的移动范围。随着 AP 的增加,活动范围成倍增长。

2)非独立式 WLAN(Infrastructure WLANs)

在大多数情况下,无线通信是作为有线通信的一种补充和扩展。我们把这种情况称为非独立式的 WLAN。在这种配置下,多个 AP 通过线缆连接在有线网络上,使无线用户能够访问网络的各个部分。AP 不仅是一个提供传统网络连通的设备,更是作为无线网络重要的组成部分。使用足够多的 AP,能使网络覆盖整个建筑物(如图 3-1-3)。

3)微单元无线漫游式局域网(Micro cells and Roaming)

无线电波在传播过程中会不断衰减,无线信号的有效范围取决于发射的电波功率的大小。当电波功率大小额定时,AP 的通信范围就被限定在一定的范围之内,这个范围被称为微单元。这是一个类似于移动电话基站的系统,它能有效扩展活动范围。当网络环境存在多个 AP,且它们的微单元互相有一定范围的重合时,无线用户可以在整个 WLAN 覆盖区内移动,无线网卡能够自动发现附近信号强度最大的 AP,并通过这个 AP 收发数据,保持不间断的网络连接,这就称为无线漫游(如图 3-1-4)。

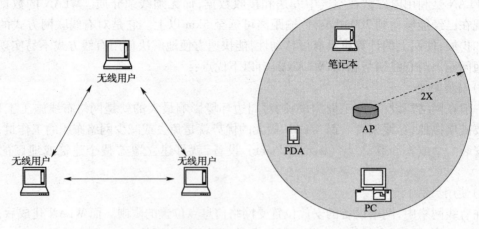

图 3-1-1 不使用 AP 的独立 WLAN　　　　图 3-1-2 使用 AP 的独立 WLAN

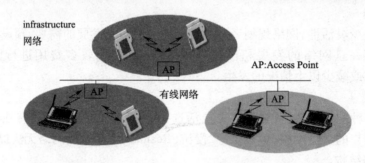

图 3-1-3 非独立的 WLAN

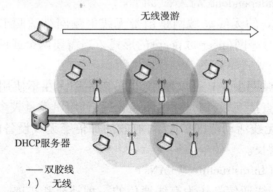

图 3-1-4 无线漫游

(二) WLAN 标准

WLAN 中主要的协议标准有 802.11 系列、HiperLAN、HomeRF 以及蓝牙等。

1. WLAN 的 802.11 系列标准

1) IEEE 802.11

1990 年,IEEE 802 标准化委员会成立 IEEE 802.11 WLAN 标准工作组。IEEE 802.11,别名 Wi-Fi(Wireless Fidelity,无线保真)于 1997 年 6 月由大量的局域网以及计算机专家审定通过。该标准定义物理层和媒体访问控制(MAC)规范。物理层定义了数据传输的信号特征和调制,定义了两个 RF 射频(Radio Frequency)传输方法和一个红外线传输方法。RF 传输标准是跳频扩频和直接序列扩频,工作在 2.4~2.4835GHz 频段。而 WLAN 由于其传输介质及移动性的特点,采用了与有线局域网有所区别的 MAC 层协议。

IEEE 802.11 是 IEEE 最初制定的一个无线局域网标准,主要用于解决办公室局域网和校园网中用户与用户终端的无线接入,业务主要限于数据访问,速率最高只能达到 2Mbit/s。由于它在速率和传输距离上都不能满足人们的需要,很快被 IEEE 802.11b 所取代了。

2) IEEE 802.11b

1999 年 9 月 IEEE 802.11b 被正式批准,该标准规定 WLAN 工作频段在 2.4~2.4835GHz,数据传输速率达到 11Mbit/s,使用范围在室外为 300m,在办公环境中为 100m。该标准是对 IEEE 802.11 的一个补充,采用补码键控调制技术(CCK Complementary Code Keying),并且采用点对点模式(ad hoc)和基本模式(Infrastructure),在数据传输速率方面可以根据实际情况在 11Mbit/s、5.5Mbit/s、2Mbit/s、1Mbit/s 间自动切换。它改变了 WLAN 设计状况,扩大了 WLAN 的应用领域。

IEEE 802.11b 已被多数厂商所采用,推出的产品广泛应用于办公室、家庭、宾馆、车站、机场等众多场合。

3) IEEE 802.11a

1999 年,IEEE 802.11a 标准制定完成。该标准规定 WLAN 工作频段在 5.15~5.825GHz,数据传输速率达到 54Mbit/s,传输距离控制在 10~100m。该标准也是 IEEE 802.11 的一个补充,物理层采用正交频分复用(OFDM)的独特扩频技术,采用 QFSK 调制方式,可提供 25Mbit/s 的无线 ATM 接口和 10Mbit/s 的以太网无线帧结构接口,支持多种业务(如话音、数据和图像等),可以接入多个用户,每个用户可带多个用户终端。

IEEE 802.11a 标准是 IEEE 802.11b 的后续标准,其设计初衷是取代 802.11b 标准。然而,工作于 2.4GHz 频带不需要执照,属于工业、教育、医疗等专用频段 ISM,是公开的。工作于 5.15~5.825GHz 频带需要执照。因此,一些公司更加看好最新混合标准 IEEE 802.11g。

4) IEEE 802.11g

2003 年 6 月,IEEE 推出 IEEE 802.11g 认证标准。该标准提出拥有 IEEE 802.11a 的传输速率,安全性较 IEEE 802.11b 好,采用两种调制方式,含 IEEE 802.11a 中采用的 OFDM 与 IEEE 802.11b 中采用的 CCK,做到与 IEEE 802.11a 和 IEEE 802.11b 兼容。

虽然 IEEE 802.11a 较适用于企业,但 WLAN 运营商为了兼顾现有 IEEE 802.11b 设备投资,选用 IEEE 802.11g 的可能性比较大。

5) IEEE 802.11n

2009 年 9 月 IEEE 802.11n 标准正式通过审核。该标准通过对 IEEE 802.11 物理层和 MAC 层的技术改进,使得无线通信在吞吐量和可靠性方面都获得显著地提高,速率可达到 300Mbit/s。其核心技术为 MIMO(多入多出)+ OFDM(正交频分复用)技术。IEEE 802.11n 同时可以工作在双频模式(包含 2.4GHz 和 5GHz 两个工作频段)中,与 IEEE 802.11a/b/g 标准兼容,是目前市场的主流标准。

2. 其他 WLAN 标准

目前使用较广泛的无线通信技术有蓝牙(Bluetooth)、红外数据传输(IrDA),同时还有一些具有发展潜力的近距无线技术标准,如 ZigBee、WiMax、超宽频(Ultra WideBand)、HomeRF 等。它们或基于传输速度、距离、耗电量的特殊要求,或着眼于功能的扩充性,或符合某些单一应用的特别要求,或建立竞争技术的差异化等,但是没有一种可以完美到足以满足所有的需求。

1)蓝牙技术(Bluetooth Technology)

蓝牙技术是使用2.4GHz频段传输的一种短距离、低成本的无线接入技术,主要应用于近距离的语言和数据传输业务。蓝牙设备的工作频段选用全世界范围内都可自由使用的2.4GHz ISM频段,其数据传输率为1Mbit/s。蓝牙系统具有足够高的抗干扰能力,设备简单,性能优越。根据其发射功率的不同,蓝牙设备之间的有效通信距离为10~100m。

随近年来个人通信的发展,蓝牙技术得到广泛的推广应用。目前最新的蓝牙技术标准速率达到3Mbit/s,广泛应用于手机、耳机、笔记本电脑、PDA等个人电子消费品中。

2)UWB(Ultra-Wideband)

UWB是一种新兴的高速短距离通信技术,在短距离(10m左右)有很大优势,最高传输速度可达1Gbit/s。UWB技术覆盖的频谱范围很宽,发射功率非常低。一般要求UWB信号的传输范围为10m以内,其传输速率可达500Mbit/s,是实现个人通信和无线局域网的一种理想调制技术,完全可以满足短距离家庭娱乐应用需求,直接传输宽带视频数码流。目前,UWB技术在市场应用的产品正处于初期阶段。

3)ZigBee(IEEE 802.15.4)

ZigBee是一种新兴的短距离、低功率、低速率无线接入技术。它工作在2.4GHz ISM频段,速率为10Mbit/s~250kbit/s,传输距离为10~75m。其技术和蓝牙接近,但大多时候处于睡眠模式,适合于不需实时传输或连续更新的场合。ZigBee采用基本的主从结构配合静态的星形网络,更适合于使用频率低、传输速率低的设备。由于它具有激活时延短(仅15ms)、低功耗等特点,将成为未来自动监控、遥控领域的新技术。

4)WiMax技术

WiMax(Worldwide Interoperability for Microwave Access),即全球微波互联接入,另一个名字是802.16。WiMAX是一项新兴的宽带无线接入技术,能提供面向互联网的高速连接,数据传输距离最远可达50km。WiMAX还具有QoS保障、传输速率高、业务丰富多样等优点。WiMAX的技术起点较高,采用了代表未来通信技术发展方向的OFDM/OFDMA、AAS、MIMO等先进技术。WiMax是又一种为企业和家庭用户提供"最后一英里"的宽带无线连接方案,因为在数据通信领域的高覆盖范围(可以覆盖25~30km的范围),以及对3G可能构成的威胁,在最近一段时间备受业界关注。随着技术标准的发展,WiMAX逐步实现宽带业务的移动化,而3G则实现移动业务的宽带化,两种网络的融合程度会越来越高。

5)IrDA(Infrared)红外技术

红外通信一般采用红外波段内的近红外线、波长0.75~25um。由于波长短,对障碍物的衍射能差,所以IrDA更适合应用在短距离无线点对点场合。1993年,IrDA协会发布其第一个标准后又发布FIR,速率高达4Mbit/s。目前IrDA应用已相当成熟,其规范协议主要有物理层规范、连接建立协议和连接管理协议等。

6)HomeRF

HomeRF工作组是由美国家用射频委员会领导于1997年成立的,其主要工作任务是为家庭用户建立具有互操作性的话音和数据通信网。作为无线技术方案,HomeRF代替了需要铺设昂贵传输线的有线家庭网络,为网络中的设备(如笔记本电脑)和Internet应用提供了漫游功能。但是,HomeRF占据了与IEEE 802.11b和Bluetooth相同的2.4G频率段,并且在功能上过于局限家庭应用,再考虑到 IEEE 802.11b 在办公领域已取得的地位,恐怕在今后难以有较大的作为。

3. 中国 WLAN 规范

中华人民共和国工业和信息化部正在制订 WLAN 的行业配套标准,包括《公众无线局域网总体技术要求》和《公众无线局域网设备测试规范》。配套标准涉及的技术体制包括 IEEE 802.11X 系列(IEEE 802.11、IEEE 802.11a、IEEE 802.11b、IEEE 802.11g、IEEE 802.11h、IEEE 802.11i)和 HIPERLAN2。工业和信息化部通信计量中心承担了相关标准的制定工作,并联合设备制造商和国内运营商进行了大量的试验工作。同时,信息产业部通信计量中心和一些相关公司联合建成了 WLAN 的试验平台,对 WLAN 系统设备的各项性能指标、兼容性和安全可靠性等方面进行全方位的测评。

此外,由工业和信息化部科技公司批准成立的"中国宽带无线 IP 标准工作组(www.chinabwips.org)"在移动无线 IP 接入、IP 的移动性、移动 IP 的安全性、移动 IP 业务等方面进行标准化工作。2003 年 5 月,国家首批颁布了由"中国宽带无线 IP 标准工作组"负责起草的 WLAN 两项国家标准——《信息技术系统间远程通信和信息交换局域网和城域网特定要求第 11 部分:无线局域网媒体访问(MAC)和物理(PHY)层规范》、《信息技术系统间远程通信和信息交换局域网和城域网特定要求第 11 部分:无线局域网媒体访问(MAC)和物理(PHY)层规范:2.4GHz 频段较高速物理层扩展规范》。这两项国家标准所采用的依据是 ISO/IEC 8802.11 和 ISO/IEC 8802.11b。两项国家标准的发布,将规范 WLAN 产品在我国的应用。

(三)WLAN 的发展与问题

无线局域网(WLAN)是当今全球应用最为普及的宽带无线接入技术。据 Wi–Fi 联盟统计,目前全球 WLAN 用户数已超过 10 亿,全球 WLAN 设备累计出货量已达 50 亿部。各电信运营商也对 WLAN 高度重视,积极部署面向公众服务的 WLAN 公共热点。为了更好地适应市场需求,WLAN 技术快速发展,与蜂窝网不断深入融合,并逐步向运营级网络发展。

1. 千兆 WLAN 技术趋于成熟,即将进入规模商用

具有非常高的数据传输能力是 WLAN 保持竞争力的重要优势。当前采用 IEEE 802.11n 标准的 WLAN 吞吐量可达 600Mbps。为了适应高清视频传输等宽带数据业务的发展,并继续保持 WLAN 的竞争优势,IEEE 于 2008 年底启动了吞吐量可达千兆的新一代 WLAN 技术标准(IEEE 802.11ac 和 IEEE 802.11ad)的研制工作。IEEE 802.11ac 工作在 5GHz 频段,是 IEEE 802.11n 的直接演进,是新一代 WLAN 的主流技术。根据当前标准进展,IEEE 802.11ac 将在 IEEE 802.11n 的基础上,支持更大信道带宽、更高阶 MIMO 和更高阶调制编码方式,理论最高传输速率高达 6.93Gbps。IEEE 802.11ad 工作在 60GHz 频段,面向极高速短距离应用,近期刚刚完成标准制定。802.11ad 采用单载波、OFDM 和波束赋形作为主要传输技术,支持高达 2.16GHz 的信道带宽。

在千兆 WLAN 标准完成之前,博通、高通、Marvell 等芯片企业就已经基于 IEEE 802.11ac 标准草案推出了商用芯片,思科、Buffalo、D–link 等设备厂商也已推出了 IEEE 802.11ac 商用设备。Wilocity 公司已推出首款 IEEE 802.11ad 商用芯片,并与高通、Marvell 等合作开发 2.4/5/60GHz 三频 WLAN 芯片,并在少量 Dell 超极本电脑中嵌入了 IEEE 802.11ad 模块。Wi–Fi 联盟计划于 2013 年启动 IEEE 802.11ac 和 IEEE 802.11ad 设备的测试认证程序,从而推动千兆 WLAN 的大规模商用。

2. 2.4GHz 频段使用饱和,5GHz 将成为新的主要频段

目前 WLAN 设备主要使用 2.4GHz 频段(2.4~2.4835 GHz),但该频段仅有 3 个 WLAN 可用信道,不仅各种 WLAN 设备需要共享该频段,而且还要与蓝牙、ZigBee、无绳电话、微波炉等设备共享。随着各类 2.4GHz 无线技术的快速发展,干扰问题日益显现。特别是智能手机、平板电脑等便携 WLAN 设备越来越多,2.4GHz 频段的干扰无处不在,2012 年 11 月深圳地铁停运事件就是一个典型案例。总之,当前 2.4GHz 频段的使用日趋饱和,采用其他频段已迫在眉睫。

实际上,全球主要国家在 5GHz 频段已开放了数百兆 WLAN 可用频率资源,其中包括美国 580MHz、欧洲 455MHz、日本 616MHz。我国在 5GHz 频段已开放了 5.725~5.85GHz 频段 (共 125MHz 可用频率),当前正在考虑开放 5.15~5.25GHz、5.25~5.35GHz 和 5.47~5.725GHz 3 段新频谱(共计 455MHz)。为了更有效利用 5GHz 频段,新一代主流 WLAN 技术 IEEE 802.11ac 将 5GHz 频段作为唯一工作频段。随着 IEEE 802.11ac 大规模商用,必将推动 5GHz 频段成为新的 WLAN 主要工作频段。

3. 运营商发展 WLAN 需求强烈,推动全球 WLAN 公共热点快速增长

各电信运营商发展 WLAN 有非常实际的需求。移动互联网爆发式增长使蜂窝网面临巨大流量压力,主流公司纷纷预测 2020 年全球移动数据流量将比 2010 年增长 500~1000 倍,无论 3G 还是 LTE 都无法解决这一问题。而且面对快速增加的移动数据流量,运营商需要不断增加蜂窝网容量以改善用户体验,但所带来的收入增长速度却远低于成本增加速度,长此以往蜂窝网将入不敷出,无法正常运营。WLAN 所具备的高吞吐、低成本优势,恰恰是运营商所迫切需要的。此外,运营商需要不断提升自身网络吸引力和竞争力,稳固老用户,发展新用户。WLAN 源自个人、家庭、企业自用市场,用户已养成使用 WLAN 免费上网的习惯,将 WLAN 与其他业务捆绑在一起,可有效提升运营商网络的用户黏性。

在上述需求的推动下,运营商纷纷加大 WLAN 公共热点部署力度。据 Informa Telecoms & Media 统计,2009 年全球 WLAN 公共热点仅为 50 万个,2012 年快速增加至 210 万个,预计 2015 年将达到 580 万个。在我国,中国移动和中国电信计划在近两年建成 100 万个 WLAN 热点,中国联通 2012 年新增 30 万个 WLAN AP。目前,我国运营商 WLAN AP 数目已达到 500 万个,若按每个热点 8 个 AP 计算,我国运营商 WLAN 热点约 62.5 万个,约占全球总量的 30%。

4. 推进 WLAN 与蜂窝网融合发展,实现运营商网络价值最大化

WLAN 在成本、吞吐量、室内覆盖、频率资源等方面有优势,但在覆盖范围、服务质量、移动性等方面远低于蜂窝网。将两者有机结合在一起,能够实现优势互补,有效改善用户体验,从而实现运营商网络价值的最大化。随着对 WLAN 与蜂窝网关系认识的逐步深入,运营商已不再将 WLAN 与蜂窝网割裂来看,而是将 WLAN 与蜂窝网纳入统一框架,积极推进两者融合发展。我国三大运营商均已提出"3G + WLAN"发展规划,并持续推进 WLAN 与 3G 网络融合。近期,中国移动根据其自身网络特点,提出了 GSM、TD - SCDMA、WLAN 和 TD - LTE 的"四网协同"架构,统一协调控制四网资源,主动实现资源与业务的最优匹配,达到全网效率最佳、成本最优,从而将 WLAN 与蜂窝网融合提升到了一个新层次。

5. Hotspot 2.0 和 NGH 打造新一代运营级 WLAN 技术平台

2011 年,IEEE 推出 IEEE 802.11u 技术标准,定义了 WLAN 与蜂窝网等外部网络的互联互通协议,为 WLAN 与蜂窝网融合打下了基础。在 IEEE 802.11u 的基础上,Wi - Fi 联盟制

定了 Hotspot 2.0 技术规范,致力于实现从 WLAN AP 到终端的无感知接入流程,支持 WLAN 网络自动发现和选择、基于 SIM/USIM 的无感知认证、WPA2 企业级安全机制等功能。Hotspot 2.0 不仅能够避免烦琐的认证过程,显著改善 WLAN 用户体验,也为移动运营商整合 WLAN 业务、构建运营级网络奠定了良好基础。2012 年 6 月,Wi-Fi 联盟启动了"Passpoint"认证项目,对符合 Hotspot 2.0 规范的设备进行测试认证。

由运营商主导的无线宽带联盟(WBA)在 Hotspot 2.0 基础上进一步制定了下一代热点(NGH)技术规范。NGH 将运营商 WLAN 热点整合至蜂窝网架构中,利用蜂窝网管理和计费体系打造了一套运营级 WLAN 技术平台,并能够实现 WLAN 与蜂窝网之间的无缝流量切换和跨运营商之间的 Wi-Fi 漫游。2012 年 2 月,WBA 组织 AT&T、中国移动、NTT DoCoMo、英国电信、Orange 等主流运营商和 Cisco、Aruba、BelAir、Ruckus 等设备制造商成功完成了 NGH 互操作测试。

6. 运营级 WLAN 发展仍需解决多种关键问题

1)盈利模式

用户已养成免费使用 WLAN 的习惯,直接向用户收取通信费用的模式无法得到用户认可。运营商需要探索更有效的 WLAN 盈利模式,支持 WLAN 业务的可持续发展。首先,作为多网融合趋势下的一种数据业务,WLAN 资费体系应与蜂窝网整合,通过业务整合实现盈利。其次,合理运用运营商网络规模优势和多网融合优势,提供 WLAN 与蜂窝网融合、Wi-Fi 漫游等新型业务。此外,可充分发挥 WLAN 的吞吐量优势,提供高清视频等特色增值业务。

2)覆盖问题

WLAN 覆盖范围小,用户常常找不到可用网络,大大降低用户对 WLAN 业务的使用兴趣。一方面,可大力推动运营商之间的 WLAN 共建共享,积极开展 Wi-Fi 漫游业务,增加可用 WLAN 热点数;另一方面,可采用波束赋形等覆盖增强技术提升 AP 覆盖范围。此外,在网络部署时,应准确定位业务热点,实现精确建网。

3)干扰问题

WLAN 工作在共享频段,随着用户的增加干扰会越来越严重。目前,WLAN 干扰主要出现在 2.4GHz 频段,建议国家尽快开放更多 WLAN 可用频段,并积极推进 2.4GHz 之外频段的广泛使用,减轻 2.4GHz 频段压力。另外,应加强运营商之间的建网协调,鼓励 WLAN 共建共享,避免重叠覆盖,减少干扰。同时,应积极采用有效的抗干扰技术,并加强 WLAN 无线资源管理,将干扰降至最低。

4)维护问题

WLAN 本质上不是电信级网络,设备故障率高,且维护功能少,随着运营商 WLAN 网络规模的快速增加,运营商在 WLAN 网络维护方面面临严峻挑战。维护不到位会影响 WLAN 服务质量,降低用户体验。为了减轻运营商的维护压力,急需增强 WLAN 设备在故障检测与维护方面的功能,加强 WLAN 维护工具的研发,提升 WLAN 维护的智能化程度,并推动 WLAN 与蜂窝网维护体系的整合,支撑 WLAN 与蜂窝网融合发展。

(四)WLAN 安全

WLAN 是无线城市的重要载体之一,移动互联网用户大量使用 WLAN 上网,但是目前 WLAN 安全状况不容乐观,存在 WLAN 攻击、网络监听、信息被窃取等安全隐患。

1. WLAN 安全基础

有线网络和无线网络有着不同的传输方式。有线网络的访问控制往往以物理端口接入方式进行监控,数据通过双绞线、光纤等介质传输到特定的目的地,其辐射到空气中的电磁信号强度很小,很难被窃听,一般只有在物理链路遭到盗用后数据才有可能泄露。而无线网络的数据传输是利用电磁波在空气中辐射传播,只要在接入点(Access Point,AP)覆盖的范围内,所有的无线终端都可以接收到无线信号。无线网络的这种电磁辐射的传输方式是无线网络安全保密问题尤为突出的主要原因。

通常网络的安全性主要体现在两个方面:一个是访问控制,用以保证敏感数据只能由授权用户进行访问;另一个是数据加密,用以保证传送的数据只被所期望的用户所接收和理解。

2. WLAN 的访问控制技术

1)服务集标识(Service Set Identifier,SSID)匹配

通过对多个无线 AP 设置不同的 SSID 标识字符串(最多 32 个字符),并要求无线工作站出示正确的 SSID 才能访问 AP,就可以允许不同群组的用户接入,并对资源访问的权限进行区别限制。但是 SSID 只是一个简单的字符串,所有使用该无线网络的人都知道该 SSID,很容易泄露。而且如果配置 AP 向外广播其 SSID,那么安全程度还将下降,因为任何人都可以通过工具或 Windows XP 自带的无线网卡扫描功能得到当前区域内广播的 SSID。所以,使用 SSID 只能提供较低级别的安全防护。

2)物理地址(Media Access Control,MAC)过滤

由于每个无线工作站的网卡都有惟一的类似于以太网的 48 位物理地址,因此可以在 AP 中手工维护一组允许访问的 MAC 地址列表,实现基于物理地址的过滤(如图 3-1-5 所示)。如果各级组织中的 AP 数量很多,为了实现各级组织所有 AP 的无线网卡 MAC 地址统一认证,现在有的 AP 产品支持无线网卡 MAC 地址的集中 RADIUS 认证。物理地址过滤的方法要求 AP 中的 MAC 地址列表必须及时更新,因此这种方法维护不便、可扩展性差;而且 MAC 地址还可以通过工具软件或修改注册表伪造,因此这也是较低级别的访问控制方法。

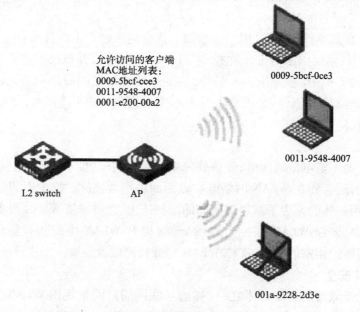

图 3-1-5　本地 MAC 地址认证

3）端口访问控制技术（IEEE 802.1x）和可扩展认证协议（EAP）

由于以上两种访问控制技术的可靠性、灵活性、可扩展性都不是很好，IEEE 802.1x 协议应运而生。IEEE 802.1x 定义了基于端口的网络接入控制协议（Port Based Network Access Control），其主要目的是为了解决无线局域网用户的接入认证问题。IEEE 802.1x 架构的优点是集中式、可扩展、双向用户验证。有线局域网通过固定线路连接组建，计算机终端通过网线接入固定位置物理端口，实现局域网接入，这些固定位置的物理端口构成有线局域网的封闭物理空间。但是，由于无线局域网的网络空间具有开放性和终端可移动性，所以很难通过网络物理空间界定终端是否属于该网络，因此，如何通过端口认证防止非法的移动终端接入本单位的无线网络就成为一项非常现实的问题。

IEEE 802.1x 提供了一个可靠的用户认证和密钥分发的框架，可以控制用户只有在认证通过以后才能连接到网络。但 IEEE 802.1x 本身并不提供实际的认证机制，需要和扩展认证协议（Extensible Authentication Protocol，EAP）配合实现用户认证和密钥分发。EAP 允许无线终端使用不同的认证类型，与后台的认证服务器进行通信，如远程认证拨号用户服务器（RADIUS）交互。EAP 有 EAP – TLS、EAP – TTLS、EAP – MD5、PEAP 等类型，EAP – TLS 是现在普遍使用的，因为它是惟一被 IETF（因特网工程任务组）接受的类型。当无线工作站与无线 AP 关联后，是否可以使用 AP 的受控端口要取决于 IEEE 802.1x 的认证结果，如果通过非受控端口发送的认证请求通过了验证，则 AP 为无线工作站打开受控端口，否则一直关闭受控端口，用户将不能上网。认证过程如图 3-1-6 所示。

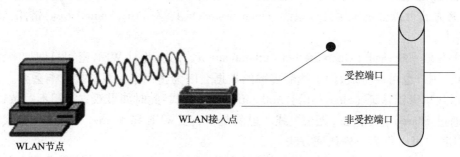

图 3-1-6　EAP 认证使用端口受控过程

EAP – MD5 方式是通过 RADIUS 服务器提供简单的集中用户认证。其服务器不需要证书或者无线工作站中的其他安全信息，用户注册时该服务器只是检查用户名和口令，若匹配就通知允许该客户端访问网络服务。由于 EAP – MD5 只提供认证，因此为安全起见，应该与标准 IEEE 802.11 安全协议 WEP/WEP2 组合使用，采用 40 位/128 位共享密钥实现加密。这是一种单向认证机制，只能保证客户端到服务器的认证，并不保证服务器到客户端的认证。

EAP – TLS 方式提供了一种基于证书的双向认证，除了在连接建立时主机和服务器之间分配的会话号（Session ID）之外，需要通过安全连接在客户侧和服务器侧的事先发布的认证证书。EAP – TLS 既提供认证，又提供动态会话钥匙分发。RADIUS 服务器需要支持 EAP – TLS 认证和认证证书的管理能力。TLS 支持双向认证，也就是网络（EAP – TLS 服务器）认证终端用户（Client），终端用户认证网络。只有在双向认证通过以后，服务器才向接入认证点发送 EAP – Success 消息，指示用户终端可以收、发数据流。这个消息同时触发对数据流的加密，在加密密钥建立之前终端不发送数据。

EAP – TTLS 是一种允许传统基于用户名和密码的认证机制方式，类似于 CHAP（Challenge Handshake Authentication Protocol）、PAP、一次性密码（One Time Password）和 EAP 认证协同工作的认证机制。客户端使用 TTLS 服务器提供的数字证书对网络端进行认证,这个过程是对安全 Web 服务器方式的模拟。认证隧道一旦建立,就开始对安全终端用户进行认证。EAP – TTLS 可以保证无线接入媒体中终端用户的一致性,防止匿名用户非法使用网络。和 EAP – TLS 一样,只有在双向认证通过以后,服务器才向接入认证点发送 EAP – Success 消息,指示用户终端可以收发数据流。这个消息同时触发对数据流的加密,在加密密钥建立之前,终端不发送数据。

3. WLAN 的数据加密技术

IEEE 802.11 协议也在致力于解决 WLAN 的安全问题,主要的方法为对数据报文进行加密,保证只有特定的设备可以对接收到的报文成功解密。其他的设备虽然可以接收到数据报文,但是由于没有对应的密钥,无法对数据报文解密。

以下列举了常见的加密技术。

1）WEP

WEP（Wired Equivalent Privacy,有线等效加密）用来保护无线局域网中的授权用户所交换数据的机密性,防止这些数据被随机窃听。WEP 使用 RC4 加密算法保证数据的保密性,通过共享密钥实现认证,理论上增加了网络侦听、会话截获等的攻击难度。WEP RC4 在一定程度上提高了 WEP 加密的安全性,但是受到 RC4 加密算法、过短的初始向量和静态配置密钥的限制,还是存在比较大的安全隐患。

WEP 方式可以分别采用开放系统（Open System）、共享密钥（Shared Key）链路认证方式使用。

采用开放系统认证（Open System Authentication）方式:此时 WEP 密钥只做加密,即使密钥不一致,用户也可以上线,但上线后传输的数据会因为密钥不一致被接收端丢弃。

采用共享密钥认证（Shared Key Authentication）方式:此时如果双方密钥不一致,客户端就不能通过 Shared Key 认证,无法上线。也就是说,当 WEP 和 Shared Key 认证方式配合使用时,WEP 也可以作为一种认证方法。

WEP 标准在保护网络安全方面存在固有缺陷,例如一个服务区内的所有用户都共享同一个密钥,一个用户丢失或者泄漏密钥将使整个网络不安全。另外,WEP 有自身的安全缺陷,有许多公开可用的工具能够从互联网上免费下载,用于入侵不安全网络。而且黑客有可能发现网络传输,然后利用这些工具破解密钥,截取网络上的数据包或非法访问网络。

2）WPA 保护访问（Wi – Fi Protected Access）技术

WEP 存在缺陷不能满足市场的需要,而最新的 IEEE 802.11i 安全标准的批准又被不断推迟,Wi – Fi 联盟适时推出了 WPA 技术,作为临时代替 WEP 的无线安全标准协议,为 IEEE 802.11 无线局域网提供较为强大的安全性能。WPA 实际上是 IEEE 802.11i 的一个子集,其核心就是 IEEE 802.1x 和 TKIP。

新一代的加密技术 TKIP 与 WEP 一样基于 RC4 加密算法,但对现有的 WEP 进行了改进,使用了动态会话密钥。TKIP 引入了 48 位初始化向量（IV）和 IV 顺序规则（IV Sequencing Rules）、每包密钥构建（Per – Packet Key Construction）、Michael 消息完整性代码（Message Integrity Code,MIC）以及密钥重获/分发 4 个新算法,极大地提高了无线网络数据加密的安全强度。

WPA 之所以比 WEP 更可靠,就是因为它改进了 WEP 的加密算法。由于 WEP 密钥分配是静态的,黑客可以通过拦截和分析加密的数据,在很短的时间内就能破解密钥。而在使用 WPA 时,系统频繁地更新主密钥,确保每一个用户的数据分组使用不同的密钥加密,即使截获很多数据,破解起来也非常困难。

3) TKIP 加密

TKIP 是一种加密方法,用于增强硬件上的 WEP 协议的加密的安全性,其加密的安全性远远高于 WEP。WEP 主要的缺点在于,尽管 IV(Initial Vector,初始向量)改变但在所有的帧中使用相同的密钥,而且缺少密钥管理系统,不可靠。TKIP 和 WEP 加密机制都是使用 RC4 算法,但是相比于 WEP 加密机制,TKIP 加密机制可以为 WLAN 服务提供更加安全的保护。

首先,TKIP 通过增长算法的 IV 长度提高 WEP 的安全性。相比 WEP 算法,TKIP 将 WEP 密钥的长度由 40 位加长到 128 位,初始化向量(IV)的长度由 24 位加长到 48 位;其次,TKIP 支持密钥的动态协商,解决了 WEP 需要静态配置密钥的限制。TKIP 使用一种密钥构架和管理方法,通过由认证服务器动态生成分发的密钥取代单个静态密钥,虽然 TKIP 采用的还是和 WEP 一样的 RC4 加密算法,但其动态密钥的特性很难被攻破。另外,TKIP 还支持 MIC 认证(Message Integrity Check,信息完整性校验)和 Countermeasure 功能。当 MIC 发生错误的时候,数据很可能已经被篡改,系统很可能正在受到攻击。此时,可以采取一系列的对策,阻止黑客的攻击。

4) CCMP 加密

CCMP(Counter mode with CBC – MAC Protocol,计数器模式搭配区块密码锁链 – 信息真实性检查码协议)加密机制是基于 AES(Advanced Encryption Standard,高级加密标准)加密机制的 CCM(Counter – Mode/CBC – MAC,区块密码锁链 – 信息真实性检查码)方法。CCM 结合 CTR(Counter mode,计数器模式)进行机密性校验,同时结合 CBC – MAC(区块密码锁链 – 信息真实性检查码)进行认证和完整性校验。CCM 保护了 MPDU 数据段和 IEEE 802.11 首部中被选字段的完整性。CCMP 中所有的 AES 处理进程都使用 128 位的密钥和 128 位的块大小。CCM 中每个会话都需要一个新的临时密钥。对于每个通过给定的临时密钥加密的帧来说,CCM 同样需要确定惟一的随机值(Nonce)。CCMP 使用 48 位的 PN(Packet Number)实现这个目的。对于同一个临时密钥,重复使用 PN 会使所有的安全保证无效。

4. WLAN 安全策略

对于小型企业和家庭用户而言,无线接入用户数量比较少,一般没有专业的 IT 管理人员,通常情况下不会配备专用的认证服务器。对于这种对网络安全性的要求相对较低的无线环境,可采用"WPA – PSK + 接入点隐藏"的安全策略保证安全。PSK 为预约共享密钥。

在仓库物流、医院、学校等环境中,考虑到网络覆盖范围以及客户端数量,AP 和无线客户端的数量必将大大增加,安全隐患也相应增加,此时简单的 WPA – PSK 已经不能满足需求,可以采用表 3-1-1 中的中级安全方案。使用支持 IEEE 802.1x 认证技术的 AP 作为无线网络的安全核心,并通过 RADIUS 服务器进行用户身份验证,可有效地阻止未经授权的用户接入。

在各类公共场合以及网络运营商、大中型企业、金融机构等环境中,有些用户需要在热点公共地区(如机场、咖啡店等)通过无线接入 Internet,因此用户认证问题就显得至关重要。如果不能准确可靠地进行用户认证,就有可能造成服务盗用,这种服务盗用会对无线接入服务提供商造成不可接受的损失。表 3-1-1 中的专业级解决方案可以较好地满足用户需求,通过用户隔离技术、IEEE 802.1i、RADIUS 用户认证以及计费方式确保用户的安全。

典型场合下的 WLAN 安全策略   表 3-1-1

安 全 级 别	典 型 场 合	安 全 策 略
初级安全	小型企业,家庭用户等	WPA – PSK + 接入点隐藏
中级安全	仓库物流、医院、学校、餐饮娱乐	IEEE 802.1x 认证 + TKIP 加密
专业级安全	各类公共场合及网络运营商、大中型企业、金融机构	用户隔离技术 + IEEE 802.11i + RADIUS 认证和计费(对运营商)

（五）Wi–Fi 在公交智能调度系统中的应用

Wi–Fi(Wireless Fidelity)是无线保真的缩写,它是一个无线网络通信技术的品牌,由 Wi–Fi 联盟所持有,目的是改善基于 IEEE 802.11 标准的无线网路产品之间的互通性。有人把使用 IEEE 802.11 系列协议的局域网就称为无线保真。甚至把无线保真等同于无线网际网路(Wi–Fi 是 WLAN 的重要组成部分)。目前基于公交的 Wi–Fi 应用主要是如下三个方面:

1. 乘客上网

公共交通系统是市民出行的主要交通工具,应为乘客提供更智能、更舒适、更便捷的乘车环境和相关设施。目前,部分公交车结合已经成熟的 3G 移动通信系统,安装了 Wi–Fi,方便乘客上网,推动新技术的应用,提高了附加值。

2. Wi–Fi 辅助定位

公交车车载 GPS 实时发送定位数据到监控中心,但是 GPS 存在漂移、高楼高架下信号不好、模块故障等问题,会导致定位不准。在安装有 Wi–Fi 的公交车站或者停车场内,可使用 Wi–Fi 辅助定位。当公交车进入站台和停车场,公交车载设备连接上 Wi–Fi 后,即可定位该车的位置。

3. 数据上传

公交监控数据,尤其是视频数据体积较大,通过 3G 上传较耗流量且速度较慢,可采用 Wi–Fi 上传。也就是说,当公交进站或者进入停车场,连接上 Wi–Fi 后,可马上通过 Wi–Fi 上传数据。

复习与思考

1. 什么是无线局域网?
2. WLAN 的网络结构有哪些?
3. 简述 WLAN 标准。
4. WLAN 的加密技术有哪些?

任务二　进行无线局域网组网

一、任务内容

（一）硬件连接

将无线网卡与电脑 USB 端口连接,如图 3-2-1 所示。

接通 AP 电源,图 3-2-2 所示为挂在墙上的 AP。

通电,打开计算机。

图 3-2-1　无线网卡与 USB 端口连接　　　图 3-2-2　无线接入点 AP

(二)软件设置

(1)安装无线网卡驱动;
(2)将无线网卡 IP 地址设置为自动获得;
(3)关闭有线网络连接;
(4)打开无线网络管理程序,激活无线网络;
(5)打开网上邻居,查看工作组计算机,可看见无线局域网内计算机。
无线网络管理程序界面如图 3-2-3 所示。

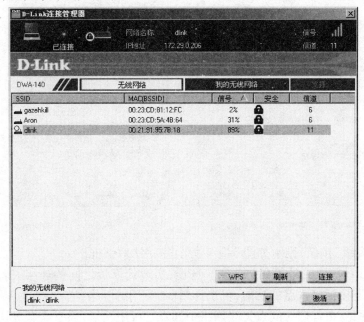

图 3-2-3　无线网络管理程序界面

(三)组建对等无线网络

　　对等无线网络主要用于两台或者多台计算机之间文件的互传。因为没有了无线接入点(AP),信号的强弱会直接影响到文件传输速度,所以计算机之间的距离和摆放位置也要适当调整。

（1）在控制面板中打开如图 3-2-4 所示"网络连接"窗口。

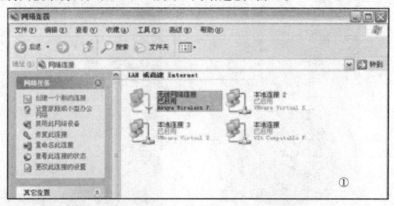

图 3-2-4　"网络连接"窗口

（2）右键单击"无线网络连接"图标，在快捷菜单中单击"属性"，显示如图 3-2-5 所示"无线网络连接属性"对话框。

（3）选择"无线网络配置"选项卡，并选择"用 Windows 来配置我的无线网络配置"复选框，启用自动无线网络配置，如图 3-2-6 所示。

图 3-2-5　"无线网络连接"属性窗口　　　　图 3-2-6　无线网络配置

（4）单击"高级"按钮，显示如图 3-2-7 所示"高级"对话框。

（5）选择"仅计算机到计算机（特定）"选项，实现计算机之间的连接。若既直接连接至计算机，又保留连接至接入点的功能，可选择"任何可用的网络（首选访问点）"选项。

需要注意的是，在首选访问点无线网络中如果有可用网络，通常会首先尝试连接到访问点无线网络。如果访问点网络不可用，则尝试连接到对等无线网络。例如，工作时在访问点无线网络中使用笔记本电脑，然后将笔记本电脑带回家使用计算机到计算机家庭网络，自动无线网络配置将会根据需要更改无线网络设置，无须用户作任何设置。

（6）依次单击"关闭"和"确定"按钮，建立计算机之间的无线连接，显示如图 3-2-8 所示信息框，提示无线网络已经连接成功。

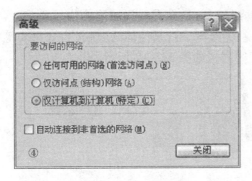

图 3-2-7 "高级"对话框

图 3-2-8 连接成功

（四）实训结果

连接成功，则可在网上邻居看见两台连接的计算机。

如果连接不成功，最大可能硬件连接问题。

可按照以下步骤逐一检查排除故障：

（1）AP 是否设置正确；

（2）网卡驱动是否安装成功；

（3）IP 地址是否设置为自动获得；

（4）以上均检查无异，则可见实训结果。

二、相关知识

（一）WLAN 无线侧主要设备介绍

最基本的 WLAN 无线侧设备包括 AP、无线终端、Wireless Bridge 以及天线等几部分。

AP（Access Point 无线接入点）相当于基站，一个 AP 能够在几十至上百米的范围内连接多个无线用户。它的主要作用是将无线网络接入以太网，其次要将各无线网络客户端连接到一起，相当于以太网的集线器，使装有无线网卡的 PC 可以通过 AP 共享有线局域网络甚至广域网络的资源。无线 AP 相当于一个无线交换机，接在有线交换机或路由器上，为与它连接的无线网卡从路由器分得 IP。AP 如图 3-2-9 所示。

无线路由器，顾名思义保留了路由器原有的一切，比如一个 WAN 口、四个 LAN 口，以及共享上网、网络管理等功能，又加上天线、无线技术芯片等，用于无线信号的发送和接收。无线路由器相当于无线 AP 加上普通路由器，如图 3-2-10 所示。

图 3-2-9 AP

图 3-2-10 无线路由器

无线 Hub 的功能和无线路由器类似，利用无线信号传输数据，可提供共享上网、网络管理，支持无线局域网内计算机的相互访问。无线 HUB 一般集成一个用于局域网内有线网卡接入的 LAN 口，如图 3-2-11 所示。

Wireless LAN Card(无线网卡)是终端的无线网络设备,是在无线局域网的信号覆盖下,通过无线连接网络上网的无线终端设备。具体来说,无线网卡就是使你的电脑(台式机和笔记本)可以利用无线信号上网的一个网卡。各种无线网卡如图 3-2-12 所示。

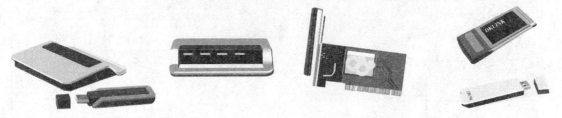

图 3-2-11　无线 HUB　　　　　　　　　　图 3-2-12　各种无线网卡

无线网卡一般有 PCMCIA、ISA、PCI 等几种。

(1)笔记本内置的 MiniPCI 无线网卡(也称"迅驰"无线模块):目前这种无线网卡主要以 Intel 公司的"迅驰"模块为主(如 Intel PRO/无线 2100 网卡),很多笔记本厂商也有自己的无线模块。"迅驰"笔记本就已经具备无线网卡了。

(2)"非迅驰"笔记本电脑专用的 PCMICA 接口网卡:这种网卡造价比较低,比较适合"非迅驰"笔记本用户。但随着笔记本电脑的发展,相信以后的笔记本电脑都会预装 MiniPCI 无线网卡。

(3)台式机专用的 PCI 接口无线网卡:PCI 接口的无线网卡插在主板的 PCI 插槽上,无须外置电源,节省空间和系统资源,可以充分利用现有的计算机。

(4)USB 接口的无线网卡:这种网卡不管是台式机用户还是笔记本用户,只要安装了驱动程序,都可以使用。在选择时要注意的一点就是,只有采用 USB 2.0 接口的无线网卡才能满足 IEEE 802.11g 无线产品或 IEEE 802.11g + 无线产品的需求。图 3-2-13 所示为我们实训所用的两种 USB 接口的无线网卡。

图 3-2-13　实训用网卡

Wireless Bridge(无线桥接器),主要用来进行长距离传输(如两栋大楼间连接),由 AP 和高增益定向天线组成。

无线局域网的天线有定向型(Uni–direction)和全向型(Omni–direction)两种。定向型天线适合于长距离使用,如果采用高增益的定向天线,WLAN 甚至可以实现 20 公里以上的远程连接;而全向型天线则适合区域性使用。

(二)WLAN 用户基本工作方式

无线局域网的用户端有两种基本的工作方式:一种为 Infrastructure (构架)模式,无线局域网的 PC 机通过 AP 接入以太网或通过 AP 彼此共享网络资源;另一种为对等模式,使用 peer to peer(对等网络)操作系统,构成一个 ad hoc(简易网络),使多个安装了 IEEE 802.11b 标准产品的 PC 机相互连接,无须通过 AP,即可共享资源。

(三)无线局域网网络设备选购

1.确定无线网络标准

兼容性对于任何产品都是极其重要的,无线路由器也不例外。在选择无线路由器之前,大家一定要认准 IEEE 802.11b 标志。其实,无线设备诞生之初就相当重视兼容性问题,然而由于种种原因,部分老型号的产品并未通过 IEEE 802.11b 认证,导致与少数无线网卡无法配套工作。一般而言,只要无线路由器具备 IEEE 802.11b 认证,就完全可以对其兼容性放心,毕竟这是 Wi-Fi 组织带给我们的承诺。

除了 IEEE 802.11b 标准,我们偶尔还能看到支持 IEEE 802.11b+ 或者 IEEE 802.11g 标准的无线网络设备。从理论上说,IEEE 802.11b+ 与 IEEE 802.11g 比目前最普及的 IEEE 802.11b 在速度上更具优势,而且能够做到向下兼容,但是价格上要高出很多。其实,对于家庭用户以及各种小型局域网用户而言,IEEE 802.11b 所提供的 11Mbps 带宽已经足够,没有必要强求 IEEE 802.11b+ 或者 IEEE 802.11g。

2. 网络连接功能

部分简单的宽带路由器并没有内置 Hub 功能,因此连接客户端时需要使用 Uplink 与集线器配合工作。也许会出乎大家意料的是,这类产品往往是比较高端的,能够支持很多客户端共享 Internet,但是它并不适合家庭、学校寝室等小规模用户。因为从成本来看,宽带路由器再加上集线器就会相当高,而且占据不少的空间。相对而言,那些四口的宽带路由器更加值得选择,它不仅提供 Internet 共享功能,还可以很方便地进行局域网连接,并且自动分配 IP 地址,也便于管理。至于 7 口以上的宽带路由器,过高的价格或许会令我们难以接受,而且实用价值也不大。在选择宽带路由器之前,宽带兼容性是我们一定要弄清楚的。一般而言,目前的主流产品都能支持 ADSL/Cable Modem,对于 ISDN 并不一定支持。

3. 路由技术

关于各种网络技术,大家或许并不怎么了解,但是在选购无线路由器之时认准 NAT 技术、DHCP 功能还是很有必要的,因为这是当前主流产品必备的素质。如果一个产品做不到这两点,那么它多半是已经被淘汰的旧产品,不值得选购。NAT 是一种把网络内部 IP 地址映射成 Internet 合法 IP 地址的技术。当网络内部分配了私有 IP 地址而不能直接访问 Internet 时,NAT 可以把局域网内部的 IP 地址翻译成外部的合法 IP 地址以实现 Internet 共享接入。显然,如果无线路由器不能支持 NAT 技术,那么在进行论坛访问、联网游戏等需要公网 IP 的应用时就会束手无策。尽管通过各种软件还是能够实现 IP 映射,但是这样会相当麻烦,而且稳定性不高。

DHCP 功能的作用在于动态主机配置。当无线路由器被配置成 DHCP 服务器后,它可以为局域网中接入的每台 PC 自动分配一个 IP 地址,而它本身作为 DHCP Client 又可以使 WAN 端口动态地获得由 ISP 分配的 IP 地址。此时用户所要做的仅仅是在 Windows 中将网卡的 IP 指定为自动获取,并且禁用所有的网关与 DNS 解析,彻底免去了配置网络的麻烦,非常适合新手使用。

为了保证网络安全,无线路由器带有防火墙功能也是很有必要的。尽管这种硬件防火墙不可能阻挡所有的网络病毒,但是对于防止黑客攻击还是有一定的效果,同时可以不占用系统资源。至于 FTP 服务器功能,有需要的用户一定会对它爱不释手。通过对 21Port 的映射,我们可以不借助 Serv-U 等 FTP 服务器架设软件就建立自己的 FTP 站点,很适合多个学生在寝室间使用。

相对而言,DMZ 主机、访问控制、日志记录和状态监控功能并不怎么重要,因为没有必要监控并限制其他用户,除非将无线路由器用于网吧或者大型企业。

4.有效传输距离

对于无线网络设备而言,有效传输距离是相当重要的。需要注意的是,大家没有必要参考产品介绍中的"最大传输距离",这一指标多半是在没有任何遮挡物的条件下计算得出的。

决定 IEEE 802.11b 无线网络传输范围的关键在于无线路由器,与无线网卡的关系并不大。从实际应用角度来看,更应该看重无线路由器的信号穿透能力,毕竟在钢筋水泥的高楼大厦中障碍物才是信号的最大阻碍者。

对于信号穿透能力,不同产品之间的差距很大。部分名牌产品可以做到在30米之内穿越两堵厚厚的墙壁,而少数低端产品可能都禁不起一个小小的室内"拐弯"(即便开着门,无线路由器也无法与另一间房间中的无线客户端通信)。

为了解决这一问题,我们往往能够看到不少无线路由器采用了天线,然而这并非是最彻底的解决办法,提高发射功率才是关键。作为消费者,在选购时根本无法得知无线路由器的信号穿透能力,只能根据经验来判别。一般而言,新型号的产品在信号穿透能力方面总会比老产品出色。部分支持"天线叠加"的产品一般将信号穿透能力作为一种卖点,这类产品更加适合需要在复杂环境下使用。当然,一味地根据天线判断无线路由器信号穿透能力也是不科学的,不少不使用天线的产品也同样具有出色的信号穿透能力。如果有条件的话,可以使用电磁干扰测试仪检测无线路由器启动瞬间的大致发射功率,一般产生较大干扰的产品在信号穿透能力方面更加出色一些。

5.无线网卡功耗与稳定性

对于无线网卡而言,功耗与稳定性确实是重要的两大技术指标。论速度与信号接受能力,目前支持 IEEE 802.11b 标准的产品不会有太多的差别,功耗或稳定性的差异就显得很重要。

对于移动产品而言,功耗问题一直相当敏感。如果无线网卡没有采用节能设计,那么笔记本电脑、PDA 等移动设备的电力供应就会捉襟见肘,严重影响实际应用效果。在选购无线网卡时,建议大家尝试不同品牌的产品以检验其对电能的消耗。

很多用户反映无线网卡发热量巨大,这一问题也确实比较突出。从"功能原理"也应该可以推得,发热量巨大的产品绝不可能是节能型的,而且对于产品的稳定性以及寿命也是相当不利的。

如今大多数名牌无线网卡的质量都很不错,大家可以着重考虑 Intel、3Com、Cisco、Linksys、AboveCable、神州数码等产品。那些还采用天线的老型号产品,很可能是因为技术不过关而导致的。毕竟无线路由器采用天线依旧无可厚非,而无线网卡还拖着长长的天线显然会影响便携性。

(四)无线网卡安装

1.硬件安装

目前,常见的无线网卡大多为 PCMCIA、PCI 和 USB 三种类型。下面以 Avaya Wireless 产品为例,介绍一下无线网卡的安装和设置。

1) PCMCIA 卡的安装

安装 Avaya PCMCIA 无线网卡(图 3-2-14)和其他 PCMCIA 卡(简称 PC 卡)设备差不多。

图 3-2-15 是位于笔记本电脑左侧的 TYPE II 型 PCMCIA 卡槽。

平行于桌面将无线网卡插入 PCMCIA 卡槽,注意一定要水平插入(见图 3-2-16)。

将无线网卡插好后,收发端露在外面(见图 3-2-17)。

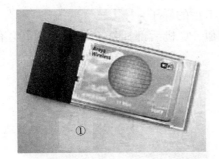

图 3-2-14　无线网卡　　　　　　图 3-2-15　PCMCIA 卡槽

图 3-2-16　无线网卡插入　　　　图 3-2-17　无线网卡收发端

2）PCI 卡的安装

图 3-2-18 就是 PCI 转接卡，插 PCI 网卡的 PC 卡要插在 PCI 转接卡上。

图 3-2-19 是插入 PC 卡的 PCI 网卡。需要注意的是，安装 PCI 网卡前千万别把 PC 卡插上。

图 3-2-18　PCI 转接卡　　　　　图 3-2-19　插入 PC 卡的 PCI 网卡

拧下一个 PCI 插槽挡板（注意摘下挡板时别伤着手），如图 3-2-20。

将 PCI 转接卡接头与插槽对准，双手垂直推入，直到完全插紧，如图 3-2-21。

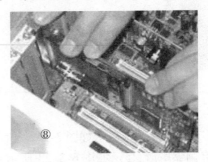

图 3-2-20　拧下一个 PCI 插槽挡板　　图 3-2-21　推入 PCI 转接卡

图 3-2-22 是安装好 PCI 转接卡并插上 PC 卡后的样子。

和笔记本电脑插入 PCMCIA 无线网卡后相似，PC 机后部插好 PCI 网卡后也会有一部分突出来的收发端（如图 3-2-23）。

图 3-2-22　PCI 卡安装成功

图 3-2-23　突出的收发端

2．软件安装

1）安装 PCMCIA 卡驱动程序

把无线网络卡插入 PCMCIA 插槽，Windows XP 提示发现新硬件（如图 3-2-24），并自动安装发现的新硬件的驱动程序，如果是这样，则跳过下面的几步；若购买网卡时附带安装程序的运行文件，则运行该程序安装新硬件的驱动程序。

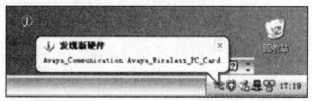

图 3-2-24　发现新硬件

安装程序自动启动硬件安装向导（如图 3-2-25）。选择"自动安装软件"选项，让系统自动搜索并安装设备的驱动程序。

单击"下一步"按钮，显示如图 3-2-26 所示页面。选择"在这些位置上搜索最佳驱动程序"选项，选中"在搜索中包括这个位置"复选框，并指定驱动程序所在的文件夹。

图 3-2-25　安装硬件向导

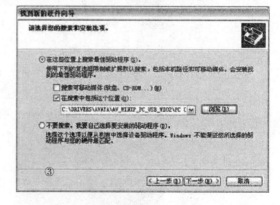

图 3-2-26　选择自动搜索

单击"下一步"按钮，显示如图 3-2-27 所示页面，系统开始自动复制相应的驱动程序。

文件复制完毕后，显示如图 6-2-28 所示页面，并在任务栏显示一个新的网络连接图标（如图 3-2-29）。单击"完成"按钮，结束 PC 卡的安装。

图 3-2-27　复制驱动　　　　　　　　　图 3-2-28　安装完毕

2）设置 IP 地址

在控制面板中打开如图 3-2-30 所示"网络连接"窗口。

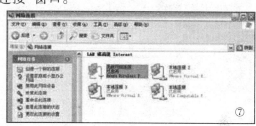

图 3-2-29　安装成功　　　　　　　　　图 3-2-30　网络连接窗口

右键单击"无线网络连接"图标，在快捷菜单中单击"属性"，显示如图 3-2-31 所示"无线网络连接属性"对话框。

在列表中选择"Internet 协议（TCP/IP）"，单击"属性"按钮，显示如图 3-2-32 所示对话框。

图 3-2-31　属性对话框　　　　　　　　图 3-2-32　IP 地址设置

选择"使用下面的 IP 地址"和"使用下面的 DNS 服务器地址"选项，为该无线连接指定

· 117 ·

IP 地址、子网掩码、默认网关和 DNS 服务器的 IP 地址（如图 3-2-33）。

单击"确定"。右击任务栏"无线连接"图标，并在快捷菜单中选择"状态"。图 3-2-34 表明网络正常连接，速率 11Mbps。

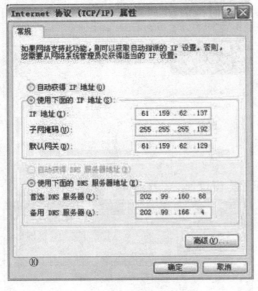

图 3-2-33　填入设置值　　　　　　　　图 3-2-34　无线网络状态窗口

3. 安装 PCI 卡、USB 网卡驱动程序

对于 Windows XP 操作系统而言，将 PCI 卡插入计算机的 PCI 插槽并打开计算机电源后，系统将自动发现并提示用户安装无线网卡驱动。将 USB 网卡插入计算机的 USB 接口，计算机将自动发现 USB 无线网卡，并自动运行设备驱动安装向导，安装过程与 PC 卡完全相同。

（五）组建家庭无线局域网

无线局域网(WLAN)组网方式如图 3-2-35 所示。

调制解调器和宽带路由器的设置及连接方式与组建有线局域网一样，在这里重点介绍 DWL–2000AP+A 无线接入点的设置。DWL–2000AP+A 的结构如图 3-2-36 所示。

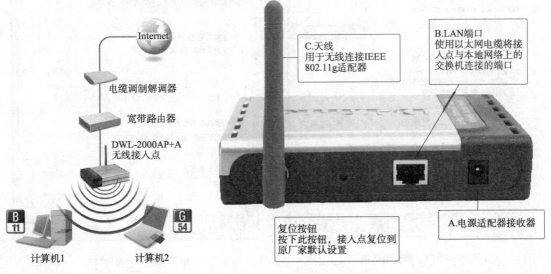

图 3-2-35　WLAN 组网方式　　　　　　图 3-2-36　DWL–2000AP+A 结构图

· 118 ·

1. 硬件设备的安装

无线信号能够穿过的墙壁、天花板或其他物体的数量、厚度和位置会影响限制信号传播范围。典型的信号传播范围会依据用户家中或办公室的建材类型和背景环境而发生改变。使无线信号传播范围最大化的关键是要遵循以下原则：

（1）尽量减少 DWL－2000AP＋A 和其他网络设备之间墙壁和天花板的数量，每面墙或天花板能使 DWL－2000AP＋A 的辐射范围减少 1～30m。

（2）请注意网络设备之间的直线距离。一面 0.5m 厚度的墙在转角为 45 度时有 1m 厚，而在 2m 厚度时超过 14m 厚。正确安放设备使信号直线穿过墙壁或天花板，而不要呈角度穿过，以产生更好的信号接收效果。

（3）不同的建筑材料阻碍无线信号的强弱不同，如实心金属门对信号阻隔比较严重。放置安装无线设备和无线网卡时，尽量使信号直接通过开放的门厅。

（4）远离产生射频噪音的电子设备，至少保持 1～2m 的距离。

安装时，断掉所有设备电源，用一根交叉双绞线连接调制解调器和宽带路由器，然后用一根直通双绞线连接宽带路由器和 DWL－2000AP＋A 无线接入点，再连接所有的电源。在计算机 1 和计算机 2 中各插入一块 CardBus 无线网卡，并分别装上驱动程序。设置宽带路由器、DWL－2000AP＋A 和无线网卡，其中宽带路由器的设置方法与有线局域网中路由器的设置方法相同。下面重点介绍 DWL－2000AP＋A 的设置和无线网卡的设置。

2. DWL－2000AP＋A 的设置

1）登录 DWL－2000AP＋A

确认本机 IP 地址和 DWL－2000AP＋A 的 IP 地址 192.168.0.50 在同一网段内，在 IE 浏览器的 URL 里输入 http://192.168.0.50，将会显示一个认证框，如图 3-2-37 所示。

在"用户名"一栏键入"admin"，点击"确定"，打开如图 3-2-38 所示的窗口。

图 3-2-37　登录框

图 3-2-38　设置向导主页

2）设置向导的设置

点击"运行向导"，打开图 3-2-39 所示的窗口，窗口中显示快速安装中的四个步骤：设置新的密码、设置 SSID 和信道、设置密码、重新启动。

点击"下一步"，打开如图 3-2-40 所示的窗口。输入 DWL－2000AP＋A 中的用户密码，并再次输入确认。

点击"下一步"，打开如图 3-2-41 所示的窗口。设置 SSID 和信道的值，在同一个网络中 SSID 和信道的值必须一致。

点击"下一步"，打开如图 3-2-42 所示的窗口。对 DWL－2000AP＋A 进行二级无线加密，这里我们先设置为"禁用"。

图 3-2-39　快速安装四个步骤

图 3-2-40　用户密码的设置

图 3-2-41　设置 SSID 和信道值

DWL-2000AP+A能进行二级无线加密,分64位和128位。默认是加密禁止。可以更改这些加密设置以加强无线通信的安全性。

图 3-2-42　对 DWL-2000AP+A 加密

点击"下一步",打开如图 3-2-43 所示的窗口。点击"重启",DWL-2000AP+A 设备重新启动,设置生效。

图 3-2-43　设置完成

3)无线网络的设置

打开主页中"无线网络"设置窗口,具体设置如图 3-2-44 所示。

在 Mode 选项中选择 Access Point 模式。

SSID(服务集标识符):默认设置为 default。SSID 是用于网络识别的唯一的名称,是无线网卡与无线接入点之间沟通的识别码。当两者都设定为相同的识别码时,该网卡才能连上无线接入点。如将无线接入点的 SSID 设定为 DLINK,若想要使用无线接入点的服务,网卡的 SSID 也得设定成 DLINK 才能连接。

信道:信道 6 为默认信道。如果要更改默认设置,请输入新号码。同一网络上的所有设备必须设置为同一信道,才能在网络上进行通信。

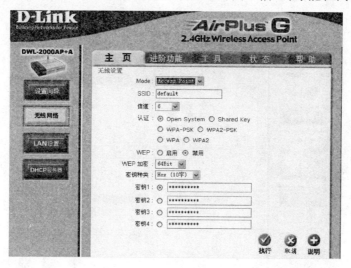

图 3-2-44　无线网络设置

认证:IEEE 802.11 提供:开放系统式(Open System)及共享密钥式(Shared Key)两种基础认证服务。开放系统式是 IEEE 802.11 内定的认证方法,也是 DWL－2000AP＋A 默认所使用的,即不认证。在特殊的应用下,可自行决定使用哪种认证方式。

选择"Open System":不进行认证,任何无线客户端皆可存取无线接入点。

选择"Shared Key":仅有共享同一个 WEP 密钥的无线客户端,才被允许存取。

选择"WPA－PSK":依 WPA 标准,在没有 RADIUS 服务器环境下进行认证。

选择"WPA2－PSK":依 WPA2 标准,在没有 RADIUS 服务器环境下进行认证。

选择"WPA":依 WPA 标准,在装有 RADIUS 服务器环境下进行认证。

选择"WPA2":依 WPA2 标准,在装有 RADIUS 服务器环境下进行认证。

WEP:选择"启用"或"禁用"。启用 WEP 会在无线传输中给每个资料做加密,然后在另一端做解密的动作。使用者只需要设定好加密的等级,并输入一串密钥密码就可以了。目前一般无线接入点都有支持 64 位或 128 位加密,但是较高的加密等级在传输量大时会影响网络速度。

WEP 加密:选择 64 位或 128 位 WEP 加密。十六进制的数位包含数字 0～9 和字母 A～F。ASCII(美国标准信息交换代码)是一种以数字 0～127 代替英文字母的代码。

密钥类型:选择十六进制或 ASCII 密钥类型。

密钥 1～4:最多输入 4 个密钥,并必须指定其中一个为启用的密钥。

设置完成后,点击"执行",设置生效。

4)网桥的设置

打开主页中的"无线网络"设置窗口,在 Mode 选项中选择 WDS 模式,如图 3-2-45 所示。

信道:信道 6 为默认信道。如果希望更改默认设置,请输入新号码。同一网络上的所有设备必须设置为同一信道,才能在网络上进行通信。

远程 AP Mac Address:输入远程 AP 的 MAC 地址,并确认远程 AP 已设定成网桥工作模式,以建立多点无线网桥连接。

WDS 加密:无线传输中每个资料做加密,然后在另一端做解密的动作。使用者只需要设定好加密的等级,并输入一串密钥密码就可以了。但是较高的加密等级,在传输量大时会影响网络速度。

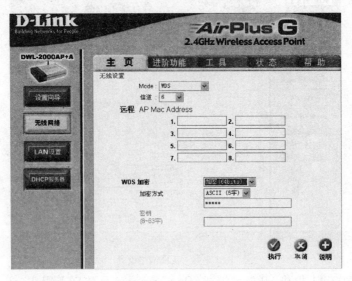

图 3-2-45　网桥设置

选择"无":不做加密。

选择"加密(64bits)":仅有共享同一个 WEP 密钥的无线客户端才被允许存取。

选择"加密(128bits)":仅有共享同一个 WEP 密钥的无线客户端才被允许存取。

选择"WPA – PSK":依 WPA 标准,在没有 RADIUS 服务器环境下进行认证。

选择"WPA2 – PSK":依 WPA2 标准,在没有 RADIUS 服务器环境下进行认证。

加密方式:选择十六进制或 ASCII 密钥类型。十六进制的数位包含数字 0~9 和字母 A~F。ASCII(美国标准信息交换代码)是一种以数字 0~127 代替英文字母的代码。

设置完成后,点击"执行",设置生效。

5) LAN 设置

打开主页选择"LAN 设置",进入如图 3-2-46 所示的窗口。

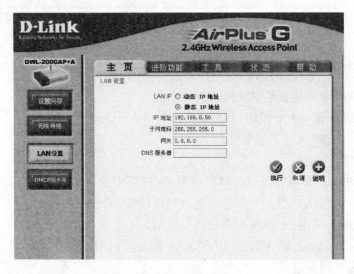

图 3-2-46　设置 LAN

动态 IP 地址:如果希望网络中的 DHCP 服务器向连接的客户端电脑动态分配 IP 地址,可选择这一选项。

静态 IP 地址:如果希望手动分配 IP 地址,可选择这一选项。接入点的默认 IP 地址为 192.168.0.50。根据路由器的网关地址 192.168.1.1,必须把这个 IP 地址改为 192.168.1.50(50 这个值可在 2~254 中任选一个),两个 IP 地址在同一个网段内才能正常通信。

子网掩码:默认子网掩码为 255.255.255.0。网络上的所有设备必须使用同一子网掩码以进行通信,与网关的子网掩码相同。

网关:输入网络路由器的 IP 地址 192.168.1.1。

DNS 服务器:输入 DNS 服务器的 IP 地址,可以找当地的 ISP(因特网服务提供商)询问。DNS 将类似于 www.dlink.com 形式的域名地址"翻译"为 IP 地址。

设置完成后,点击"执行",设置生效。

6) DHCP 服务器的设置

打开主页,选择"DHCP 服务器",进入如图 3-2-47 所示的窗口。

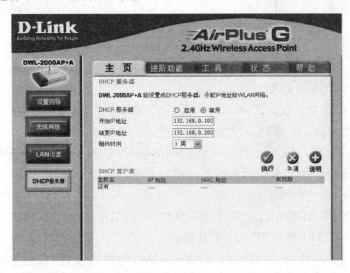

图 3-2-47 DHCP 服务器设置

DHCP:动态主机配置协议(Dynamic Host Configuration Protocol),是一种自动分配动态 IP 地址的协议。

DHCP 服务器:选择"启用"或"禁用"。禁用为默认设置。如果希望将 DWL-2000AP+A 作为 DHCP 服务器使用,在网络上自动分配动态 IP,则选择"启用"。

起始 IP 地址:启用 DHCP 服务器功能后,输入网络 IP 的起始地址,如 192.168.1.2。

终止 IP 地址:启用 DHCP 服务器功能后,输入 IP 范围的最后一个地址,如 192.168.1.254。

租约时间:选择一个时间长度,在该时间内 DWL-2000AP+A 的 DHCP 功能自动重新产生 IP 地址分配给网络设备。

DHCP 客户表:从 DWL-2000AP+A 接收动态 IP 地址的网络设备列表。

设置完成后,点击"执行",设置生效。

7) 性能的设置

打开"进阶功能"选项卡,选择"性能",进入如图 3-2-48 所示的窗口。

Beacon 间隔:Beacon(信标)是接入点发送的数据包,用于同步无线网络。在此指定一个信标间隔的值,推荐使用默认值 100。

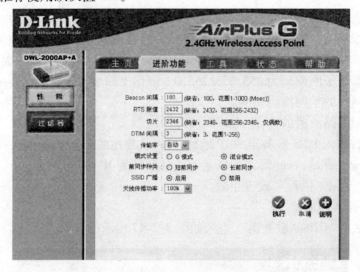

图 3-2-48　性能设置

RTS 限值:保持 RTS 限值为默认值 2432。如果遇到非连续的数据流,只推荐在 256～2432 的范围内作小范围的更改。

切片:该值可保留默认设置 2346。如果遇到较高的包错误率,可以在 256～2346 的范围内稍微增加片段的阈值。片段阈值设定过低可能造成性能不佳。

DTIM 间隔(信标率):输入一个 1～255 之间的值(默认为 3),用于 DTIM(传送业务指示信息)。DTIM 是侦听广播和多播消息的下一窗口的倒计时提示代理。

传输率:选择网络的传输速率。

模式设定:要获得极限速度,选择只包括 IEEE 802.11g 设备的"G 模式"。选择"混合模式"可包括 IEEE 802.11g 和 IEEE 802.11b 设备。

前同步种类(前导码):长前导码(Long Preamble)为默认设置(通信量较高的网络应使用较短的前导码类型)。前导码定义 CRC(即循环冗余校验,是侦测数据传输错误的一种通用技术)块的长度。CRC 块用在通信的接入点和无线网卡之间。

SSID 广播:(服务集标识符)启用或禁用(默认)网络上 SSID 名的广播。其中 SSID 是识别无线网络的名称。网络上的全部设备都必须使用同一个 SSID 以建立通信。

天线传播功率:选择天线的发射功率。出于安全考虑可以对天线功率进行限制。

8)过滤器的设置

打开"进阶功能"选项卡,选择"过滤器",进入如图 3-2-49 所示的窗口。

使用 MAC 过滤器,通过 MAC 地址允许或拒绝无线客户访问 DWL-2000AP+A。可以从当前与路由器连接的客户列表中手动添加或选择 MAC 地址,默认设置为"禁用 MAC 过滤器"。

MAC 过滤器列表:该列表显示选中的 MAC 地址。

9)管理员密码的设置

打开"工具"选项卡,选择"Admin",进入如图 3-2-50 所示的窗口,可以设置新密码。

10)系统设置

打开"工具"选项卡,选择"系统",进入如图 3-2-51 所示的窗口。

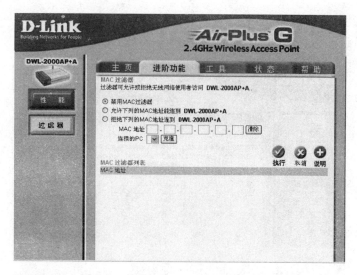

图 3-2-49 过滤器设置

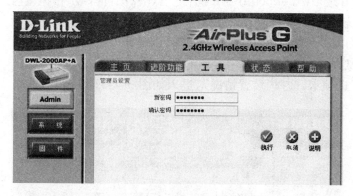

图 3-2-50 设置 Admin 密码

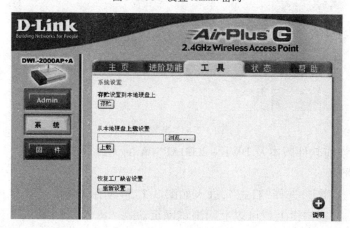

图 3-2-51 系统设置

存贮：当前系统设置可以作为一个文件保存到本地硬盘驱动器中。

上载：保存的文件或其他保存的设置文件可以载回接入点。要重新装载系统设置文件，点击"浏览"找到需要使用的系统文件，点击"上载"。

重新设置：点击"重新设置"可以将 DWL–2000AP＋A 恢复为工厂默认设置。在执行此操作前请确认已保存了系统设置。执行此操作之后将丢失当前的设置。

11）升级设置

打开"工具"选项卡,选择"固件",进入如图 3-2-52 所示的窗口。

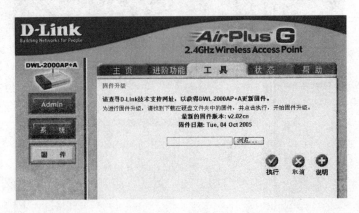

图 3-2-52 升级设置

在该页面可升级 DWL-2000AP+A 固件。点击"固件升级"按钮,连接到 D-Link 网站下载最新的升级软件。将软件下载到硬盘后,点击"浏览"查看本地硬盘寻找要使用的软件。点击"执行"就可以完成 DWL-2000AP+A 固件的升级。

12）设备信息查看

打开"状态"选项卡,选择"装置情况",进入如图 3-2-53 所示的窗口。

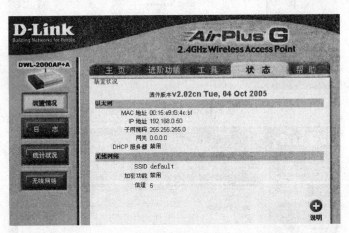

图 3-2-53 装置情况

本窗口显示当前软件版本及 DWL-2000AP+A 的无线局域网设置。

13）日志查看

打开"状态"选项卡,选择"日志",进入如图 3-2-54 所示的窗口。

设置完成后,在客户机上就可以上网浏览网页。

在该窗口中保留了 DWL-2000AP+A 接入点上发生的事件和任务的连续日志。如果设置重启,日志将自动清空。可在"日志设置"中保存日志文件。

14）统计信息查看

打开"状态"选项卡,选择"统计",进入如图 3-2-55 所示的窗口。

流量统计可保留 DWL-2000AP+A 中通过流量。可以查看通过局域网和网络无线部分的数据包数量。设置重启后流量计数器会被重置。

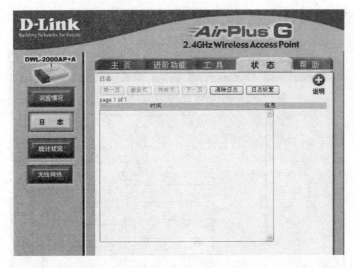

图 3-2-54 日志

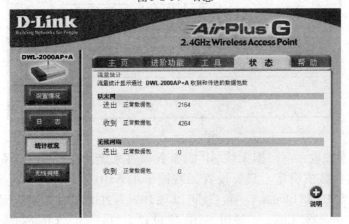

图 3-2-55 统计信息

15）无线网络信息查看

打开"状态"选项卡，选择"无线网络"，进入如图 3-2-56 所示的窗口。

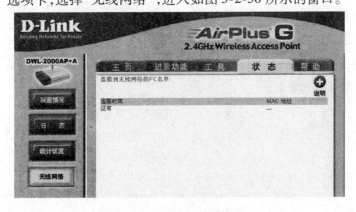

图 3-2-56 连接到无线网络的 PC

该列表显示已连接的无线电脑的 MAC 地址，以及连接的时长。

3. 无线网卡的设置

这里以 TL－WN220M 2.0 USB 无线网卡为例介绍无线网卡的设置。首先安装好无线网

卡的驱动程序和管理软件,然后再对无线网卡进行设置。设置的操作步骤如下:

打开管理软件,进入如图 3-2-57 所示的界面。

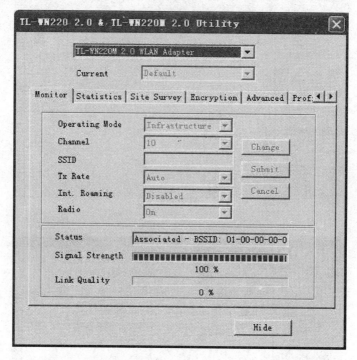

图 3-2-57　主界面

无线网卡的参数设置请根据无线 AP 的参数设置来定。在此按照 DWL－2000AP＋A 中设置向导中的参数值设定。只要设置无线网卡的 SSID 和 Channel 两个参数与 DWL－2000AP＋A 中的 SSID 和 Channel 一致,就可以与 DWL－2000AP＋A 进行网络连接。

从图 3-2-57 中选择"Change"按钮,SSID 值设置为"Default",Channel 值设置为"6"。点击确定后,无线网卡就可以搜索到 DWL－2000AP＋A 发出来的无线信号。

按以上的步骤设置好后,家庭中的计算机就连接成为一个小型的无线局域网,可以上网浏览网页了。

 复习与思考

1. AP 如何设置?
2. 无线网卡驱动如何安装?

项目四 全球定位系统认识和设备使用

 知识要求

1. 熟悉 GPS 系统的组成。
2. 熟悉北斗导航系统的组成与工作原理。
3. 能进行 GPS 接收机的设置。
4. 掌握经纬度的表示方式。

 技能要求

1. 会进行 GPS 定位的硬件连接。
2. 会使用 u – center 软件进行定位信息的查询。

 材料、工具及设备

1. GPS 终端模块设备一套。
2. RS232 串行口连线。
3. 安装有 u – center 软件计算机一台。

任务一 认识全球定位系统的组成

(一)全球定位系统简介

在全球海陆空范围内,用于确定位置、进行导航和授时的星座称全球导航定位系统。迄今为止,人类已经建立了多个全球定位系统。

早在 1964 年,美国海军建成了第一个卫星导航系统——子午仪卫星导航系统。1967 年,苏联也发射了自己的导航卫星——宇宙 192。子午仪系统和宇宙 192 的原理都是双频多普勒测量。它们的共同特点是星座中卫星的数量少,不能实时定位;运行轨道低,难于精密定轨;频率较低,难于修正电离层延迟误差。因此,这类系统无法满足许多用户对实时性和定位精度的需求。

1973 年,美国国防部批准其海陆空三军联合研制新一代卫星导航系统,即授时和测距导航卫星,或者称全球定位系统(Navigation Satellite Timing and Ranging/Global Positioning System,NAVSTAR/GPS),简称 GPS 系统。GPS 系统采用延时测距的被动式导航体制,能够为地球表面和近地空间的广大用户提供全天候、全天时、高精度的位置、速度和时间等导航信息服务,用户的数量没有任何限制。1978 年 2 月发射第一颗 GPS 卫星,1994 年 3 月 24 颗卫星构成的星座部署完毕,GPS 系统正式建成。

GPS 已广泛应用于美国各军兵种,将常规导弹的命中精度提高了一两个数量级,具有对敌方目标实施定点打击能力。同时,GPS还应用于海上舰船、陆地车辆、航空与航天飞行器的导航,以及大地测量、石油勘探、精细农业、地球与大气科学研究、移动通信等领域,逐渐成为人们工作和生活所必需的一部分。

与此同时,苏联筹建了(后由俄罗斯继承)类似于GPS系统的全球导航卫星系统(GLO-NASS),1982年10月发射第一颗卫星,并于1995年12月配置完毕24颗卫星星座,进入实际工程应用阶段。

鉴于卫星导航系统巨大的政治、军事和经济价值,欧洲也正在积极筹建民用的全球导航卫星系统——Galileo系统,计划于2020年前建成包括27颗运行卫星和3颗备份卫星在内的完整星座,形成全面运行能力。

2000年10月,我国成功发射了第一颗北斗导航卫星,开始北斗卫星导航试验系统建设工作。2012年12月27日,北斗卫星导航系统已正式提供区域服务,并将在未来几年内不断完善该系统卫星星座,进行星座组网和试验,逐步扩展为全球卫星导航系统。

现代卫星导航系统正在给世界政治、军事、经济和技术带来革命性的变化。近十年来,美国的GPS系统在几次局部战争中的成功运用,表明卫星导航系统已成为现代高技术战争中不可缺少的及时获取高精度测量信息的空间基础设施,具有极其重要的军事应用价值。同时,GPS应用已经渗透到国民经济的各个领域,逐渐形成一项对全球经济有相当影响的巨大产业。据有关资料显示,目前有关GPS产品和服务的市场份额已达到上百亿美元,而且正以每年25%的速度递增。

(二)GPS系统

GPS系统由三大部分组成:地面监控系统、空间卫星信号发射系统和用户接收应用系统(如图4-1-1)。

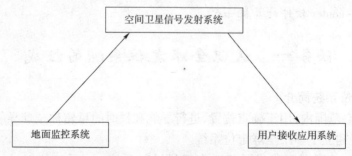

图4-1-1 GPS系统组成

地面监控系统:主要负责对空间卫星系统的监测和控制,以保证整个系统的正常运行。

空间卫星发射系统:接收地面监控系统的控制命令和其他用于导航的数据信息,并按预定格式将导航电文通过天线发送回地面。

用户接收应用系统:接收导航电文并测量无线电信号,获得至少4颗卫星的观测量组成观测方程,然后经过计算获得三维位置、速度和时间信息。

1. GPS卫星星座和GPS卫星

GPS卫星星座由24颗卫星组成,其中21颗为工作卫星,3颗为备用卫星。24颗卫星均匀分布在6个轨道平面上,即每个轨道面上有4颗卫星。卫星轨道面相对于地球赤道面的轨道倾角为55°,各轨道平面的升交点的赤经相差60°,一个轨道平面上的卫星比西边相邻轨道平面上的相应卫星升交角距超前30°。这种布局的目的是保证在全球任何地点、任何时刻至少可以观测到4颗卫星。

到 2013 年 8 月，GPS 星座拥有在轨卫星 32 颗，包括 9 颗 Bolock ⅡA 卫星、12 颗 Block Ⅱ R 卫星、7 颗 Block ⅡR-M 卫星、4 颗 Block ⅡF 卫星。图 4-1-2～图 4-1-5、表 4-1-1、4-1-2 分别给出了 4 种卫星系列的外形图及其主要技术参数、发射情况及卫星星历。每颗卫星包括卫星平台、导航载荷以及核爆炸监测与定位载荷，并在部分卫星上安装有用于卫星激光测距的激光反射镜和自由电子测量装置等。图 4-1-6 给出了卫星的导航载荷结构，其中虚线框部分仅在 Block IIR 及以后的卫星系列上装配。同时，美国政府已宣布在 GPS 的 L_2 频道（1227.6MHz）上增发民用信号 C/A 码和增发 GPS 的第三个 L 频道（1176.45MHz），以增强 GPS 的性能，扩大 GPS 的应用范围。

图 4-1-2　Block Ⅰ 卫星

图 4-1-3　Block Ⅱ 卫星

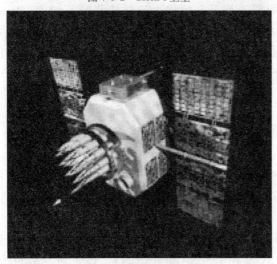

图 4-1-4　Block IIA 卫星

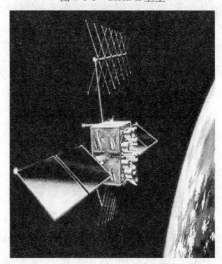

图 4-1-5　Block IIR 卫星

GPS 卫星系列的主要技术参数及发射情况　　　　　　　　　表 4-1-1

指标类型	Block Ⅰ 卫星	Block Ⅱ 卫星	Block IIA 卫星	Block IIR 卫星
质量(kg)	500	774	987	1075
功率(W)	400	710	700	1136
铯钟数	1	2	2	0
铷钟数	2	2	2	3
设计寿命(年)	5	7.3	7.8	10
首次发射时间	1978.02.22	1989.02.14	1990.11.26	1997.01.17
已发射数量	11	9	19	9

IGS 提供的 GPS 卫星星历概况 表 4-1-2

星历类型	卫星轨道精度	卫星时钟精度	采样间隔	获取时间	更新时间
最终星历	<5 cm	0.1 ns	15 min	13 day	1 week
快速星历	5 cm	0.2 ns	15 min	17 hour	1 day
预报星历	25 cm	5 ns	15 min	real time	twice daily

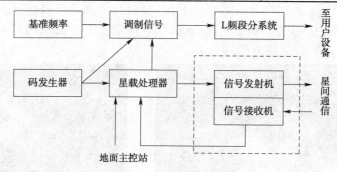

图 4-1-6　GPS 卫星导航载荷结构框图

GPS 卫星可分为试验卫星和工作卫星两大类。

1）试验卫星 Block I

试验卫星也叫原型卫星。从 1978 年发射第一颗 Navstar 1 以来，美国在 1978 年至 1985 年间从加利福尼亚州的范登堡空军基地使用擎天神系列运载火箭总共发射了 11 颗 Block I GPS 卫星。其中，第七颗 Navstar 7 在 1981 年 12 月 18 日发射失败，卫星未能进入预定轨道。这些卫星由洛克维尔公司制造，质量 774kg（包括 310kg 的燃料），设计寿命为 5 年。其任务主要是满足方案论证和整个系统试验、改进的需要。最后一颗 Block I 卫星于 1985 年 10 月 9 日发射升空，1995 年 11 月 18 日退役。

2）工作卫星 Block II

美国从佛罗里达州的卡纳维拉尔角空军基地使用德尔塔－2 运载火箭于 1989 年 2 月 14 日发射第一颗 Block II 卫星到 1990 年 10 月 1 日发射最后一颗，共成功发射 9 颗 Block II 卫星。卫星质量 7.5t，设计寿命 7.5 年，每颗耗资 4800 万美元。与试验卫星 Block I 相比，Block II 卫星能够存储 14 天的导航电文并具有实施选择可用性（SA）和反电子欺骗（AS）功能。最后一颗 Block II 卫星于 2007 年 3 月 15 日退役。

1990 年到 1997 年，共有 19 颗 Block IIA 系列卫星发射升空。截至 2009 年 1 月 17 日，有 6 颗已经退役。Block IIA 中大写字母 A 代表 Advanced（更先进的）。该系列卫星的质量和设计寿命与 Block II 系列卫星基本相同。但是却增加了相互通信的能力，并且存储导航电文的能力也增至 180 天。编号 35 和 36 号的两颗卫星还配备了激光反射棱镜，可以独立跟踪它们的无线电信号，从而分离出卫星钟和卫星星历误差。

Block IIR 系列是由洛克希德·马丁公司研发的一系列"补充"卫星，R 代表 replenishment（补充）。卫星重 2030 kg，设计使用寿命为 10 年。该系列第一颗卫星于 1997 年 1 月 17 日发射时因搭载它的德尔塔－2 运载火箭在升空后 12 秒后爆炸而失败。第一次成功发射是在 1997 年 7 月 23 日。目前有 12 颗成功发射。

Block IIR－M 系列卫星是 Block IIR 系列的升级版，M 代表 modernized（现代化的）。除了先前 GPS 卫星广播的信号外，Block IIR－M 系列卫星拥有两个新的信号：一种新的加载在 L2 载波上的民用信号 L2C；一种加载在 L1 和 L2 载波上的军用信号 M 码。目前有 8 颗在轨的 Block IIR－M 系列卫星,由洛克希德·马丁公司研制。第一颗于 2005 年 9 月 26 日发射,其中有 7 颗成功发射。

Block IIF 系列由波音公司研制开发,F 代表 follow－on(继任者)。2007 年 9 月 9 日,波音公司完成了第一颗 Block IIF 系列卫星的组装。波音公司签订了研制生产全部 12 颗 Block IIF 系列卫星的合同,第一颗在 2010 年由三角洲四号运载火箭发射升空,目前有 4 颗成功发射。

在 GPS 卫星上用于导航的有效载荷分系统包括导航电文存储器、高稳定度的原子频标、伪噪声码发生器和 S 波段接收机、L 波段双频发射机。GPS 卫星一般安装两台铷原子钟和两台铯原子钟,其频率稳定度分别为 10^{-12} 和 10^{-13},但工作时仅启用一台原子钟,另一台为备份。由星上的原子钟产生一个标准频率(10.23MHz)作为基准信号,其他信号均由此产生。

GPS 卫星的主要功能为:

(1)接收和储存由地面监控站发来的导航信息。

(2)接收并执行监控站的控制指令。

(3)通过星载高精度原子钟产生基准信号和提供精确的时间标准。

(4)向用户连续不断地发送导航定位信号。其中包括:频率为 1574.42MHz 和 1227.60MHz 的载波信号,均属于 L 波段,分别称为 L1 载波和 L2 载波。选择 L 波段,一是该波段的信道带宽分配较容易实现,二是电离层延迟的影响较小。采用双频是为了测定电离层延迟。调制在载波 L1 上的伪噪声码 C/A 码(Coarse/Acquisition,简称粗码),频率为 1.023MHz;调制在载波 L1、L2 的伪噪声码 P 码(Precise,简称精码),频率为 10.23MHz;调制在载波 L1、L2 上的导航电文,称为 D 码,其码速率为 50bit/s。

(5)接收地面主控站通过注入站发送给卫星的调度命令,如调整卫星的姿态、启用备用时钟或启用备用卫星等。

GPS 卫星信号包括测距码信号(P 码和 C/A 码信号)、导航电文(或称 D 码,数据码信号)和载波信号。

GPS 卫星发射的测距码信号包括 C/A 码和 P 码,都是二进制伪随机噪声序列,具有特殊的统计性质。以下分别介绍它们的产生、特点和用途。

C/A 码有如下两个特点:

(1)C/A 码的码长很短,易于捕获。在 GPS 导航和定位中,为了捕获 C/A 码以测定卫星信号传播的时延,通常需要对 C/A 码逐个进行搜索。因为 C/A 码总共只有 1023 个码元,所以若以每秒 50 码元的速度搜索,只需要约 20.5 秒便可完成。由于 C/A 码易于捕获,而且通过捕获的 C/A 码所提供的信息又可以方便地捕获 P 码,所以通常 C/A 码也称为捕获码。

(2)C/A 码的码元宽度较大。假设两个序列的码元对齐误差为码元宽度的 1/10～1/100,则这时相应的测距误差可达 29.3～2.9m。由于其精度较低,所以 C/A 码也称为粗码。

P 码由两组各有两个 12 级反馈移位寄存器的电路发生,其基本原理与 C/A 码相似,但其线路设计细节远比 C/A 码复杂并需严格保密。

GPS 卫星的导航电文主要包括卫星星历、时钟改正、电离层时延改正、卫星工作状态信息以及由 C/A 码捕获 P 码的信息。导航电文同样以二进制码的形式播送给用户,因此又叫数据码,或称 D 码。

GPS 系统通过两种方式向用户提供卫星星历。一种方式是通过导航电文中的数据块 II 直接发射给用户接收机,通常称为预报星历;另一种方式是由 GPS 系统的地面监控站通过磁带、网络、电传向用户提供,称为后处理星历。

(1)预报星历是指相对参考历元的外推星历,是参考历元瞬间的卫星星历(即参考星历),由 GPS 系统的地面监控站根据大约一周的观测资料计算而得,为参考历元瞬间卫星的轨道参数。由于摄动力影响,卫星的实际轨道将逐渐偏离参考轨道,且偏离的程度取决于观测历元与参考历元间的时间间隔。

为了保证预报星历的精度,采用限制外推时间间隔的方法。GPS 卫星的参考星历每小时更新一次,参考历元选在两次更新星历的中央时刻,这样由参考历元外推的时间间隔限制为 0.5h。

预报星历的内容包括:参考历元瞬间的开普勒轨道 6 参数,反映摄动力影响的 9 个参数,以及参考时刻参数和星历数据龄期,共计 17 个星历参数。用户接收机在接收到卫星播发的导航电文后,通过解码即可直接获得预报星历。由于预报星历是以电文方式由卫星直接播送给用户接收机,因此又称为广播星历。

(2)后处理星历是不含外推误差的实测精密星历,由地面跟踪站根据精密观测资料计算而得,可向用户提供用户观测时刻的卫星精密星历,其精度可达米级甚至分米级。但是,用户不能实时通过卫星信号获得后处理星历,只能在事后通过 Internet 网、电传、磁带等通信媒体获得。

目前获得精密星历比较方便而有效的方法,是直接在 IGS 网站上下载其数据产品。IGS (International GPS setvice for geodynamics)由国际大地测量协会组建,其目的是为大地测量与地球动力学研究提供 GPS 数据服务,包括提供全球 GPS 跟踪站数据和精密星历等。

2. 地面监控系统

地面监控系统的作用是跟踪 GPS 卫星,计算卫星星历;监测和控制卫星的"健康"状况;保持精确的 GPS 时间系统;向卫星注入导航电文和控制指令。

地面监控系统由 1 个主控站、3 个注入站和 5 个监测站组成。主控站位于美国科罗拉多思普林格(Colorade Springs)的联合空间业务中心 CSOC(Consolidated Space Operation Center);3 个注入站分别设在大西洋、印度洋和太平洋上的美军基地上;5 个监测站,除了设在主控站和 3 个注入站之处的 4 个站外,还在夏威夷设立 1 个监测站。地面监控系统主控站、监测站、注入站见图 4-1-7。

图 4-1-7 地面监控

3. GPS 用户接收机

用户接收系统主要由接收天线、射频下变频器及模数转换模块、数字解调与测量模块、位置与时间解算模块、输入输出接口与显示模块等部分组成(见图 4-1-8)。

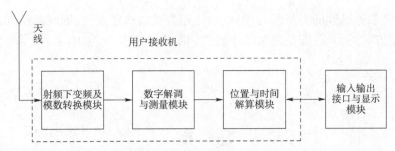

图 4-1-8　GPS 接收机原理图

4. GPS 定位方法分类

GPS 卫星定位测量是通过用户接收机接收 GPS 卫星发射的信号测定测站坐标的。应用 GPS 卫星信号进行定位的方法，可以按照用户接收机天线在测量中所处的状态，或者按照参考点的位置分静态定位和动态定位、绝对定位和相对定位几种。

1）静态定位和动态定位

如果在定位过程中，用户接收机天线处于静止状态，或者更明确地说。待定点在协议地球坐标系中的位置被认为是固定不动的，那么确定这些待定点位置的定位测量就称为静态定位。由于地球本身在运动，因此严格地说，接收机天线所谓静止状态是指相对周围的固定点天线位置没有可察觉的变化，或者变化非常缓慢，以致在观测期内察觉不出而可以忽略。

在进行静态定位时，由于待定点位置固定不动，因此可通过大量重复观测提高定位精度。正是由于这一原因，静态定位在大地测量、工程测量、地球动力学研究和大面积地壳形变监测中获得了广泛的应用。随着快速解算整周待定值技术的出现，快速静态定位技术已在实际工作中使用，定位作业时间大为减少。

相反，如果在定位过程中，用户接收机天线处在运动状态，这时待定点位置将随时间变化，确定这些运动着的待定点的位置称为动态定位。例如，为了确定车辆、船舰、飞机和航天器运行的实时位置，就可以在这些运动着的载体上安置 GPS 信号接收机，采用动态定位方法获取接收机天线的实时位置。

2）绝对定位和相对定位

根据参考点的不同位置，GPS 定位测量又可分为绝对定位和相对定位。绝对定位是以地球质心为参考点，测定接收机天线（即待定点）在协议地球坐标系中的绝对位置。由于定位作业仅需使用一台接收机，所以又称为单点定位。

单点定位作业工作和数据处理都比较简单，但其定位结果受卫星星历误差和信号传播误差影响较显著，所以定位精度较低。这种定位方法适用于低精度测量领域，例如船舶、飞机的导航和海洋捕鱼、地质调查等。

在动态相对定位技术中，差分定位即 DGPS 定位（Differential Global Positioning System）受到了普遍重视。在进行 DGPS 定位时，一台接收机被安置在参考点上固定不动，其余接收机则分别安置在需要定位的运动载体上。固定接收机和流动接收机可分别跟踪 4 颗以上 GPS 卫星的信号，并以伪距作为观测量。根据参考点的已知坐标，可计算出定位结果的坐标改正数或距离改正数，并可通过数据传输电台（数据链）发射给流动用户，以改进流动站定位结果的精度。

5. GPS 静态定位原理

GPS 进行定位的基本原理，是以 GPS 卫星和用户接收机天线之间的距离（或距离差）观测量为基础,并根据已知的卫星瞬时坐标,确定用户接收机的点位,即观测站的位置。

GPS 定位方法的实质,即是测量学中的空间距离后方交会,如图 4-1-9 所示。

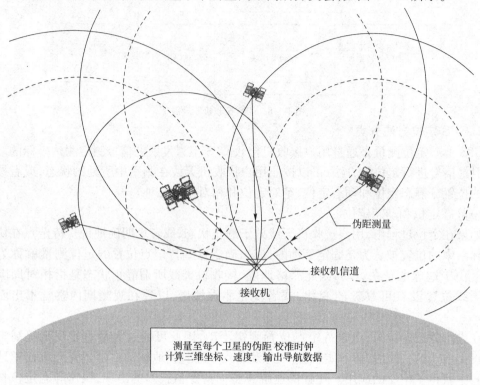

图 4-1-9　GPS 静态定位原理

在 1 个观测站上,有 4 个独立的卫星距离观测量。假设 t 时刻在地面待测点上安置 GPS 接收机,可以测定 GPS 信号到达接收机的时间 $\triangle t$,再加上接收机所接收到的卫星星历等其他数据可以确定以下四个方程式:

$$[(x_1-x)^2+(y_1-y)^2+(z_1-z)^2]^{1/2}+c(V_{t1}-V_{t0})=d_1$$
$$[(x_2-x)^2+(y_2-y)^2+(z_2-z)^2]^{1/2}+c(V_{t2}-V_{t0})=d_2$$
$$[(x_3-x)^2+(y_3-y)^2+(z_3-z)^2]^{1/2}+c(V_{t3}-V_{t0})=d_3$$
$$[(x_4-x)^2+(y_4-y)^2+(z_4-z)^2]^{1/2}+c(V_{t4}-V_{t0})=d_4$$

上述四个方程式中 x、y、z 为待测点坐标,V_{t0} 为接收机的钟差为未知参数。其中 $d_i = c\triangle_{ti}$,$(i=1、2、3、4)$,di 分别为卫星 i 到接收机之间的距离,$\triangle_{ti}$ 分别为卫星 i 的信号到达接收机所经历的时间,x_i、y_i、z_i 为卫星 i 在 t 时刻的空间直角坐标,V_{ti} 为卫星钟的钟差,c 为光速。

由以上四个方程即可解算出待测点的坐标 x、y、z 和接收机的钟差 V_{t0}。

要注意的是,GPS 接收器在仅接收到 3 颗卫星的有效信号的情况下只能确定二维坐标(即经度和纬度),只有收到 4 颗或 4 颗以上的有效 GPS 卫星信号时才能完成包含高度的三维定位。

问题出在时间上。先来看一颗卫星,它在一个规定的时间发送一组信号到地面,如每天 8:00 整开始发送一组信号,地面接收机在 8:02 收到了这一组信号,即信号从卫星到接收机的距离是电波花 2s 能够跑到的距离。由于这颗卫星的位置和电波的速度已知,那么就可以肯定接收机就在以卫星为球心的一个球面上。再多测 2 个卫星的距离,就可以得到 3 个空间球。3个空间球的交点只有2个,逻辑排除1个不在地球表面的,剩下的就是接收机的位置。这就是我们所想象的3颗卫星可以定位的情形。但是,卫星和接收机的距离如此之近,以至于卫星和接收机的时钟必须完全同步和准确,否则距离偏差会很大。实际上,如果接收机这端不配备一个铯原子钟的话,定出来的位置肯定差十万八千里。铯原子钟的价格非常的昂贵,校准时间就要4颗卫星。可以从方程里看到,时间都不是绝对时间,而是以卫星之间的钟差计量的。由此可知,由于GPS采用了单程测距原理,同时卫星钟与用户接收机钟又难以保持严格同步,所以实际观测的测站至卫星之间的距离均含有卫星钟和接收机钟同步差的影响(习惯上称之为伪距)。关于卫星钟差,可以应用导航电文中所给出的有关钟差参数加以修正。而接收机的钟差一般难以预先准确确定。通常均把接收机钟差作为一个未知参数,与观测站的坐标在数据处理中一并求解。因此,在1个观测站上为了实施求解4个未知参数(3个点为坐标分量和1个钟差参数),便至少需要4个同步伪距观测值。也就是说,至少必须同时观测4颗卫星。

6. GPS动态定位原理

GPS动态测量是利用GPS卫星定位系统实时测量物体的连续运动状态参数。如果所求的状态参数仅仅是三维坐标参数,就称为GPS动态定位。如果所求的状态参数不仅包括三维坐标参数,还包含物体运动的三维速度,以及时间和方位等参数,就称为导航。

GPS动态定位与GPS静态定位相类似,在方法上也有绝对定位和相对定位之分。近年来,随着GPS系统与定位技术(包括仪器设备和数据处理)的不断完善,GPS动态相对定位技术有了很大的发展,从早期精度为米级的位置差分和伪距差分,发展到具有亚米级精度,可以在广大区域范围内实现实时差分动态定位的广域差分系统、增强广域差分系统。随着相位差分动态定位技术的日臻成熟,具有厘米级精度的RTK实时定位技术正在普及。

7. GPS定位的误差来源及对策

正如其他测量工作一样,GPS测量同样不可避免地会受到测量误差的干扰。按误差性质来讲,影响GPS测量精度的误差主要是系统误差和偶然误差,其中系统误差的影响又远大于偶然误差,相比之下后者甚至可以忽略不计。从误差来源分析,GPS测量误差大体上又可分为三类:与GPS卫星有关的误差、与GPS卫星信号传播有关的误差、与GPS信号接收机有关的误差。

1)与GPS卫星有关的误差

这类误差主要包括卫星星历误差和卫星钟误差。两者都是系统误差。在GPS测量作业中,可通过一定的方法消除或者减弱其影响,也可采用某种数学模型对其进行改正。

2)卫星信号传播误差

卫星信号传播误差包括信号穿过地球上空电离层和对流层时所产生的误差、信号到达地面时产生反射信号而引起的多路径干扰误差。

3)与接收设备有关的误差

在GPS定位测量中,与用户接收设备有关的误差主要包括观测误差、接收机钟差、天线相位中心偏移误差。

4)其他误差来源

在GPS定位中,除了上述各种误差外,卫星钟和接收机钟振荡器的随机误差、大气折射模型和卫星轨道摄动模型误差、地球潮汐以及信号传播的相对论效应等都会对观测量产生影响。

(三) GLONASS 系统

GLONASS 系统由苏联在 1976 年组建,现由俄罗斯政府负责运营。1991 年,GLONASS 组建成具备覆盖全球的卫星导航系统。从 1982 年 12 月 12 日开始,该系统的导航卫星不断得到补充,至 1995 年卫星数目基本上得到完善。后随着俄罗斯经济不断走低,该系统也因失修等陷入崩溃的边缘。2001 年到 2010 年 10 月俄罗斯政府已经补齐了该系统需要的 24 颗卫星。目前,GLONASS 星座有 29 颗卫星,其中 24 颗在轨运行,1 颗进行飞行测试,3 颗处于备份状态,1 颗进行维护。针对星座老化问题,俄罗斯计划在 2012~2020 年制造并发射 13 颗 GLONASS – M 卫星和 22 颗 GLONASS – K 卫星,以替代过期服役的卫星,确保 GLONASS 系统拥有 30 颗在轨卫星(含 6 颗备用卫星)。另外,计划 2020 年前利用 GLONASS – K 卫星构建基本星座,提高系统的技术性能与指标;快速研发具有高性能和高精度的 GLONASS – KM 卫星。未来 2~3 年,GLONASS 系统在轨工作的卫星数量将增加到 30 颗,2030 年前增加到 36 颗。

1. GLONASS 系统的组成

GLONASS 系统同样由卫星、地面测控站和用户设备三部分组成,目前的系统由 21 颗工作星和 3 颗备份星组成,分布于 3 个轨道平面上,每个轨道面有 8 颗卫星,轨道高度 1.9 万 km,运行周期 11h15min。

2. GLONASS 系统与 GPS 系统的差异

在技术方面,GLONASS 与 GPS 有以下几点不同之处:

(1) 卫星发射频率不同。GPS 的卫星信号采用码分多址体制,每颗卫星的信号频率和调制方式相同,不同卫星的信号靠不同的伪码区分。而 GLONASS 采用频分多址体制,卫星靠频率不同来区分,每组频率的伪随机码相同。基于这个原因,GLONASS 可以防止整个卫星导航系统同时被敌方干扰,具有更强的抗干扰能力。

(2) 坐标系不同。GPS 使用世界大地坐标系(WGS – 84),而 GLONASS 使用前苏联地心坐标系(PZ – 90)。

(3) 时间标准不同。GPS 系统时与世界协调时相关联,而 GLONASS 则与莫斯科标准时相关联。

此外,由于 GLONASS 没有施加 S. A. 干扰(Selective Availability),所以它的民用精度优于施加 S. A. 干扰的 GPS 系统(2000 年 5 月 1 日起,GPS 的 S. A. 的干扰已被解除)。但是,GLONASS 的应用普及度还远不及 GPS,这主要是由于俄罗斯长期以来不够重视开发民用市场。不过,目前已有包括苹果 iPhone 4S、三星 Galaxy Note、索尼 Xperia S 在内的数款智能手机搭载了 GLONASS 和 GPS 双定位系统,诺基亚也表示将在其即将推出的手机中使用 GLONASS。

(四) 北斗卫星导航系统

北斗卫星导航系统(BeiDou (COMPASS) Navigation Satellite System)包括北斗一号和北斗二号两代系统,是中国研发的卫星导航系统。北斗一号是一个已投入使用的区域性卫星导航系统,北斗二号则是一个正在建设中的全球卫星导航系统。北斗卫星导航系统和美国 GPS、俄罗斯 GLONASS 系统、欧盟 Galileo 定位系统被联合国一起确认为全球四个卫星导航系统核心供应商。

北斗二号卫星导航系统于 2011 年 12 月 27 日宣布试运行。

较早投入使用的北斗一号由 3 颗定位卫星(2 颗工作卫星、1 颗备份卫星)、地面控制中心为主的地面部分以及用户终端三部分组成。北斗一号卫星导航定位系统可向用户提供全天候的即时定位服务,校准精度为20m,未校准精度100m。

正在发展中的北斗二号已在2012年底由10颗以上卫星覆盖亚太大部分地区,民用定位精度为10m。其远期目标为2020年由35颗卫星提供覆盖全球的导航能力。

1. 北斗一号卫星导航系统工作原理

由中心控制系统向卫星Ⅰ和卫星Ⅱ同时发送询问信号,经卫星转发器向服务区内的用户广播。用户响应其中一颗卫星的询问信号,并同时向两颗卫星发送响应信号,经卫星转发回中心控制系统。中心控制系统接收并解调用户发来的信号,然后根据用户的申请服务内容进行相应的数据处理。对定位申请,中心控制系统测出两个时间延迟:一是从中心控制系统发出询问信号,经某一颗卫星转发到达用户,用户发出定位响应信号,经同一颗卫星转发回中心控制系统的延迟;另一是从中心控制发出询问信号,经上述同一卫星到达用户,用户发出响应信号,经另一颗卫星转发回中心控制系统的延迟。由于中心控制系统和两颗卫星的位置均是已知的,因此由上面两个延迟量可以算出用户到第一颗卫星的距离,以及用户到两颗卫星距离之和,知道用户处于一个以第一颗卫星为球心的一个球面和以两颗卫星为焦点的椭球面之间的交线上。另外中心控制系统从存储在计算机内的数字化地形图查寻到用户高程值,又可知道用户处于某一与地球基准椭球面平行的椭球面上。由此中心控制系统可最终计算出用户所在点的三维坐标。这个坐标经加密由出站信号发送给用户。

2. 北斗一号与GPS系统比较

1)覆盖范围

北斗导航系统是覆盖中国本土的区域导航系统。覆盖范围东经约70°~140°,北纬5°~55°。GPS是覆盖全球的全天候导航系统,能够确保地球上任何地点、任何时间能同时观测到6~9颗卫星(实际上最多能观测到11颗)。

2)卫星数量和轨道特性

北斗导航系统是在地球赤道平面上设置2颗地球同步卫星,卫星的赤道角距约60°。GPS是在6个轨道平面上设置24颗卫星,轨道赤道倾角55°,轨道面赤道角距60°。GPS导航卫星轨道为准同步轨道,绕地球一周11h58min。

3)定位原理

北斗导航系统是主动式双向测距二维导航,由地面中心控制系统解算供用户三维定位数据。GPS是被动式伪码单向测距三维导航,由用户设备独立解算自己三维定位数据。"北斗一号"的工作原理带来两个方面的问题:一是用户定位的同时失去了无线电隐蔽性,这在军事上相当不利;二是由于设备必须包含发射机,因此在体积、质量上和价格、功耗方面处于不利的地位。

4)定位精度

北斗导航系统三维定位精度约几十米,授时精度约100ns。GPS三维定位精度P码目前已由16m提高到6m,C/A码目前已由25-100m提高到12m,授时精度目前约20ns。

5)用户容量

北斗导航系统由于是主动双向测距的询问-应答系统,用户设备与地球同步卫星之间不仅要接收地面中心控制系统的询问信号,还要求用户设备向同步卫星发射应答信号。这样,系统的用户容量取决于用户允许的信道阻塞率、询问信号速率和用户的响应频率。因此,北斗导航系统的用户设备容量是有限的。GPS是单向测距系统,用户设备只要接收导航卫星发出的导航电文即可进行测距定位,因此用户设备容量是无限的。

6）生存能力

和所有导航定位卫星系统一样,"北斗一号"基于中心控制系统和卫星的工作,但是对中心控制系统的依赖性明显要大很多,因为定位解算在中心控制系统而不是由用户设备完成的。为了弥补这种系统易损性,GPS已经在发展星际横向数据链技术,使主控站被毁后GPS卫星仍可以独立运行。而"北斗一号"系统从原理上排除了这种可能性,一旦中心控制系统受损,系统就不能继续工作了。

7）实时性

"北斗一号"用户的定位申请要送回中心控制系统,中心控制系统解算出用户的三维位置数据之后再发回用户,其间要经过地球静止卫星走一个来回,再加上卫星转发和中心控制系统的处理,时间延迟就更长了。因此,对于高速运动体,"北斗一号"定位误差将加大。"北斗一号"卫星导航系统还有一些其他的特点,比如其短信通信功能就是GPS所缺少的。

3. 北斗二号和未来发展

"北斗二号"规划发射5颗静止轨道卫星和30颗非静止轨道卫星,建成覆盖全球的卫星导航系统,目前已成功发射了13颗。按照建设规划,2012年左右北斗二号卫星导航系统将首先具备覆盖亚太地区的导航、授时和短信通信服务能力,2020年左右建成覆盖全球的卫星导航系统。

"北斗二号"是中国开发的独立的全球卫星地位系统,不是"北斗一号"的简单延伸,更类似于GPS和Galileo。

正在建设的北斗二号卫星导航系统空间段将由5颗静止轨道卫星和30颗非静止轨道卫星组成,提供开放服务和授权服务。开放服务是在服务区免费提供定位、测速和授时服务,定位精度为10m,授时精度为10ns,测速精度为0.2m/s。授权服务是向授权用户提供更安全的定位、测速、授时和通信服务以及系统完好性信息。

（五）Galileo系统

伽利略定位系统（Galileo）是欧盟一个正在建造中的卫星定位系统,有"欧洲版GPS"之称,也是继美国现有的"全球定位系统"（GPS）、俄罗斯的GLONASS系统及中国的北斗卫星导航系统外,第四个可供民用的定位系统。预计2020年前建成包括27颗运行卫星和3颗备份卫星在内的完整星座,具备全面运行能力。

1. Galileo卫星星座

计划中的Galileo卫星星座由30颗工作卫星组成,还有3颗卫星为备用卫星,轨道高度为23222km,轨道倾角为56°,卫星运行周期为14h4min。系统提供全球连续覆盖,地面最多可见卫星数达13颗。每颗卫星（包括卫星平台、导航载荷和搜救载荷等）在轨质量约为650kg,设计寿命20年。

2. Galileo系统服务方式

根据用户需求和市场分析综合评价,Galileo系统将提供五种基本的服务方式：

(1)开放服务(OS)：向全球用户免费提供定位、测速和授时等服务信息,双频接收机的定位精度为9m(2σ),3频率的授时精度为30ns(2σ)。但用户不能获取系统完整性信息,无系统性能安全保障。

(2)商业服务(CS)：提供专业应用领域开发,以较高的数据速率播发商业加密信息,获得高精度定位和较好的系统性能。

(3)生命安全服务(SoL):应用在包括陆地车辆、航海和航空等危及用户生命安全的领域,要求提供迅速、及时、全面、完整的信息域,以及高水平的导航定位和相关服务。导航精度可用性达到 99.8%,保障生命安全。

(4)公共管理服务(PRS):使用专用频段和信号,加密数据信息,并能够获取系统的全部信息,保护 Galileo 系统空间信号不受侵扰。PRS 由欧盟成员国批准的专门机构负责管理和控制。

(5)搜救服务(SAR):Galileo 卫星上有专用搜救载荷。当探测到灾难警报信息时,通过专用频段发布到地面搜救中心,提供灾难发生位置和相关信息,以便采取及时的救助措施。

(六)北斗系统在智能车载终端的应用

GPS 在导航与航天科学中的应用开始较早,目前市场上的重点营运车辆智能车载终端都是以 GPS 定位导航为主。目前,我国北斗系统发展已经初具规模,因此结合我国北斗系统,各交通信息公司开发了 BD/GPS 双模车载终端。与现有市场上的 GPS 导航车载终端相比较,采用北斗/GPS 导航的智能车载终端具有以下优势:

(1)北斗导航系统同时具备定位与通信功能,不需要其他通信系统支持。GPS 只能定位。

(2)北斗导航系统覆盖范围大,没有通信盲区。北斗导航系统覆盖了中国及周边国家和地区,既可为中国也可为周边国家服务。

(3)北斗导航系统特别适合于集团用户大范围监控管理和采集用户数据传输应用。

(4)北斗导航系统融合北斗导航定位系统和卫星增强系统两大资源,与 GPS 定位相结合后,应用更加丰富。

(5)北斗导航系统自主系统,安全、可靠、稳定,保密性强,适合国防、军工等保密部门应用,同时也适合在交通运输、测绘等国家战略产业中应用。

目前北斗车载终端已在上海市重点运营车辆上大规模安装(超过 10000 台)。从目前使用情况来看,设备稳定、可靠。

复习与思考

1. GPS 有哪几个组成部分?简述每个部分的具体内容及其功能。
2. GPS 定位的基本原理是什么?
3. 试写出测码伪距观测方程和测相伪距观测方程,并说明各符号的实际意义。
4. GPS 误差影响的因素有哪些?
5. 简述北斗一号导航系统的工作原理。

任务二 用 GPS 模块进行定位

一、任务内容

(一)硬件连接

用 RS-232 串口将 GPS 终端模块与计算机连接,如图 4-2-1 所示。

将模块上的天线与电源连接好,如图 4-2-2 所示。注意天线位置调整到信号接收比较强的位置(一般要靠近窗口位置,不要有高大建筑物遮挡)。图 4-2-3 中右下角位置即为天线位置。

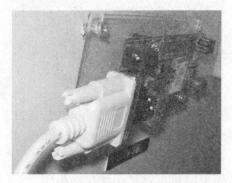

图 4-2-1 RS-232 与 GPS 模块连接

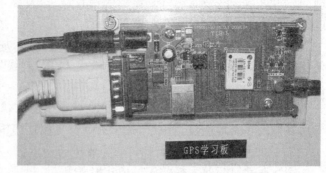

图 4-2-2 连接好的 GPS 模块

通电,打开计算机。

(二)软件设置

1. 打开 u-center 软件

点击开始程序/u-blox-Products/Tools/u-center Application(如图 4-2-4 所示),打开 u-center 软件窗口(如图 4-2-5 所示)。

图 4-2-3 天线位置

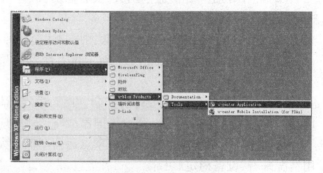

图 4-2-4 打开 u-center 软件位置

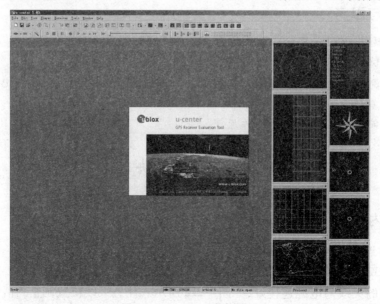

图 4-2-5 u-center 软件界面

2. 参数设置

选择好串口号,设置串口波特率为9600,如图4-2-6所示。

注意使用的串行口端口号。如果信号不好,调节天线位置,尽量靠近窗户。

3. 接收定位信号

绿色代表卫星信号良好,如图4-2-7所示。

可查询出所处位置的经纬度、高度及速度。

4. 定位路径的录制与轨迹回放

点击录制按钮,录制一段定位轨迹,如图4-2-8所示。

图4-2-6 串口号与波特率的设置

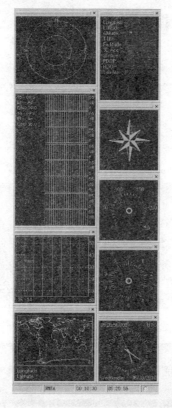
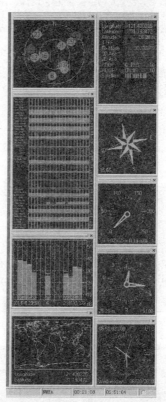

图4-2-7 定位信号接收中

图4-2-8 按下录制键

保存文件的路径选择,如图4-2-9所示。

是否保存GPS当前配置到日志文件中,选择"yes",如图4-2-10所示。

保存过程窗口,如图4-2-11所示。

录制好后,按下停止键,如图4-2-12所示。

轨迹回放,按下播放键,如图4-2-13所示。

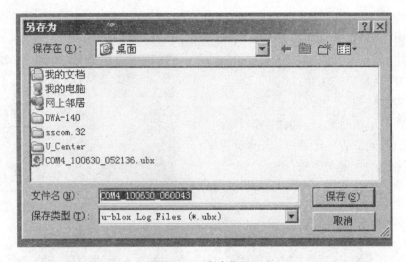

图 4-2-9　保存位置

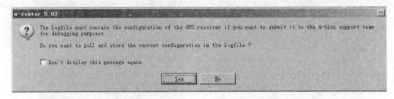

图 4-2-10　信息窗口

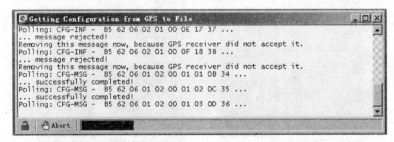

图 4-2-11　保存过程

图 4-2-12　按下停止键

图 4-2-13　按下播放键

选择播放文件位置,如图 4-2-14 所示。

播放录制好的轨迹,如图 4-2-15 所示。

(三) 实训结果

定位成功,则可在 u – center 软件界面上看见接收到的卫星的颗数,位置的经纬度、高度及速度。

定位不成功,最大可能是接收卫星的信号不好。

可按照以下步骤逐一检查排除故障:

(1)硬件接线检查:首先检查天线的信号是否良好,可把天线伸出窗外;其次检查模块设备串口端口是否连接正确。

(2)软件设置检查:模块端口参数波特率是否设置正确,特别是串口要设置好。

(3)以上均检查无异,则可见任务结果。

图 4-2-14 轨迹文件位置选择

二、相关知识

下面对 u–center GPS 测试软件的使用进行简单介绍。

(一) u–center 软件的界面图

u–center 软件界面见图 4-2-16。

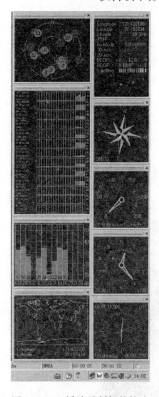

图 4-2-15 播放录制好的轨迹

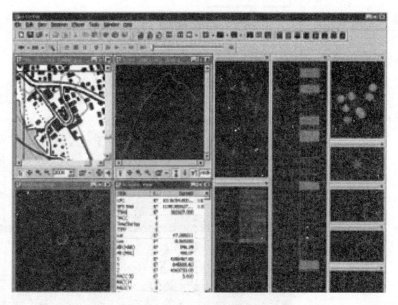

图 4-2-16 u–center 软件界面

(二) COM 口状态指示器

安装 u–cneter 软件之后,请连接 RS–232 端口,软件底部状态栏见图 4-2-17。

图 4-2-17 软件底部状态栏

连接 RS–232 端口后,若工作正常则显示当前界面使用的 COM 口及波特率,状态指示灯将闪烁黄色信号,波特率指示灯将闪烁绿色信号。若硬件连接正确,COM 口选择错误而波特率选择正确,波特率指示灯将不闪烁为灰色状态;COM口选择正确而波特率选择错误码率,则波特率指示灯开始红色信号。串口工作状态显示如图4-2-18所示。

图4-2-18 串口工作状态显示

若串口硬件连接无误,则请在COM选项中选择正确的COM口接口,或是在接多个外设GPS信号的情况下进行不同切换选择(图4-2-19),利用测试评估套件可以一次同时测试多达三个GPS硬件系统。

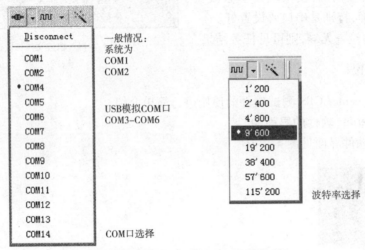

图4-2-19 波特率和串口选择

波特率的选择:默认波特率值为9600。

(三)接收卫星信号质量主界面

图4-2-20中SV栏显示收星的质量,以db数表示,右边菜单可以显示经纬度及高度等信息。具体内容如图4-2-21。

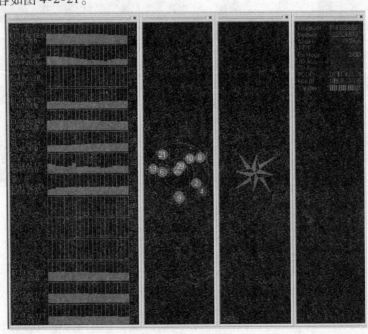

图4-2-20 接收信号

收星过程中,绿色信号表示收星信号已经完全到达 GPS 模块处理,若为蓝色信号则表示 GPS 尚在星历下载当中,若为红色则表示信号太弱,无法有效接受。收星的个数及 db 数成为主要的测试指标,一般而言平面坐标定位需要 3 颗卫星,而进行高度海拔的三维定位则需要 4 颗及 4 颗以上的卫星。

图 4-2-21　具体意义解释

相关主栏目菜单切换为图形选择方式,以选择不同的工作界面,如图 4-2-22。

图 4-2-22　不同工作界面选择按钮

图 4-22-23 中的三个按钮可以切换查看相关的输出 NEMA/UBX 二进制及文本格式。

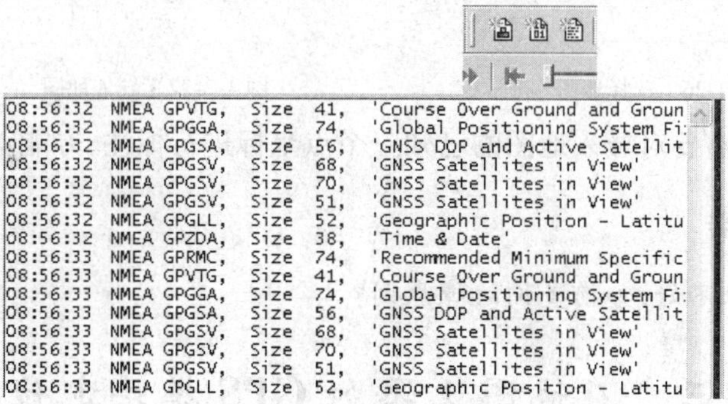

图 4-2-23　文本格式

如果模块软硬件连接正常,无论是否接收到卫星信号,系统都将会收到相应的数据格式。

(四)屏幕录像功能

u－center 软件提供短时间录像功能,方便客户进行数据录制,可以专用格式保存及回放。红色为录像按钮,绿色为播放。录制功能按钮如图 4-2-24 所示。

(五)GPS 模块启动控制模式

GPS 刚开机状态为冷启动,需要加载星历,启动时间会比较长。理论最快的启动值为 34 秒,但遇上天气等其他因素的影响将会超过两分钟或几分钟之久,所以需要增加一颗 SII 的后备 621 电池,对模块的当前星历进行保存。有后备电池的机器,两个小时内关机重新启动为热启动,两个小时之后但又在电池的电量没有泄放完之前的再次启动称为温启动。

u－center 软件可以通过面板上面的设置控制模块的热启动、温启动、冷启动状态(如图 4-2-25 所示),点击相应按钮即可。

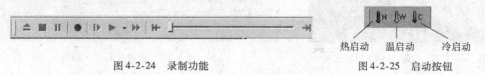

图 4-2-24　录制功能　　　　　　　　　　　图 4-2-25　启动按钮

(六)电子地图导入及使用

除此之外,u – center 软件还提供了简单的地图导航功能,可以导入 jpg 格式文件的地图。选择地图操作如图 4-2-26 所示。

进入图 4-2-27 画面,点击黄色文件夹进行导入界面。

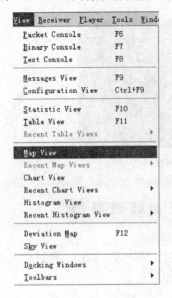
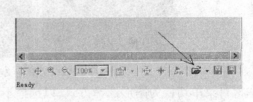

图 4-2-26 选择地图　　　　　　　　图 4-2-27 导入地图

导入地图后,还需要对导入地图的已知三个点坐标进行标注,方能正确使用地图导航。

 复习与思考

如果定位信号很不好,如何查询故障原因?

任务三 在地图上添加 GPS 模块定位数据

一、任务内容

(一)硬件连接

用 RS –232 串口将 GPS 终端模块与计算机连接,如图 4-3-1 所示。

将模块上的天线与电源连接好,如图 4-3-2 所示。

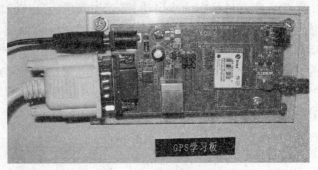

图 4-3-1 RS –232 与 GPS 模块连接　　　　图 4-3-2 连接好的 GPS 模块

注意天线位置调整到信号接收比较强的位置（一般要靠近窗口位置，不要有高大建筑物遮挡）。图4-3-3中右下角位置即为天线位置。

通电，打开计算机。

(二)软件设置

如前一任务所示打开 u – center 软件及做相关设置。

导入地图，如图4-3-4～图4-3-6。

地图数据添加操作如下：

地图经纬位置显示如图4-3-7。

图4-3-3　天线位置

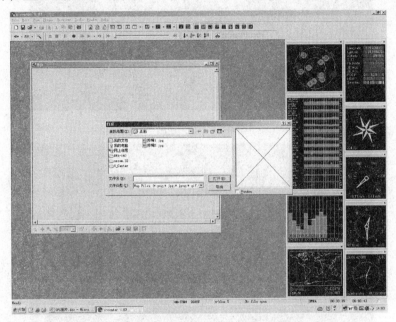

图4-3-4　打开地图界面

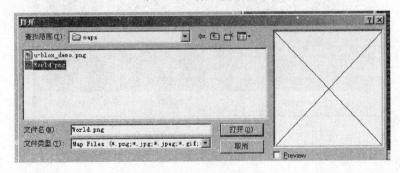

图4-3-5　选择地图位置

（1）用写字板程序打开 map 文件夹下与地图文件同名的 mcf 文件。选择 mcf 文件如图4-3-8所示。

（2）修改最后两句程序，可以在相应地图上添加点。

Count = 1　　;添加的总点数

1 = c,8.5,47.285,"?blox.ag";分别为世界坐标，经度，纬度，地图上显示内容。

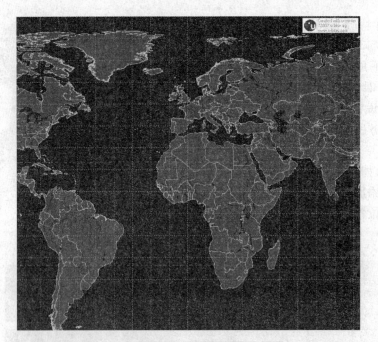

图 4-3-6　导入地图

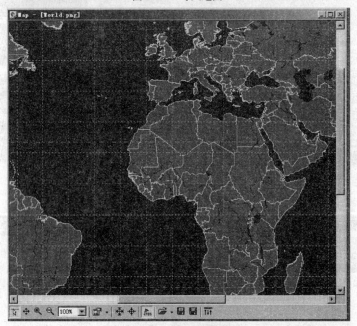

图 4-3-7　地图上经纬位置显示

图 4-3-8　选择 mcf 文件

文件修改情况。如图4-3-9所示。

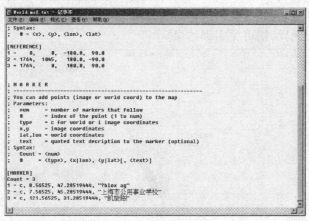

图4-3-9　文件修改

添加数据位置显示如图4-3-10。

图4-3-10　显示添加数据的位置

误差点显示如图4-3-11。误差分析如图4-3-12所示。

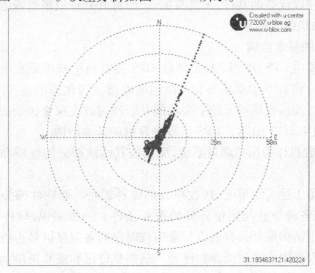

图4-3-11　误差点显示

(三)实训结果

数据添加成功,则可在相应地图上看见添加的点。

添加不成功,则重新检查程序是否正确。

可按照以下步骤逐一检查,排除故障：

(1)修改的程序是否与显示地图的文件扩展名前名称一致。

(2)程序修改是否在英文状态下进行,特别是标点符号注意要在英文状态下。
(3)程序语法是否正确。
(4)以上均检查无异,则可见实训结果。

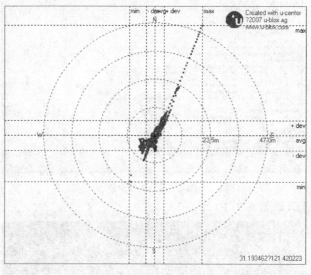

图 4-3-12　误差分析

二、相关知识

GPS 卫星信号接收机是 GPS 导航卫星的用户关键设备,是实现 GPS 卫星导航定位的终端仪器。它是一种能够接收、跟踪、变换和测量 GPS 卫星导航定位信号的无线电接收设备,既具有常用无线电接收设备的共性,又具有捕获、跟踪和处理卫星微弱信号的特性。

(一)GPS 接收机的结构原理

1. GPS 接收机的基本结构

GPS 接收机主要由 GPS 接收机天线单元、GPS 接收机主机单元和电源三部分组成。天线单元的主要功能是将 GPS 卫星信号非常微弱的电磁波转化为电流,并对这种信号电流进行放大和变频处理。而接收机单元的主要功能是对经过放大和变频处理的信号电源进行跟踪、处理和测量。图 4-3-13 描述了 GPS 信号接收机的基本结构。

如果把 GPS 接收机作为用户测量系统,那么按其构成部分的性质和功能可分为硬件部分和软件部分。

硬件部分主要指上述天线单元、接收单元的硬件设备。而软件部分是支持接收机硬件实现其功能,并完成各种导航与定位任务的重要条件。一般来说,软件包括内软件和外软件。所谓内软件是指诸如控制接收机信号通道按时序对各卫星信号进行量测的软件以及内存或固化在中央处理器中的自动操作程序等。这类软件已和接收机融为一体。而外软件主要是指观测数据后处理的软件系统,一般以磁盘方式提供。如果无特别说明,通常所说接收设备的软件均指后处理软件系统。

软件部分是构成现代 GPS 测量系统的重要组成部分之一。一个功能齐全、品质良好的软件,不仅能方便用户使用,满足用户的各方面要求,而且对于改善定位精度、提高作业效率和开拓新的应用领域都具有重要意义。所以,软件的质量与功能已成为反映现代 GPS 测量系统先进水平的一个重要标志。

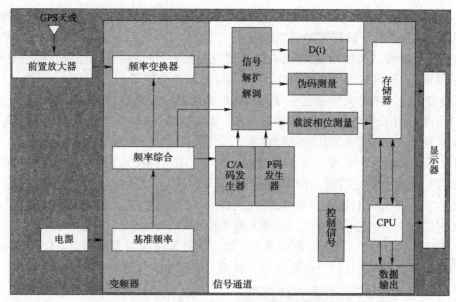

图 4-3-13　GPS 接收机的基本结构

2．天线单元

天线单元由接收天线和前置放大器两个部件组成。图 4-3-14 所示为天线单元基本结构。天线单元的基本功能是接收 GPS 卫星信号，并把卫星信号的能量转化为相应的电流量，经过前置放大器，将微弱的 GPS 信号电流予以放大，送入频率变换器进行频率变换，以便接收机对信号进行跟踪和量测。

1）对天线的要求

（1）天线与前置放大器一般应密封为一体，以保障在恶劣的气象环境中能正常工作，并减少信号损失。

（2）天线均应成全圆极化，使天线的作用范围为整个上半球，在天顶处不产生死角，以保证能接收来自天空任何方向的卫星信号。

（3）天线必须采取适当的防护和屏蔽措施，以最大限度地减弱信号的多路径效应，防止信号被干扰。

（4）天线的相位中心与几何中心之间的偏差应尽量小，且保持稳定。GPS 测量的观测量是以天线的相位中心为准的，在作业过程中应尽可能保持两个中心的一致性和相位中心的稳定。

2）天线的类型

GPS 接收机的天线有多种类型，基本类型（不全）如图 4-3-15 所示。

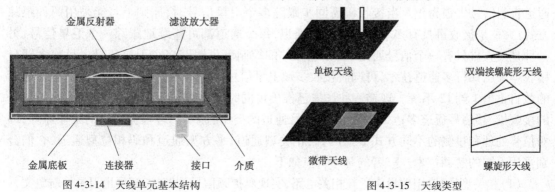

图 4-3-14　天线单元基本结构　　　　　　　图 4-3-15　天线类型

(1) 单极天线。这种天线属单频天线,具有结构简单、体积小的优点。此类天线需要安装在一块基板上,以利于减弱多路径的影响。

(2) 螺旋形天线。这种天线频带宽,全圆极化性能好,可接收来自任何方向的卫星信号。它也属于单频天线,不能进行双频接收,常用作导航型接收机天线。

(3) 微带天线。这种天线是在一块介质板的两面贴以金属片,结构简单且坚固,重量轻,高度低。它既可用于单频机,也可用于双频机。目前大部分测量型天线都是微带天线。这种天线更适用于飞机、火箭等高速飞行物上。

(4) 锥形天线。这种天线是在介质锥体上利用印刷电路技术制成导电圆锥螺旋表面,也称盘旋螺线形天线。它可同时在两个频道上工作,主要优点是增益性好。但由于天线较高,而且螺旋线在水平方向上不完全对称,因此天线的相位中心与几何中心不完全一致,在安装天线时要仔细定向,使之得以补偿。锥形天线如图4-3-16a)。

(5) 带扼流圈的振子天线,也称扼流圈天线。这种天线的主要优点是可以有效地抑制多路径误差的影响。但体积较大且重,应用不普遍。带扼流圈天线如图4-3-16b)。

a) 锥形天线　　　　　　　　b) 带扼流圈天线

图4-3-16　锥形天线与带扼流圈天线

3. 接收单元

GPS信号接收机的接收单元主要由信号通道单元、存储单元、计算和显示控制单元、电源等四个部分组成。图4-3-13绘出了接收单元的主要结构。

1) 信号通道

信号通道是接收单元的核心部件。它不是一种简单的信号通道,而是一种由硬件和相应的控制软件相结合的有机体。它的主要功能是跟踪、处理和量测卫星信号,以获得导航定位所需要的数据和信息。随着接收机的类型不同,接收机所具有的通道数目不等。每个通道在某一时刻只能跟踪一颗卫星的一种频率信号,当某一颗卫星被锁定后该卫星占据这一通道直到信号失锁为止。当接收机需同步跟踪多个卫星信号时,原则上可能采用两种跟踪方式:一种是接收机具有多个分离的硬件通道,每个通道都可连续地跟踪一个卫星信号;另一种是接收机只有一个信号通道,在相应软件的控制下可跟踪多个卫星信号。目前大部分接收均采用并行多通道技术,可同时接收多颗卫星信号。对于不同类型的接收机,信号通道的数目也由1到12不等。现在一些厂家已推出可同时接收GPS卫星和GLONASS卫星信号的接收机,其信号通道多达24个。当前信号通道的类型有多种,若根据通道的工作原理,即对信号处理和量测的不同方式,可分为码相关型通道、平方型通道和码相位型通道,它们分别采用不同的解调技术。三者的基本特点如下:

(1) 相关型通道:用伪噪声码互相关电路,实现对扩频信号的解扩,解译出卫星导航电文。

(2)平方型通道:用GPS信号自乘电路仅能获取两倍于原载频的重建载波,抑制了数据码,无法获取卫星导航电文。

(3)码相位通道:用GPS信号时延电路和自乘电路相结合的方法,获取P码或C/A码的码率正弦波,仅能测量码相位,而无法获取卫星导航电文。

(4)若根据跟踪卫星信号的不同方式,则可分为序贯通道、多路复用通道和多通道。

2)存储器

接收机内设有存储器,以存储一小时一次的卫星星历、卫星历书,以及接收机采集到的码相位伪距观测值、载波相位观测值及人工测量数据。目前,GPS接收机都采用PC卡或内存作为存储设备。在接收机内还装有多种工作软件,如自测试软件、天空卫星预报软件、导航电文解码软件、GPS单点定位软件等。

为了防止数据的溢出,当存储设备达到饱和容量的95%时,便会发出"嘀嘀"的报警声,以提醒作业人员进行及时处理。

3)计算与显控

图4-3-13中的显控器通常包括一个视屏显示窗和一组控制键盘,它们有的安设在接收单元的面板上,有的作为一个独立的终端设备。显控器是人机对话的窗口,通过它可对接收机进行配置,让接收设备按照配置的要求去工作。通过它可输入一些必要的信息,如测站名、天线高、点的坐标等。当然也可以通过它调用存储在接收机里的数据信息和功能。它是RTK作业流动站的必不可少的工具。接收机内的处理软件是实现GPS定位数据采集和通道自校检测自动化的重要组成部分,主要用于信号捕获、环路跟踪和点位计算。在机内软件的协同下,微处理机主要完成下述计算和数据处理:

(1)接收机开机后,立即指令各个通道进行自检,适时地在视屏显示窗内展示各自的自检结果,并测定、校正和存储各个通道的时延值。

(2)接收机对卫星进行捕捉跟踪后,根据跟踪环路所输出的数据码解译出GPS卫星星历。当同时锁定4颗卫星时,将C/A码伪距观测值连同星历一起计算出测站的三维位置,并按照预置的位置数据更新率不断更新(计算)点的坐标。

(3)用已测得的点位坐标和GPS卫星历书,计算所有在轨卫星的升降时间、方位和高度角,并为作业人员提供在视卫星数量及其工作状况,以便选用"健康"的且分布适宜的定位卫星,达到提高点位精度的目的。

(4)接收用户输入的信号,如测站名、测站号、天线高和气象参数等。

4)电源

GPS接收机的电源有两种:一种是内电源,一般采用锂电池,主要用于为RAM存储器供电,以防止数据丢失;另一种为外接电源,常采用可充电的12V直流镉镍电池组或锂电池,有的也可采用汽车电瓶。当用交流电时,需经过稳压电源或专用电流交换器。当机外电池下降到11.5V时,便自动接通内电池。当机内电池低于10V时,若没有连接上新的机外电池,接收机便自动关机,停止工作,以免缩短使用寿命。在用机外电池作业过程中,机内电池能够自动地被充电。

(二)GPS接收机的类型

根据不同的观测点,GPS接收机有多种不同的分类。

1.按接收机的用途分类

根据用途,接收机可分为导航型、测量型和授时型。

1) 导航型接收机

导航型接收机主要用于确定船舶、车辆、飞机和导弹等运载体的实时位置和速度,以保障这些载体按预定的路线航行。导航型接收机一般采用以测码伪距为观测量的单点实时定位,或实时差分定位,精度较低。这类接收机的结构较为简单,价格便宜,应用极为广泛。

2) 测量型接收机

测量型接收机主要是指适于进行各种测量工作的接收机。这类接收机一般均采用载波相位观测量进行相对定位,精度很高。测量型接收机与导航型接收机相比,结构较复杂,价格较贵。

3) 授时型接收机

授时型接收机结构简单,主要用于天文台或地面监控站,进行时频同步测定。

2. 按接收机接收的卫星信号分类

按接收的卫星信号的频率,接收机所可分为码相位接收机、单频接收机(L1)、双频接收机(L1、L2)和信标接收机。

1) 码相位接收机

码相位接收机采用 C/A 码、P 码作测距信号。虽然可能利用导航电文提供的参数对观测量进行电离层折射影响的修正,但由于 C/A 码、P 码测距精度较差,所以码相位接收机主要用于导航型和手持型低精度接收机。

2) 单频接收机

单频接收机能接收经调制的 L1 载波信号。虽然可能利用导航电文提供的参数对观测量进行电离层折射影响的修正,但由于修正模型尚不完善,精度较差,所以单频接收机主要用于基线较短(不超过 20km)的精密定位和导航。

3) 双频接收机

双频接收机可以同时接收 L1 载波和 L2 载波信号。利用双频技术可以消除或大大减弱电离层折射对观测量的影响,在长基线上仍然可以获得高精度的定位结果。

4) 信标接收机

信标接收机同时接收 GPS 卫星测距码信号和无线电指向标——差分全球定位系统信号,在 $300Km^2$ 范围内仍然可以获得 1~3m 实时定位结果。信标接收机主要用于沿海地区无线电指向标覆盖区域海上船舶导航定位。

3. 按接收机的通道类型分类

根据信号通道的类型,接收机可分为多通道接收机、序贯通道接收机和多路复用通道接收机。

GPS 接收机在导航和定位工作中,需要跟踪多颗卫星。对于来自不同卫星的信号,必须首先把它们分离开来,以便进行处理,量测获得不同卫星信号的观测量。GPS 接收机通道的主要作用就是将接收到的不同卫星信号加以分离,以实现对各卫星信号的跟踪、处理和量测。

1) 多通道接收机

多通道接收机即具有多个卫星信号通道,而每个通道只连续跟踪一个卫星信号的接收机。所以,这种接收机也称为连续跟踪型接收机,一般设置 4~12 个通道。

2) 序贯通道接收机

序贯通道接收机通常只具有 1~2 个通道。为了跟踪多个卫星信号,接收机在相应软件的控制下,能按时序依次对各个卫星信号进行跟踪和量测。由于对所测卫星依次量测一个循环所需要时间较长(>20ms),所以这类接收机对卫星信号的跟踪是不连续的。

3)多路复用通道接收机

多路复用通道接收机与序贯通道接收机相似,多路复用通道接收机一般也只具有 1~2 个通道,在相应软件的控制下按时序依次对所有观测量卫星的信号进行量测。它与序贯通道接收机的区别主要是对所测卫星信号量测一个循环的时间较短(≤20ms),可以保持对卫星信号的连续跟踪。

4. 按接收卫星系统分类

1)单星系统接收机

单星系统接收机是通常只具有跟踪 1 个卫星导航定位系统能力的卫星信号接收机,目前主要有 GPS 接收机、GLONASS 接收机、北斗接收机等。

2)双星系统接收机

双星系统接收机是同时具有跟踪 2 个卫星导航定位系统能力的卫星信号接收机,目前主要有 GPS、GLONASS 集成接收机。

3)多星系统接收机

多星系统接收机是同时具有跟踪 2 个以上卫星导航定位系统能力的卫星信号接收机,目前主要有 GPS、GLONASS、EGNOS 集成接收机。

5. 按接收机的作业模式分类

1)静态接收机

静态接收机是具有标准静态、快速静态功能的接收机。

2)动态接收机

动态接收机是具有动态、准动态功能和实时差分技术的接收机。

6. 按接收机的结构分类

1)分体式接收机

所谓分体式是将组成接收机的接收机主机、天线、控制器、电台、电源各单元全部或部分设计为独立的整体,它们之间需利用电缆或蓝牙技术进行数据通信,从仪器基本结构分析则可概括为天线单元和接收单元两大部分,如图 4-3-17a)所示。两个单元分别安装成两个独立的部件,以便天线单元安设在测站上,接收单元置于测站点附近的适当位置,用电缆将两者连成一个整体。

2)整体式接收机

所谓整体式是将组成接收机的接收、天线、控制器、电台、电源各单元在制造过程中全部或部分集成成一个整体,或各单元之间模块化集成,无电缆连接,如图 4-3-17b)所示。

3)手持式接收机

手持式接收机为整体式结构,主机、天线、控制器、电源各单元全部高度集成一体化,系统根据手持特点设计封装,具有功耗小、重量轻、价格低廉等特点,应用十分广泛,如图 4-3-17c)所示。

随着 GPS 接收机的集成化的提高,目前市场上的 GPS 接收机总趋势是从分体式结构向一体式结构发展。

7. 按接收机的工作原理分类

根据工作原理接收机可分为码相关型接收机、平方型接收机和混合型接收机。

a)分体式接收机　　　　　b)整体式接收机　　　　c)手持式接收机

图 4-3-17　按接收机的结构分类

1）码相关型接收机

码相关型接收机是第一代 GPS 接收机，特点是能够产生与所测卫星的测距码结构完全相同的复制码。工作过程中通过逐步移，使接收码与复制码达到最大相关，以测定卫星信号到达用户接收机天线的传播时间。码相关型接收机可利用 C/A 码，也可利用 P 码，其工作条件是必须掌握测距码的结构，所以这种接收机也称码接收机。

2）Z 跟踪技术接收机

Z 跟踪技术接收机是第二代 GPS 接收机，L1、L2 载波相位完全独立，且信号强度增加，噪声减弱。C/A 码常规宽带相关伪距、P 码伪距或 AS 条件下自动切换为 Ashtech 专利的 Z 码伪距，信号强度比互相关伪距强 10 倍。

3）窄距相关技术接收机

窄距相关技术接收机是第三代 GPS 接收机。在这种接收机中，相关过程分为三步：第一步，在码发生器中除了产生准点码（P）外，还产生早码（E）和晚码（L），借助这三种码可确定三个自相关函数。早码或晚码是在早或晚 T/2 瞬间产生。此处 T 称为相关间距。第二步，由于生成这三种码，故可利用这三种码的自相关函数，也可在时延锁环（DLL）中将本机码跟踪接收的卫星码，利用早、晚码鉴频器可求出早、晚码自相关函数之差。自相关函数具有对称性，只要早、晚码鉴频器在零点附近呈线性特征，自相关函数即可达到最大值。第二步，P 码伪距自动切换为 NavAtel 专利的精码伪距，信号强度比互相关伪距强 20。使 C/A 码达到 P 码的精度，而且能使多路径误差减小一半，效果极好。

4）共同跟踪技术接收机

共同跟踪技术接收机是第四代 GPS 接收机，采用载波相位的共同跟踪技术，改进的基础是同时用两种类型的锁相环（PLL）。第一种 PLL 跟踪接收机存在动力学特性（包括接收机的运动和内部振荡器），这一 PLL 利用的是所有可见卫星的总功率，具有 20Hz 左右的宽带宽。第二种锁相环是专门为跟踪某一颗卫星的动力学而设计的。这些单独的环路具有比较窄的带宽（约 2Hz）。这样的两种环路的组合，既能改进跟踪能力，又能降低测量噪声（10 倍）。

共同跟踪的能力不仅能跟踪低信号场强的卫星(密林中或低仰角),而且也能跟踪高动态和强干扰条件下(低信噪比)的卫星信号。

5) 多星技术接收机

所谓多星技术接收机就是 GPS、GLONASS 集成接收机,用一台接收机同时接收和测量 GPS 及 GLONASS 两种卫星信号,以致在世界上任何地方和任何时候的陆海空用户都能准确地测得他们的三维位置、三维速度和时间,甚至三维姿态参数,并确保稳定可靠的高精度。

6) 开放型接收机

开放型接收机(图 4-3-18)整合了 GPS 与其他测量仪器。例如将 GPS 与全站仪完美结合,集合成了高性能全站仪。全站仪上安装开放型 GPS 接收机,可以使用 GPS 确定该点的准确位置,然后再使用全站仪进行测量、放样。

图 4-3-18　开放型接收机

 复习与思考

1. 定位数据添加不成功,如何检查程序问题?
2. 试述 GPS 接收机的结构原理。
3. GPS 接收机包括哪两大部分?各有什么主要功能?
4. GPS 接收机是如何分类的?

项目五　光纤通信系统认识和设备使用

知识要求

1. 学会识别和选用常用组网工具。
2. 熟悉光纤的种类和内部结构及光信号传输基本原理。
3. 会用光纤连接器进行光纤的连接及了解相关注意事项。
4. 能进行双绞线接线。

技能要求

1. 会使用光纤连接光端机。
2. 会进行两台电脑间的联网设置。

材料、工具及设备

1. 光纤收发器若干只。
2. 网线若干根。
3. 单模或多模光纤若干根。
4. 计算机两台。

任务一　认识光纤和光纤通信系统组成

所谓光通信就是利用光波载送信息的通信。目前光通信技术处于一个高速发展的时期,已从过去纯粹满足骨干网长途传输的需要向城域网、接入网拓展,并出现了长途、城域、接入传输系列。光通信技术的进步推动了整个信息产业的飞速发展。

(一)光纤通信简介
1. 光纤通信概念

所谓光纤通信,就是利用光纤传输携带信息的光波以达到通信之目的。要使光波成为携带信息的载体,必须在发射端对光波进行调制,在接收端再把信息从光波中检测出来(解调)。依目前技术水平,调制和解调大都采用强度调制与直接检波方式(IM-DD)。又因为目前的光源器件与光接收器件的非线性比较严重,所以对光器件的线性度要求比较低的数字光纤通信系统在光纤通信中占据主要位置。

典型的数字光纤通信系统方框图如图 5-1-1 所示。

从图 5-1-1 中可以看出,数字光纤通信系统基本上由光发送机、光纤与光接收机组成。发送端的电端机把信息(如话音)进行模/数转换,用转换后的数字信号去调制发送机中的光源器件,一般是半导体激光器(LD),则 LD 就会发出携带信息的光波。即当数字信号为"1"

时,光源器件发送一个"传号"光脉冲;当数字信号为"0"时,光源器件发送一个"空号"(不发光)。光发送机的作用就是进行电/光转换,把数字化的电脉冲信号码流(如 PCM 话音信号)转换成光脉冲信号码流并输入到光纤中进行传输。

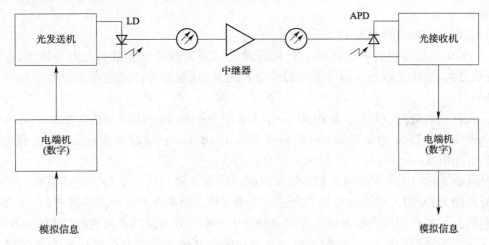

图 5-1-1　数字光纤通信系统方框图

光波经低衰耗光纤传输后到达接收端。

在接收端,光接收机把数字信号从光波中检测出来送给电端机,由电端机再进行数/模转换,恢复成原来的模拟信息。光接收机的作用就是进行光/电转换,把数字电信号(通信信息)经过放大、均衡后再生出波形整齐的电脉冲信号。这样就完成了一次通信的全过程。

2. 光纤通信发展简史

伴随社会的进步与发展,以及人们日益增长的物质与文化需求,通信向大容量、长距离的方向发展已经是必然的发展趋势。光波具有极高的频率(大约 10^{14} Hz)和带宽,可以容纳巨大的通信信息,作为载体通信一直是人们追求的目标。

1) 光纤通信发展的里程碑

在 20 世纪 60 年代中期以前,人们虽然苦心研究过光圈波导、气体透镜波导、空心金属波导管等,想用它们作为传送光波的媒体以实现通信,但终因它们或者衰耗过大或者造价昂贵而无法实用化。也就是说,历经几百年人们始终没有找到传输光波的理想媒体。

1966 年 7 月,英籍华裔学者高锟博士(K. C. Kao)在 PIEE 杂志上发表了一篇十分著名的文章《用于光频的光纤表面波导》。该文从理论上分析证明了用光纤作为传输媒体以实现光通信的可能性,并设计了通信用光纤的波导结构(即阶跃光纤)。更重要的是科学地预言了制造通信用的超低耗光纤的可能性,即通过加强原材料提纯,加入适当的掺杂剂,可以把光纤的衰耗系数降低到 20dB/km 以下。而当时世界上只能制造用于工业、医学方面的光纤,其衰耗系数在 1000dB/km 以上。对于制造衰耗在 20dB/km 以下的光纤,被认为是可望而不可即的。以后的事实发展雄辩地证明了高锟博士论文的理论性和科学大胆预言的正确性,该文也被誉为光纤通信的里程碑。

2) 光纤通信发展的实质性突破

1970 年美国康宁玻璃公司根据高锟论文的设想,用改进型化学气相沉积法(MCVD 法)制造出当时世界上第一根超低耗光纤,成为使光纤通信爆炸性竞相发展的导火索。

虽然当时康宁玻璃公司制造出的光纤只有几米长,衰耗约20dB/km,而且几个小时之后便损坏了,但它毕竟证明了用当时的科学技术与工艺方法制造通信用的超低耗光纤是完全有可能的,也就是找到了实现低衰耗传输光波的理想传输媒体。这是光通信研究的重大实质性突破。

3) 光纤通信的爆炸性发展

自1970年以后世界各发达国家对光纤通信的研究倾注了大量的人力与物力,来势之凶、规模之大、速度之快远远超出了人们的意料之外,从而使光纤通信技术取得了极其惊人的进展。

从光纤的衰耗看,1970年为20dB/km,1972年为4 dB/km,1974年为1.1dB/km,1976年为0.5dB/km,1979年为0.2dB/km,1990年为0.14dB/km,已逐渐接近石英光纤的理论衰耗极限值0.1dB/km。

从光器件看,1970年美国贝尔实验室研制出世界上第一只在室温下连续工作的砷化镓铝半导体激光器,为光纤通信找到了合适的光源器件。后来逐渐发展到性能更好、寿命达几万小时的异质结条形激光器和现在的寿命达几十万小时分布反馈式激光器(DFB-LD)以及多量子阱激光器(MQW)。光接收器件也从简单的硅光电二极管发展到量子效率达90%的Ⅲ-Ⅴ族雪崩光电二极管。

从光纤通信系统看,正是光纤制造技术和光电器件制造技术的飞速发展,以及大规模、超大规模集成电路技术和微处理器技术的发展,带动了光纤通信系统从小容量到大容量、从短距离到长距离、从低水平到高水平、从旧体制(PDH)到新体制(SDH)的迅猛发展。

1976年,美国在亚特兰大开通了世界上第一个实用化光纤通信系统,码率仅为45Mb/s,中继距离为10 km。1985年,多模光纤通信系统商用化(140Mb/s),并着手单模光纤通信系统的现场试验工作。1990年,565Mb/s的单模光纤通信系统进入商用化阶段,并着手进行零色散移位光纤和波分复用及相干光通信的现场试验,而且已经陆续制定了数字同步体系(SDH)的技术标准。1993年,622Mb/s的SDH产品开始商用化。1995年,2.5Gb/s的SDH产品进入商用化阶段。1998年,10Gb/s的SDH产品进入商用化阶段。同年,以2.5Gb/s为基群、总容量为20Gb/s和40Gb/s的密集波分复用(DWDM)系统进入商用化。2000年,以10Gb/s为基群、总容量为320Gb/s的DWDM系统进入商用化。此外,在智能光网络(ION)、光分插复用器(OADM)、光交叉连接设备(OXC)等方面也正在取得巨大进展。

总之,从1970年到现在虽然只有四十多年的时间,但光纤通信技术却取得了极其惊人的进展。用带宽极宽的光波作为传送信息的载体以实现通信,这一几百年来人们梦寐以求的幻想在今天已成为活生生的现实。就目前的光纤通信而言,其实际应用仅是其潜在能力的2%左右,尚有巨大的潜力等待人们去开发利用。光纤通信技术并未停滞不前,而是向更高水平和阶段发展。

3. 光纤通信特点

光纤通信之所以受到人们的极大重视,是因为和其他通信手段相比具有无与伦比的优越性。

1) 通信容量大

从理论上讲,一根仅有头发丝粗细的光纤可以同时传输1000亿个话路。虽然目前远远未达到如此高的传输容量,但用一根光纤同时传输50万个话路(40Gb/s)的试验已经取得成功,这比传统的明线、同轴电缆、微波等要高出几千乃至几十万倍以上。

一根光纤的传输容量如此巨大,而一根光缆中可以包括几十根甚至上千根光纤,如果再加上波分复用技术把一根光纤当作几根、几十根光纤使用,其通信容量之大就更加惊人了。

2)中继距离长

由于光纤具有极低的衰耗系数(目前商用化石英光纤已达0.19dB/km以下),若配以适当的光发送与光接收设备,可使其中继距离达数百公里以上。这是传统的电缆(1.5km)、微波(50km)等根本无法与之相比拟的。此外,已在进行的光孤子通信试验,已达到传输120万个话路、6000km无中继的水平。因此,在不久的将来实现全球无中继的光纤通信是完全可能的。

3)保密性能好

光波在光纤中传输时只在其芯区进行,基本上没有光"泄露"出去,保密性能极好。

4)适应能力强

适应能力强是指光纤不怕外界强电磁场的干扰、耐腐蚀、可挠性强(弯曲半径大于25 cm时其性能不受影响)等。

5)体积小、重量轻,便于施工维护

光缆的敷设方式方便灵活,既可以直埋、管道敷设,又可以水底和架空敷设。

6)原材料来源丰富,潜在价格低廉

制造石英光纤的最基本原材料是二氧化硅(即沙子),在大自然界中几乎是取之不尽、用之不竭的,其潜在价格是十分低廉的。

光纤通信同样也存在着一些缺点:需要光/电和电/光变换部分;光直接放大难;电力传输困难;弯曲半径不宜太小;需要高级的切断接续技术;分路耦合不方便。

光纤元件存在着价格昂贵,且光纤质地脆、弯曲半径大、易因屈曲而损毁、机械强度低、布线需要小心及需要专门的切割及连接工具,光纤的接续、分路及耦合比铜线麻烦等问题,但相信随着科技的发展,都是可以获得解决的。

(二)光纤与光缆

1. 光纤的构造

光纤是光导纤维的简称,是一根像头发粗细的透明玻璃丝,是一种新的光波导。光纤呈圆柱形,由纤芯、包层与涂敷层三大部分组成,如图5-1-2所示。

图5-1-2 光纤的构造

1)纤芯

纤芯位于光纤的中心部位(直径d_1约9~50um),其成分是高纯度的二氧化硅。此外,还掺有极少量的掺杂剂,如二氧化锗、五氧化二磷等,目的是适当提高纤芯对光的折射率(n_1),用于传输光信号。纤芯是光波的主要传输通道。

2) 包层

包层位于纤芯的周围(其直径 d_2 约 125um),其成分也是含有极少量掺杂剂的高纯度二氧化硅。掺杂剂(如三氧化二硼)的作用则是适当降低包层对光的折射率(n_2)。使之略低于纤芯的折射率,即 $n_1 > n_2$,这是光纤结构的关键,它使得光信号封闭在纤芯中传输。

3) 涂敷层

光纤的最外层为涂敷层,包括一次涂敷层、缓冲层和二次涂敷层。一次涂敷层一般使用丙烯酸酯、有机硅或硅橡胶材料,缓冲层一般为性能良好的填充油膏,二次涂敷层一般多用聚丙烯或尼龙等高聚物。涂敷的作用是保护光纤不受水汽侵蚀和机械擦伤,同时又增加光纤的机械强度与可弯曲性,起着延长光纤寿命的作用。一般涂敷后的光纤外径约 1.5cm。

2. 光纤的分类

光纤的种类繁多,但就其分类方法而言大致有四种,即按光纤剖面折射率分布分类、按传播模式分类、按工作波长分类和按套塑类型分类等。

此外,按光纤的组成成分分类,除最常应用的石英光纤之外,还有含氟光纤与塑料光纤等。

1) 按光纤横断面折射率分布分类

按照光纤横截面的折射率分布不同,光纤通常分为两类:一类是阶跃光纤,另一类是渐变光纤。

① 阶跃光纤

所谓阶跃光纤是指在纤芯与包层区域内其折射率分布是均匀的,其值分别为 n_1 与 n_2,但在纤芯与包层的分界处其折射率的变化是阶跃的,如图 5-1-3 所示。

折射率分布的表达式为:

$$n(r) = \begin{cases} n_1 & (r \leq a) \\ n_2 & (r > a) \end{cases}$$

阶跃光纤是早期光纤的结构方式,后来在多模光纤中逐渐被渐变光纤所取代(因渐变光纤能大大降低多模光纤所特有的模式色散),但用它解释光波在光纤中的传播还是比较形象的。

现在当单模光纤逐渐取代多模光纤成为光纤的主流产品时,阶跃光纤结构又成为单模光纤的结构形式之一。

② 渐变光纤

所谓渐变光纤是指光纤轴心处的折射率最大(n_m),并沿剖面径向的增加而逐渐变小,其变化规律一般符合抛物线规律,到了纤芯与包层的分界处正好降到与包层区域的折射率 n_c 相等的数值。在包层区域中其折射率的分布是均匀的即为 n_c。如图 5-1-4 所示。

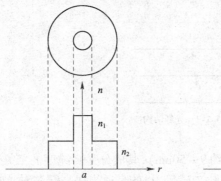
图 5-1-3 阶跃光纤的折射率分布
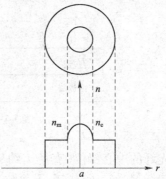
图 5-1-4 渐变光纤的折射率分布

渐变光纤的剖面折射率做如此分布,主要原因是为了降低多模光纤的模式色散,增加光纤的传输容量。

2)按传播模式分类

在光纤中远距离传输的电磁场分布形式称为传输模式(或传导模)。根据光纤中传输模式数量的不同,光纤可分为多模光纤和单模光纤两种。

① 多模光纤

多模光纤是指在一定的工作波长上能够有多个模式传播的光纤。多模光纤的纤芯一般为几十微米,其横截面折射率为渐变型分布。由于多模光纤有较大纤芯半径,可以很容易地将光功率注入光纤,且易与相同的光纤连接,使用廉价的发光二极管(LED)作为光源。

但是,当光纤的几何尺寸(主要是纤芯直径 d_1)远远大于光波波长时(约 1um),光纤中会存在着几十种乃至几百种传播模式。不同的传播模式会具有不同的传播速度与相位,经过长距离的传输之后会产生时延,导致光脉冲变宽。这种现象叫作光纤的模式色散(又叫模间色散)。模式色散会使多模光纤的带宽变窄,降低传输容量,因此多模光纤仅适用于较小容量的光纤通信。

② 单模光纤

单模光纤是指在给定的工作波长上只有主模才能传播的光纤。由于它只允许一种模式在其中传播,从而避免了模式色散的问题,具有极宽的带宽,特别适用于大容量的光纤通信。单模光纤的纤芯折射率分布可以是均匀的,也可以是渐变的。单模光纤的优点是单模传输、色散小、无模式色散、传输性能好、频带宽,缺点是纤径细、易折断、制造和耦合连接困难。

3)按工作波长分类

按工作波长分类,光纤可分为短波长光纤与长波长光纤。

① 短波长光纤

在光纤通信发展的初期,人们使用的光波之波长在 0.6~0.9um 范围内(典型值为 0.85um)。习惯上把在此波长范围内呈现低衰耗的光纤称作短波长光纤。短波长光纤属早期产品,目前很少采用。

② 长波长光纤

随着研究工作的不断深入,人们发现在波长 1.31um 和 1.55um 附近石英光纤的衰耗急剧下降,材料色散也大大减小,于是研制出在此波长范围衰耗更低、带宽更宽的光纤。习惯上把工作在 1.0~2.0um 波长范围的光纤称为长波长光纤。

长波长光纤具有衰耗低、带宽宽等优点,特别适用于长距离、大容量的光纤通信。

4)按套塑类型分类

按套塑类型不同,光纤可分为紧套光纤与松套光纤。

① 紧套光纤

所谓紧套光纤是指在一次涂敷的光纤上再紧紧地套上一层尼龙或聚乙烯等塑料套管,光纤在套管内不能自由活动。

未经套塑的光纤衰耗——温度特性本是十分优良的,但经过套塑之后温度特性下降。这是因为套塑材料的膨胀系数比石英高得多,在低温时收缩较厉害,压迫光纤发生微弯曲,增加了光纤的衰耗。

② 松套光纤

所谓松套光纤是指在光纤涂敷层外面再套上一层塑料套管,光纤可以在套管中自由活动。松套光纤的耐侧压能力和防水性能较好,且便于成缆。

松套光纤的制造工艺简单,其衰耗——温度特性与机械性能也比紧套光纤好,因此越来越受到人们的重视。

3. 光纤的导光原理

光是一种频率极高的电磁波,而光纤本身是一种介质波导,因此光在光纤中的传输理论是十分复杂的。为了便于理解,我们从几何光学的角度讨论光纤的导光原理,这样会更加直观、形象、易懂。更何况对于多模光纤而言,由于其几何尺寸远远大于光波波长,所以可把光波作为一条光线来处理,这正是几何光学处理问题的基本出发点。

1) 全反射原理

我们知道,当光线在均匀介质中传播时是以直线方向进行的,但在到达两种不同介质的分界面时,会发生反射与折射现象,如图 5-1-5 所示。

根据光的反射定律,反射角等于入射角。

根据光的折射定律:$n_1\sin\theta_2 = n_2\sin\theta_2$

其中,n_1 为纤芯的折射率,n_2 为包层的折射率。

显然,若 $n_1 > n_2$,则会有 $\theta_2 > \theta_1$。如果 n_1 与 n_2 的比值增大到一定程度,则会使折射角 $\theta_2 \geq 90°$,此时的折射光线不再进入包层,而会在纤芯与包层的分界面上掠过($\theta_2 = 90°$时),或者重返回到纤芯中进行传播($\theta_2 > 90°$时)。这种现象叫作光的全反射现象,如图 5-1-6 所示。

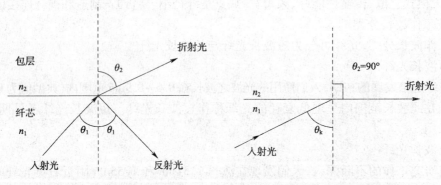

图 5-1-5 光的反射与折射　　图 5-1-6 光的全反射现象

人们把对应于折射角 θ_2 等于 90° 的入射角叫作临界角。

不难理解,当光在光纤中发生全反射现象时,由于光线基本上全部在纤芯区进行传播,没有光跑到包层中去,所以可以大大降低光纤的衰耗。早期的阶跃光纤就是按这种思路设计的。

2) 光在阶跃光纤中的传播

了解了光的全反射原理之后,不难画出光在阶跃光纤中的传播轨迹,即按"之"字形传播及沿纤芯与包层的分界面掠过,如图 5-1-7 所示。

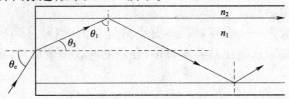

图 5-1-7 光在阶跃光纤中的传播轨迹

3) 光在渐变光纤中的传播

由折射定律可知,若 $n_1 > n_2$,则有 $\theta_2 > \theta_1$。这样光在每两层的分界面都会产生折射现象。由于外层总比内层的折射率要小一些,所以每经过一个分界面,光线向轴心方向的弯曲就厉害一些,就这样一直到纤芯与包层的分界面。而在分界面又产生全反射现象,全反射的光沿纤芯与包层的分界面向前传播,而反射光则又逐层地折射回光纤纤芯。就这样完成了一个传输全过程,使光线基本上局限在纤芯内进行传播,其传播轨迹类似于由许多线段组成的正弦波。

再进一步设想,光纤不是由一些离散的均匀层组成,而是由无穷多个同轴均匀层组成。换句话讲,光纤剖面的折射率随径向增加而连续变化,且遵从抛物线变化规律,光在纤芯的传播轨迹不会呈折线状,而是呈连续变化形状。于是以不同角度入射的光线族皆以正弦曲线轨迹在光纤中传播,且近似成聚焦状,如图 5-1-8 所示。

4) 光在单模光纤中的传播

光在单模光纤中的传播轨迹,简单讲是以平行于光纤轴线的形式(即直线方式)传播,如图 5-1-9 所示。

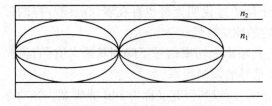
图 5-1-8　光在渐变光纤中的传播轨迹

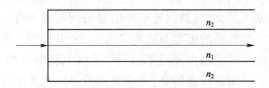
图 5-1-9　光在单模光纤中的传播轨迹

这是因为在单模光纤中仅以一种模式(基模)进行传播,而高次模全部截止,不存在模式色散。平行于光轴直线传播的光线代表传播中的基模。

4. 光纤的特性参数

光纤的特性参数可以分为三大类,即几何特性参数、光学特性参数与传输特性参数。这里我们仅简单介绍几个富有代表性的典型参数。

1) 多模光纤的特性参数

① 衰耗系数

衰耗系数是多模光纤最重要的特性参数之一(另一个是带宽系数)。它在很大程度上决定了多模光纤通信的中继距离。

使光纤产生衰耗的原因很多,但可归纳如图 5-1-10 所示。

从图 5-1-10 中可见,光纤衰耗最主要的原因是杂质吸收所引起的衰耗。在光纤材料中的杂质如氢氧根离子、过渡金属离子(铜、铁、铬等)对光的吸收能力极强,是产生光纤衰耗的主要因素。要想获得低衰耗光纤,必须对制造光纤用的原材料二氧化硅等进行十分严格的化学提纯,使其杂质的含量降到几个 PPb(10^{-9})以下。

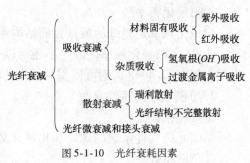
图 5-1-10　光纤衰耗因素

② 光纤的色散与带宽

当一个光脉冲从光纤输入,经过一段长度的光纤传输之后,其输出端的光脉冲会变宽,甚至有了明显的失真。这说明光纤对光脉冲有展宽作用,即光纤存在着色散(色散是沿用光学中的名词)。

光纤的色散是引起光纤带宽变窄的主要原因,而光纤带宽变窄则会限制光纤的传输容量。

光纤的色散可以分为三部分,即模式色散、材料色散与波导色散。

模式色散是因为光在多模光纤中传输时会存在许多种传播模式,每种传播模式具有不同的传播速度与相位,输入端同时输入的光脉冲信号到达接收端的时间却不同,于是产生了脉冲展宽现象。渐变光纤的模式色散要比阶跃光纤小得多。

材料色散是指组成光纤的材料(即二氧化硅)本身所产生的色散。对多模光纤而言,由于模式色散比较严重,而且数值也较大,所以材料色散不占主导地位。但对单模光纤而言,由于模式色散为零,所以材料色散占主要地位。

波导色散是指由光纤的波导结构所引起的色散。对多模光纤而言,波导色散的影响甚小。

通过实验发现,如果保证光纤的输入光功率信号大小不变,随着调制光功率信号的调制频率的增加,光纤的输出光功率信号也会逐渐下降。这说明光纤也存在着像电缆一样的带宽系数,即对调制光功率信号的调制频率有一定的响应特性。

光纤的带宽系数定义为:一公里长的光纤,其输出光功率信号下降到其最大值(直流光输入时的输出光功率值)的一半时,此时光功率信号的调制频率。

需要注意的是,由于光信号是以光功率度量的,所以其带宽又称为 3dB 光带宽。光功率信号衰减 3dB 时意味着输出光功率信号减少一半。而一般电缆的带宽称为 6dB 电带宽,因为输出电信号是以电压或电流度量的。

引起光纤带宽变窄的主要原因是光纤的色散。对于多模光纤而言,因为其模式色散占统治地位(材料色散与波导色散的大小可以忽略不计),所以其带宽又称模式色散带宽,或称模时变带宽。对单模光纤而言,由于其模式色散为零,所以材料色散与波导色散占主要地位。

注意,单模光纤没有带宽系数的概念,仅有色散系数的概念。

③数值孔径

数值孔径是多模光纤的重要参数,它表征光纤端面接收光的能力,其取值的大小要兼顾光纤接收光的能力和对模式色散的影响。CCITT 建议多模光纤的数值孔径取值范围为 0.18~0.23,其对应的光纤端面接收角 θ_c 为 10°~13°。

④归一化频率

归一化频率是光纤的最重要的结构参数,它能表征光纤中传播模式的数量。

此外,由归一化频率值的大小还可以初步确定是否能实现单模传输。若其值小于归一化截止频率(2.4048),则可以实现单模传输。

2)单模光纤的特性参数

①衰耗系数

单模光纤衰耗系数的规定和物理含义与多模光纤完全相同,在此不多叙述。

②色散系数

单模光纤由于实现了单模传输,所以不存在模式色散的问题,其色散主要表现为材料色散与波导色散(统称模内色散)。

色散系数一般只对单模光纤来说,包括材料色散和波导色散。

色散系数越小越好。光纤的色散系数越小,意味着光纤的带宽系数越大(即传输容量越大)。例如,CCITT 建议在波长 1.31um 处单模光纤的色散系数应小于 3.5ps/km.nm。经过计算,单模光纤带宽系数在 25000MHz·km 以上,是多模光纤的 60 多倍(多模光纤的带宽系数一般在 1000MHz·km 以下)。

③模场直径

模场直径表征单模光纤集中光能量的程度。由于单模光纤中只有基模在进行传输,因此粗略地讲,模场直径就是在单模光纤的接收端面上基模光斑的直径(实际上基模光斑并没有明显的边界)。

④截止波长

截止波长的含义是能使光纤实现单模传输的最小工作光波波长。也就是说,尽管其他条件皆满足,但如果光波波长不大于单模光纤的截止波长,仍不可能实现单模传输。

5. 光缆简介

光缆设计的任务是为光纤提供可靠的机械保护,使之适应外部使用环境,并确保在敷设与使用过程中光缆中的光纤具有稳定可靠的传输性能。

光缆的制造技术与电缆是不一样的。光纤虽有一定的强度和抗张能力,但经不起过大的侧压力与拉伸力;光纤在短期内接触水是没有问题的,但若长期处在多水的环境下会使光纤内的氢氧根离子增多,增大光纤的衰耗。因此制造光缆不仅要保证光纤在长期使用过程中机械物理性能,而且还要注意其防水防潮性能。

从 1970 年到现在光缆的结构经历了多次变迁。

1)光缆结构种类

①层绞式光缆

层绞式光缆一般由松套光纤以制造电缆的方式构成的光缆(古典式),应用广泛,是早期光通信常用的光缆。图 5-1-11 所示为 6 芯松套层绞式光缆,中间为实心钢丝和纤维增强塑料(FRP,无金属光缆),松套光纤扭绞在中心增强件周围,用包带固定,外面增加皱纹钢(铠装甲),外护套采用 PVC 或 AL-PE 粘接护层。光纤在塑料套管中有一定的余长,使光缆在被拉伸时有活动的余地。因此,光缆长度不等于光纤的长度,一般采用光缆系数描述两者的比例。

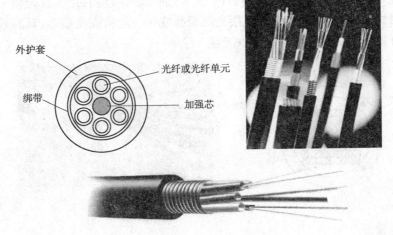

图 5-1-11 层绞式光缆

②骨架式光缆

骨架式光缆使光纤放在独立的塑料套管或骨架槽内,骨架材料用低密度聚乙烯,加强芯采用多股细钢丝或增强型塑料。图 5-1-12 所示是骨架式光缆,由 6 个基本骨架构成。

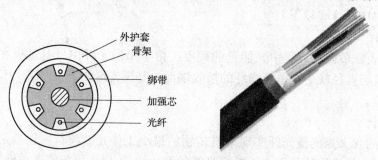

图 5-1-12　骨架式光缆

③束管式光缆

对光纤的保护来说,束管式结构光缆最合理,如图 5-1-13 所示。这种光缆利用放置在护层中的两根单股钢丝作为两根加强芯,光缆强度好,尤其耐侧压,在束管中光纤的数量灵活。它相当于把松套管扩大为整个缆芯,成为一个管腔,将光纤集中松放在其中。束管式结构的光缆近年来得到了较快的发展。

图 5-1-13　束管式光缆

④带状光缆

带状光缆可容纳大量光纤,如图 5-1-14 所示。带状式结构的光缆首先将一次涂敷的光纤放入塑料带内做成光纤带,然后将几层光纤带叠放在一起构成光缆芯,具有较好的弯曲性能。未来光纤用户网络将大量采用带状光缆。

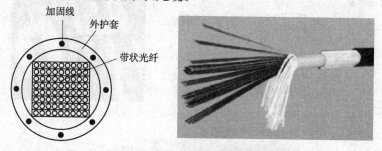

图 5-1-14　带状式光缆

2) 光缆的敷设

光缆的敷设分为管道、架空和直埋三种。

①管道

管道敷设是在城市中常采用的方式,一般用于城市的街道上。由于街道往往有拐弯与起伏,一般在转弯处设立一个人孔,以利于光缆的牵引,每段光缆长 1~2km,在两段光缆间的人孔完成接续,在接续的人孔里光缆需预留 8~10m,挂在人孔壁上。

②架空

在省二级干线(市、地区的本地网络)因野外空旷常采用架空敷设。吊线托挂方式是国内最常用的一种架空敷设,即在电杆上布钢丝吊线,用挂钩挂住光缆。

一般在 50m 的间距竖立两根电杆,在电杆间安装 5~10 个挂钩。为了防止气候的变化,一般在杆下设置伸缩弯,在接续处也保留一定的预留。

③直埋

在国家一级干线(部级干线)和二级干线(省一级干线)采用直埋敷设方式。直埋时中继段往往大于 70km,目前甚至到达 140km,光缆段长度往往采用 4km,缆钩要求 1.2m 深。光缆段进行光纤接续后用接头盒密封,保证对地绝缘、防水、防蚁等检查后,直接埋入地下,回填土。一般在光缆的路由上每 100m 设置标石,在接续处有绝缘监测点。

(三)光源器件与光发送机

1. 光纤通信对光源器件的要求

我们知道,所谓光纤通信就是用低衰耗光纤传输通信信息,但并非所有的光都能用于光纤通信。人们希望用相干性好的激光作为携带通信信息的载体,因为它具有频率一致性好、相位差恒定、方向性强等优点。

自从 1960 年梅曼发明了世界上第一只激光器(红宝石)以来,激光技术取得了突飞猛进的发展,并在各个领域尤其是工业领域取得了广泛的应用。但到 1970 年以前,世界上生产的激光器都不能用于光纤通信,这是因为大多数激光器体积庞大,不能连续工作。而通信是要求长期连续不间断地工作的。1970 年美国贝尔实验室研制出能在室温下连续工作的世界上第一只激光器,才为光纤通信找到了合适的光源。

光纤通信对光源器件的要求如下:

1)发射光波长适中

光源器件发射光波的波长必须落在光纤呈现低衰耗的 $0.85\mu m$、$1.31\mu m$ 和 $1.55\mu m$ 附近。

2)发射光功率足够大

光源器件一定要能在室温下连续工作,而且其入纤光功率足够大,最少也应有数百微瓦,当然达到一毫瓦以上更好。在这里我们强调的是入纤光功率而不指单纯的发光功率,因为只有进入光纤后的光功率才有实际意义。光纤的几何尺寸极小(单模光纤的芯径不足 10um),光源器件要具有与光纤较高的耦合效率。

3)温度特性好

光源器件的输出特性如发光波长与发射光功率大小等,一般来讲随温度变化而变化,尤其是在较高温度下其性能容易劣化。在光纤通信的初期与中期,经常需要对半导体激光器加制冷器和自动温控电路。而目前一些性能优良的激光器可以不需要任何温度保护措施。

4)发光谱宽窄

光源器件发射出来的光的谱线宽度应该越窄越好。因为谱线过宽,会增大光纤的色散,减少光纤的传输容量与传输距离(色散受限制时)。例如,对于长距离、大容量的光纤通信系统,其光源的谱线宽度应该小于 2nm。

5）工作寿命长

光纤通信要求光源器件长期连续工作,因此光源器件的工作寿命越长越好。光源器件寿命的终结并不是我们所想象的完全损坏,而是其发光功率降低到初始值的一半或者其阈值电流增大到其初始值的两倍以上。

目前工作寿命近百万小时(约100年)的半导体激光器已经商用化。

6）体积小重量轻

光源器件要安装在光发送机或光中继器内,为使这些设备小型化,光源器件必须体积小、重量轻。

目前,光纤通信中经常使用的光源器件可以分为两大类,即发光二极管(LED)和激光二极管(LD)。LD适用于中、长距离和大容量(高码速)系统,LED可用于短距离、低容量系统或用于模拟系统。

2. 发光二极管 LED

1）LED 的发光机理

半导体材料与其他材料(如金属与绝缘体)不同,具有能带结构而不是能级结构。半导体材料的能带分为导带、价带与禁带,电子从高能级范围的导带跃迁到低能级范围的价带,会释放光子而发光。LED 是由 GaAsAl 类的 P 型材料和 N 型材料制成,在两种材料的交界处形成了 PN 结。若在其两端加上正偏置电压,则 N 区中的电子与 P 区中的空穴会流向 PN 结区域并复合。复合时电子从高能级范围的导带跃迁到低能级范围的价带,并释放出能量约等于禁带宽变 Eg(导带与价带之差)的光子(即发出荧光)。

因为导带与价带本身的能级具有一定范围,所以电子跃迁释放出的光子之频率不是一个单一数值而是有一定的范围,故 LED 是属于自发辐射发光,且其谱线宽度较宽(较激光二极管而言)。

2）LED 的优点

LED 是光纤通信中应用非常广泛的光源器件之一,具有以下优点:

①线性度好

LED 发光功率的大小基本上与其中的工作电流成正比关系,也就是说 LED 具有良好的线性度。

②温度特性好

所有的半导体器件对温度的变化都是比较敏感的,LED 自然不例外,其输出光功率随着温度的升高而会降低。相对于 LD 而言,LED 的温度特性是比较好的,在温度变化100°的范围内其发光功率的降低不会超过50%,在使用时一般不需要加温控措施。

③价格低、寿命长、使用简单

LED 是一种非阈值器件,使用时不需要进行预偏置,也不存在阈值电流随温度及工作时间而变化的问题,故其使用非常简单。

此外,与 LD 相比 LED 价格低廉,工作寿命也较长。据报道工作寿命近千万小时(10^7)的 LED 已经问世。

3）LED 的缺点

①谱线较宽

由于 LED 的发光机理是自发辐射发光,它所发出的光是非相干光而是荧光,所以其谱线较宽,一般在 30～100nm 范围,故难以用于大容量的光纤通信之中。

②与光纤的耦合效率低

一般来讲,LED 可以发出几毫瓦的光功率,但没有多大的实际意义,重要的是能输入到光纤中进行有效传输的光功率。

LED 和光纤的耦合效率是比较低的,一般仅有 1% ~ 2%,最多不超过 10%。光源器件与光纤的耦合效率与下列因素有关:光源发光的辐射图形、光源出光面积与纤芯面积之比以及两者之间的对准程度、距离等。

4)LED 的应用范围

LED 的谱线较宽,难以用于大容量的光纤通信。它与光纤的耦合效率较低,难以用于长距离的光纤通信。但因为其使用简单、价格低廉、工作寿命长等,所以它广泛地应用在较小容量、较短距离的光纤通信之中。而且由于其线性度甚佳,所以也常常用于对线性变要求较高的模拟光纤通信之中。

3. 激光二极管 LD

1)LD 的发光机理

LD 的发光机理是受激发光,即利用 LD 中的谐振腔发生振荡而激发出许许多多的频率相同的光子,从而形成激光。

用半导体工艺技术在 PN 结两侧加工出两个相互平行的反射镜面,这两个反射镜面与原来的两个解理面(晶体的天然晶面)构成了谐振腔结构。当在 LD 两端加上正偏置电压时,象 LED 一样在 PN 结区域内因电子与空穴的复合而释放光子。而其中的一部分光子沿着和反射镜面相垂直的方向运动时,会受到反射镜面的反射作用在谐振腔内往复运动。只要外加正偏置电流足够大,光子的往复运动会激射出更多的与之频率相同的光子,即发生振荡现象,从而发出激光。这就是所谓受激发光。

2)LD 的优点

①发光谱线窄

在谐振腔内因振荡而激射出来的光子具有大小基本相同的频率,谱线十分狭窄,仅有 1 ~ 5nm。这大大降低了光纤的色散,增大了光纤的传输带宽。故 LD 能适用于大容量的光纤通信。

②与光纤的耦合效率高

从谐振腔反射镜输出的光出光方向一致性好,发散角小,因此 LD 与光纤的耦合效率较高,一般用直接耦合方式就可达 20% 以上,如采用适当的耦合措施可达 90%。由于耦合效率高,所以入纤光功率就比较大,故 LD 适用于长距离的光纤通信。

③阈值器件

LD 是一个阈值器件,在实际使用时必须对之进行预偏置,即预先赋予 LD 一个偏置电流 IB,其值略小于但接近于 LD 的阈值电流,使 LD 仅发出极其微弱的荧光。一旦有调制信号输入,LD 立即工作在能发出激光的区域,且其发光曲线相当陡峭。

对 LD 进行预偏置有一个好处,即可以减少由于建立和阈值电流相对应的载流子密度出现的时延,也就是说预偏置可以提高 LD 的调制速率,这也是 LD 能适用于大容量光纤通信的原因之一。

当然,LD 作为阈值器件也带来了应用方面的一些麻烦。

3)LD 的缺点

①温度特性较差

和 LED 相比,LD 的温度特性较差。这主要表现在其阈值电流随温度的上升而增加。

②线性度较差

LD 的发光功率随其工作电流变化,并非是一种良好的线性对应关系。但这并不影响 LD 在数字光纤通信中的广泛应用,因为数字光纤通信对光源器件的线性度并没有过高的要求。

③工作寿命较短

由于 LD 中谐振腔反射镜面的不断损伤等原因,LD 的工作寿命较 LED 为短,但目前可达到数十万小时。

4) LD 的应用范围

由于 LD 具有发光谱线狭窄,与光纤的耦合效率高等显著优点,所以它被广泛应用在大容量、长距离的数字光纤通信之中。

尽管 LD 也有一些不足,如线性度与温度特性欠佳,但因数字光纤通信对光源器件的线性度并没有很严格的要求,而温度特性欠佳也可以通过一些有效的措施补偿,因此 LD 仍然成为数字光纤通信最重要的光源器件。

LD 的种类很多,从结构上讲有 F-P 激光器、分布反馈式激光器与多量子阱型激光器等,从器件性能上讲有多纵模激光器、单纵模激光器与动态单纵模激光器等。

4. 光发送机

光发送机是光纤通信系统的重要组成部分之一(另外组成部分是光接收机与光纤光缆),典型的光发送机的方框如图 5-1-15 所示。

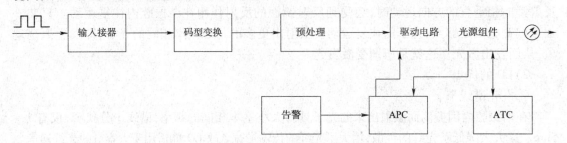

图 5-1-15　光发送机方框图

光发送机的作用就是把数字化的通信信息(如 PCM 话路信号)转换成光信号发送到光纤当中进行传输。

为此需要用数字电信号对光波进行调制。调制方法有多种多样,如频移键控(FSK)、相移键控(PSK)等,但鉴于目前的技术水平所限,现在大都采用最简单的强度调制(IM)方式,即:数字电信号为"1"的瞬间,光发送机发送一个"传号"光脉冲;数字电信号为"0"的瞬间,光发送机不发光(即"空号",实际上发极微弱的光)。

1) 输入接口

输入接口的作用是进行电平转换。因为 PCM 电信号通常是三电平码即 +12V、0V、-12V,输入接口把它们转换成二电平的非归零码(NRZ)或者归零码(RZ)。

2) 码型变换

为了在不中断通信业务的条件下对光纤通信进行误码监测、实现公务联络和减少长连 "0" 与长连 "1" 的个数,通常要在发送端进行码型变换,而在接收端进行码型反变换。

码型变换的方法是在原来标准码率的基础上适当增加一些码率,利用增加码率的一部分实现误码监视、公务联络及平衡码流等。

码型变换仅用于 PDH 通信。对于 SDH 通信而言,由于有丰富的开销比特,完全可以实现误码监测、公务联络等功能,所以不需要进行码型变换。

3) 预处理

预处理就是对数字电信号的脉冲波形进行波形处理。

4) 驱动电路与光源组件

驱动电路与光源组件实际上就是光源及其调制电路。其作用是把电信号变成光脉冲信号发送到光纤当中。该部分是光发送机的核心,许多重要技术指标皆由这一部分决定。

5) 自动功率控制(APC)

为了使光发送机能输出稳定的光功率信号,必须采用相应的负反馈措施控制光源器件的发光功率。

目前通用的自动功率控制方法是背向光控制法。

LD 的谐振腔有两个反射镜面,它们是半透明的。它们的作用一方面构成谐振腔保证光子在其中往复运动以激射出新的光子,另一方面有相当一部分光子从反射镜透射出去即发光。前镜面透射出去的光谓之主光,通过与光纤的耦合发送光纤当中变成有用的传输。而后反射镜面辐射出去的光谓之副光(又叫背向光),利用它可以监控光源器件发光功率的大小。如图 5-1-16 所示。

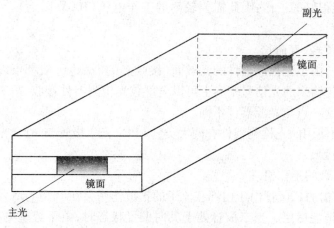

图 5-1-16　LD 的主光与副光

利用与 LD 封装在一起的光检测器 PD 就可以把副光转换成电信号并提供给 APC 电路,而 APC 电路把该电信号进行放大处理后,去控制 LD 的偏置电路即控制 LD 的偏置电流 IB,从而达到控制 LD 发光功率的目的。

6) 自动温度控制(ATC)

所有的半导体器件对温度的变化都是比较敏感的,对 LD 而言尤其如此。LD 的阈值电流 Ith 随着温度的上升而变大,若保持原来的偏置电流 IB 不变,LD 发光功率会降低,因此为 LD 提供一个温度比较恒定的环境是十分必要的。

利用与 LD 封装在一起的热敏电阻 Rt 可以有效地监视 LD 的工作环境温度。当温度发生变化时,Rt 的阻值也随之变化,把该变化信号输出给 ATC 电路,而 ATC 电路进行放大处理后再控制 LD 组件中的制冷装置,从而达到使 LD 工作环境温度恒定的目的。

制冷的方法很多,如强迫制冷、恒温槽制冷和温差制冷等。其中,温差制冷最先进,即用特殊的半导体材料制成温差热电偶,当其中通过电流时,一端变冷而另一端变热。

(四)光检测器件与光接收机

1. 光纤通信对光检测器件的要求

光检测器件的作用就是把信号(通信信息)从光波中分离(检测)出来,即进行光/电转换。光检测器件质量的优劣在很大程度上决定了光接收机灵敏度的高低。

光接收机的灵敏度和光源器件的发光功率、光纤的衰耗三者一起便决定了光纤通信的中继距离(在系统受衰耗限制而不是受色散限制时)。

光纤通信对光检测器件有如下要求:

1)响应度高

所谓响应度是指单位光功率信号所产生的电流值。因为从光纤传输来的光功率信号十分微弱,仅有毫微瓦(nw)数量级,要想从这么微弱的光信中检测出通信信息,光检测器必须具有很高的响应度,即必须具有很高的光/电转换量子效率。

2)噪声低

光检测器在工作时会产生一些附加噪声(如暗电流噪声、倍增噪声等)。这些噪声如果比较大,就会附加在只有毫微瓦数量级的微弱光信号上,降低了光接收机的灵敏度。

3)工作电压低

与光源器件不同,光检测器是工作在反向偏置状态。有一类光检测器件 APD,必须处在反向击穿状态才能很好的工作,因此需要较高的工作电压(100V 以上)。工作电压过高,会给使用者带来不便。

4)体积小、重量轻、寿命长

需要指出的是,由于光检测器件的光敏面(接收光的面积)一般都可以做到大于光纤的纤芯,所以从光纤传输来的光信号基本上可以全部被光检测器件接收,故不存在它们与光纤的耦合效率问题,这一点与光源器件不同。

在光纤通信中使用的光检测器件有两大类,即 PIN 光二极管与 APD 光二极管。

2. PIN 光二极管

1) PIN 光二极管的工作机理

具有 PN 结结构的二极管由于内部载流子的扩散作用会在 P 型与 N 型材料的交界处形成势垒电场,即所谓耗尽层。当二极管处于反向偏置状态时,由于势垒电场的作用,载流子在耗尽层区域中的运动速度要比在 P 型或 N 型材料区中快得多。

构成 PIN 光二极管的材料如硅、锗、Ⅲ - Ⅴ族化合物在光的作用下产生光生载流子,它们定向流动就形成了光电流。

理论研究与实验表明,光二极管的量子效率(光生载流子与光子数量之比)和耗尽层的宽度成正比。因此为了保证在同样入射光的作用下能获得较大的光电流,总是希望把光二极管的耗尽层做得宽一些(也不能太宽,否则会降低其响应速度)。

根据半导体物理理论,降低半导体材料的掺杂浓度可以增加耗尽层的宽度。因此人们在设计、制造光二极管时,往往在 P 型材料与 N 型材料的中间插入一层掺杂浓度十分低的 I 型半导体材料(接近本征型)以形成较宽的耗尽层。这就是 PIN 光二极管的由来。

2) PIN 光二极管的特性参数

①响应度

所谓响应度是指单位光功率信号入射到光二极管时所产生的首次光电流,其值为 A/W。

②响应时间(或频率特性)

PIN 光二极管的响应时间,主要是由光生载流子在耗尽层区域内的渡越时间和包括 PIN 光二极管结电容在内的检测电路的 RC 常数所决定的。因此耗尽层的宽度必须取量适中。其值大固然能提高 PIN 光二极管的量子效率,但会使光生载流子的渡越时间增长,影响其频率特性,使之不能在高码速率时使用。

PIN 光二极管响应时间一般为 1ns 左右。

③结电容 Cd

结电容也是 PIN 光二极管的重要参数。一方面影响 PIN 二极管的响应时间,另一方面对光接收机的灵敏度起重要作用。结电容越小越好,一般为几个 PF。

④暗电流 Id

暗电流是 PIN 光二极管附加噪声的主要来源。它由两部分组成,一是由构成 PIN 光二极管材料的能带结构决定的体电流,二是制造工艺过程所产生的泄漏电流。

PIN 光二极管的暗电流一般在几个毫微安(nA)以下。

由于 PIN 光二极管没有倍增效应(即光放大作用),加上其暗电流甚小,本身产生的附加噪声很低,所以对光接收机灵敏度产生的影响并不显著。

3)PIN 光二极管的特点及应用范围

PIN 光二极管的优点是噪声小、工作电压低(仅十几伏)、工作寿命长,使用方便和价格便宜。

PIN 光二极管的缺点是没有倍增效应,即在同样大小入射光的作用下仅产生较小的光电流,所以用它做成的光接收机灵敏度不高。

因此,PIN 光二极管只能用于较短距离的光纤通信(小容量与大容量皆可)。

3. APD 光二极管

1)APD 光二极管的工作机理

APD 光二极管的工作机理就是光生载流子,即空穴电子对在高电场作用下高速运动,在运动过程中通过碰撞电离效应产生二次、三次新的空穴电子对,从而形成较大的光信号电流。

2)APD 光二极管的特性参数

①倍增因子 G(平均增益)

倍增因子 G 即 APD 的增益,它代表倍增后的光电流与首次光电流之比。从微观上讲,代表一个首次空穴电子对平均产生的新的空穴电子对数量。

②倍增噪声因子 χ

由于倍增作用的随机性产生了一种特殊的噪声即所谓倍增噪声。

除上述两项重要的特性参数之外,击穿电压(又称雪崩电压)也算是 APD 光二极管的一项参数,其值一般在 100V 左右(当然此值应该越小越好)。

4. 光接收机

光接收机是光纤通信系统的三大组成部分之一,其作用就是把数字电信号(通信信息)从微弱的光信号中检测出来,并经过放大、均衡后再生出波形整齐的脉冲信号流。

光接收机的方框图如图 5-1-17 所示。

前置放大器:前置放大器作用就是把光检测器产生的微弱光电流进行预放大。前置放大器的设计是至关重要的,其噪声性能对光接收机灵敏度的影响甚大。

主放大器:其作用是把信号进一步放大,其增益一般在 50dB 以上。主放大器的输出脉冲幅度一般在 1~3V(峰-峰值),以满足判决再生电路的要求。

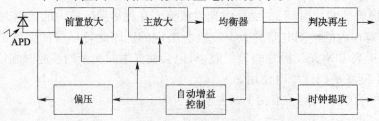

图 5-1-17　光接收机方框图

均衡器:把主放大器输出的脉冲进行均衡,以形成码间干扰最小、能量集中即最有利于进行判决的升余弦波形。

判决再生电路:对均衡器输出的脉冲流逐个进行判决,并再生成波形整齐的脉冲码流。

时钟提取电路:其作用是提取时钟,以保证收发同步。

自动增益控制(AGC):其作用是控制前置放大器与主放大器的增益,并使光接收机有一个规定的动态范围。

偏压电路:它向 APD 光二极管提供反向偏压。实际上这是一个直流变换器,把设备工作电压(如+5V)变换成适合于 APD 使用的高压(如 100~200V)。它受 AGC 控制,能自动调节 APD 的反向偏压。

 复习与思考

1. 画出光纤通信系统的组成示意图,并分别说明各自的作用。
2. 光纤的结构由哪几部分组成?
3. 光纤有哪些分类方式?
4. 分别画出光缆基本结构示意图。
5. 简述光源器件的种类和特点。
6. 简述光发送机和光接收机的组成和作用。

任务二　使用光纤和光端机在两台电脑间进行数据传输

一、任务内容

(一)硬件连接

分别用两根网线一端连接两个光端机的 TP 端口,如图 5-2-1。

用两根单模光纤分别将两个光端机的 RX 和 TX 端交叉连接(注意:光纤连接器以及光端机的 TX 和 RX 端的保护套放好,光纤不要弯折)。

(1)拿一根单模光纤(如图 5-2-2 所示)在连接光端机前将单模光纤接头保护套拿下,如图 5-2-3、图 5-2-4 所示。

(2)找到光端机的发送接收端(RX 和 TX 端),拿下保护套,如图 5-2-5~图 5-2-7 所示。

(3)将光纤连接到光端机。一端连接一台光端机的 TX 端,另一端连接另一台光端机的 RX 端。如图 5-2-8、图 5-2-9 所示。

图 5-2-1 网线连接光端机

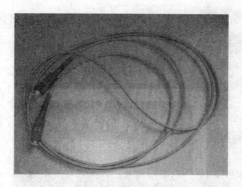
图 5-2-2 单模光纤

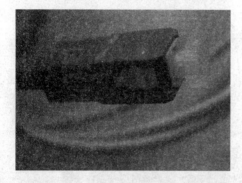
图 5-2-3 单模光纤接头

图 5-2-4 光纤接头保护套

图 5-2-5 光端机发送接收端

图 5-2-6 光端机发送接收端保护套

图 5-2-7 光端机发送接收端

图 5-2-8 光纤连接上光端机

用一根网线两头分别连接一个光纤收发器的 TP 端口和计算机,用另一根网线两头分别连接另一光纤收发器的 TP 端口和另一计算机。为了让学生能够认识简单路由器,这里我们在光端机和计算机中间加入了路由器的连接使用,如图 5-2-10、图 5-2-11 所示。

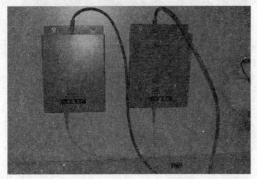

图 5-2-9　用光纤分别连接两光端机的发送端和接收端

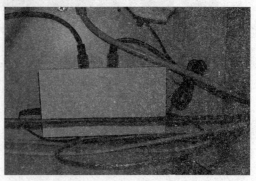

图 5-2-10　用路由器连接网线

图 5-2-11　连接好的光纤线路

将两个光纤收发器电源插上,通电,打开计算机。至此,硬件连接结束。如图 5-2-12、图 5-2-13 所示。

图 5-2-12　光端机电源连接

图 5-2-13　两光端机连接好所有线

(二)软件设置

将两台计算机 IP 地址设置为一个网段。例如,设置一台计算机的 IP 地址为 192.168.1.10,子网掩码为 255.255.255.0;另一台计算机的 IP 地址设置为 192.168.1.20,子网掩码为 255.255.255.0。

打开网上邻居,查看工作组计算机,可看见两台连接的计算机,如图 5-2-14 所示。

按照向导在两台计算机上设置家庭或小型办公网络。注意:因为仅连接两台电脑,所以选择无 Internet 连接的网络类型。

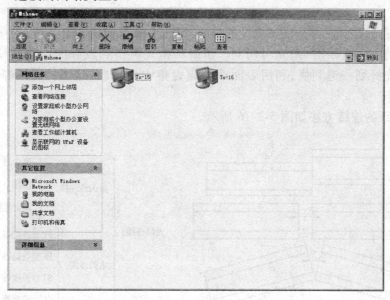

图 5-2-14 连接成功

(三)实训结果

连接成功,则可在网上邻居看见两台连接的计算机,并可以进行数据传输,设置共享文件等。

连接不成功,原因可能是硬件或软件设置的问题。

可按照以下步骤逐一检查排除故障:

(1)光纤是否连接好,发送端应和接收端连接(即 TX 和 RX 端要交叉连接)。

(2)网线是否连接上电脑,路由器是否通电。

(3)硬件没有问题,可以把设置家庭或小型办公网络的向导重新设置一遍。

(4)以上均检查无异,则可见实训结果。

二、相关知识

在本次任务中,我们使用了光纤、光纤接头和光端机,下面我们对光纤的连接相关知识做详细介绍。

光纤的连接有永久性和任务性两种。永久性连接的(称固定接头)使用熔接(热接)或冷接(接续子),活动接头或接头(机械接头)用珐琅盘、FC/PC、SC 等活动连接器。

(一)光纤的连接原理

两条光纤的几何位置、光纤的端面情况和光纤本身特性参数的不匹配,都会产生连续损耗。

如图 5-2-15 所示,当两条光纤轴线平行,轴线横向或侧向偏移 d;当两条光纤轴线平行,轴线纵向偏移 s;当两条光纤轴线成角度,产生角度偏移 θ 时,产生连接损耗。其中横向偏移损耗最大最常见。

对于任务连接器,为了避免端面的摩擦而人为引入 0.025~0.1mm 的间距。如果光纤的纤芯为 $50\mu m$ 的多模光纤,则插入损耗为 0.8dB;如果为单模光纤,插入损耗一般在 0.5dB。

除了几何偏移外,在制造中因为两根光纤几何特性和波导特性的差异,也产生耦合损耗。这些差异包括光纤的芯径、纤芯的椭圆度、数值孔径、剖面折射率分布以及纤芯与包层的同心度等。

连接两根光纤之前,必须准备光纤的端面,保证平滑与轴线垂直,防止连接点的偏转与散射。一般的方法有研磨、抛光与切割。研磨和抛光可得到较好的端面,但不用于现场。切割需要在光纤划一道刻痕,利用表面产生应力集中而折断,应力控制不好,将产生裂纹分叉。

总之,光纤的连接方法如图 5-2-16 所示。

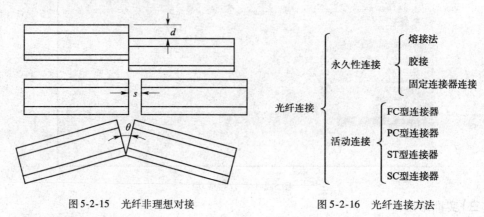

图 5-2-15　光纤非理想对接　　　　图 5-2-16　光纤连接方法

(二)光纤的永久连接

在这一部分我们将简单介绍几种光纤永久连接的方法,并着重介绍光纤熔接的全过程。这些方法已在光纤检测和通信工程中得到广泛使用。

1. 光纤永久连接的几种方法

1)套管连接

光纤经过去除涂层、清洁处理后,插入图 5-2-17 所示的套管,直到两个端面接触。一般需要在切割好的光纤端面上先蘸上折射率匹配材料再进行对接。套管的内径应与光纤外径相当,这样可得到满意的连接效果。

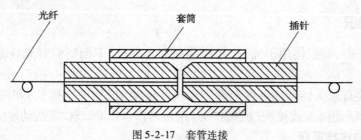

图 5-2-17　套管连接

2)V 形槽连接

将处理好的光纤放入 V 形槽内,放上盖板,然后轻轻推插光纤,使两个端面接触到。必要时端面之间应加注匹配材料。V 形槽的深浅和光纤外径的一致性将保证可以获得满意的连接效果(见图 5-2-18)。

3)三棒连接

图 5-2-19 展示出了三棒的放置,棒的直径约为光纤外径的 6.5 倍,外面套有弹性材料,用以固定棒的位置。用类似于套管连接的方法使光纤在三棒的空隙中对接。

4)熔融连接

用电弧、火焰或激光加热要连接的光纤的两个端面(已处理过的),使它们熔融直至"烧结"在一起。这种方法连接光纤都是在专门的光纤熔接机上完成的。

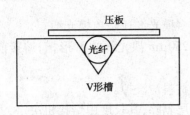

图 5-2-18　V形槽和压板

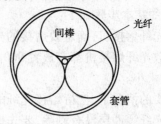

图 5-2-19　三棒连接

2.光纤的熔接

1)光纤的熔融方法

可以用多种方法加热光纤并使其熔融。如用电热丝加热,这种方法不容易得到能使玻璃光纤熔融的高温(石英玻璃光纤熔融连接温度要 2000℃ 以上)。也可以用大功率激光器,如 CO_2 激光器的激光束加热光纤,这可以获得非常清洁的加热状态,很适宜于做高强度光纤接头。但是使用激光束加热的激光器辅助装置较为庞大,花费也大,所以使用得并不广泛。也有使用各种火焰进行加热的,如丁烷氧焰、氢气火焰、氢氧焰、氢氯焰、氢氯氧焰等。特别是氢氯焰,能做出强度最好的光纤熔接头。可惜的是使用各种火焰加热时自动控制比较困难,而且也不甚安全,所以没有得到普遍推广应用,仅在个别对光纤接头强度有特高要求的场合使用。另外一种加热方法就是通过电弧放电,即在光纤端头附近局部区域通过放电的方法产生高温使光纤熔融。这种方法可以通过控制电弧的放电电流方便地得到不同的温度,很容易实现自动控制。而且用这种方法所做的光纤接头质量好、损耗小,接头的强度也不错。这种电弧熔接光纤的方法已经在光纤熔接机中得到了广泛的应用。

2)用光纤熔接机熔接光纤

熔接机是专门用于光纤熔接的工具。这种设备可以把熔接的光纤对准排列,对准后可以自动完成熔接,也可以手动进行。对准时需要借助的工具是瞄准镜或摄像机。光纤对准以后,熔接机的两电极之间开始高压放电,在两光纤端头间产生一个高压电弧把两根光纤熔接在一起。

光纤熔接机的发展已经经历了几代。最早的光纤电弧熔接机,光纤的对中和熔接过程都是手动操作的。以后的熔接机从只适用于多模光纤发展到适用于多模光纤、单模光纤的熔接,光纤熔接机的对中调整和定位精度大大提高,可以达到 $0.1\mu m$。最初的多模光纤熔接机以光纤外层作基准面进行对中调整,以后发展成光功率监测调整。现今的自动对中熔接机融入了显微摄像、微机技术和图像校正等新技术,形成了"纤芯直视"式自动熔接机,甚至可以一次熔接多根光纤。

光纤熔接机必须具备下述性能:

(1)必须具有能固定光纤的精密光纤夹具,放置发射光纤和接收光纤的夹具的轴向应有极高的平行度。

(2)要有精密的微调功能,一般要求能在 x、y、z 三个方向上能进行精密调整,调节精度达 $0.1\mu m$。

(3)电弧放电要稳定,光纤熔接条件可调节,以适应各类光纤的熔接。

3)光纤熔接步骤

光纤熔接是在高压电弧下把两根切割清洗后的光纤连接在一起,熔接时要把两光纤的接头熔化后接为一体。光纤熔接以后,光线可以在两根光纤之间以极低的损耗传输。

光纤熔接的基本步骤如下:

(1)开启光纤熔接机,确定要熔接的光缆是多模光缆还是单模光缆。

(2)大多数光纤熔接机都有放置 900μm 和 250μm 裸光纤的 V 形槽,熔接前要确定所要使用的 V 形槽大小。

(3)在必要的情况下,把待熔接光纤的凝胶材料清洗掉。

(4)如果光纤缓冲层没有剥除,要先把缓冲层剥除,其长度由熔接机决定,大多数熔接机规定剥离的长度为 2~5cm(1~2in)。

(5)用蘸有酒精的纸或棉把光纤上的灰尘擦掉,这样可以保证光纤在 V 形槽内正确地对准。

(6)使用切割工具按要求的长度切割光纤,制备光纤端面。

(7)把光纤断头扔在指定的容器内。

(8)打开电极上的护罩,把光纤放入 V 形槽。

(9)在 V 形槽内滑动光纤,在光纤端头达到两电极之间的时候停下来。

(10)盖上 V 形槽和电极护罩。

(11)自动或手工对准光纤。

(12)开始光纤的预熔。

(13)通过高压电弧放电把两光纤的端头熔接在一起。

(14)从熔接机上取下接续子。

(15)按厂商说明把接续子固定在接续架上。

(16)如需熔接其他的光纤,重复上述(1)~(14)步。

(三)光纤的活动连接

光纤连接器是光纤与光纤之间进行可重复拆卸(活动)连接的器件。它的基本要求是把光纤的两个端面精密对接起来,以使发射光纤输出的光能量能最大限度地耦合到接收光纤中去,并使由于光纤两个端面介入光链路而对系统造成的影响减到最小。它主要的技术要求除了插入损耗小、反射损耗大外,还有拆卸方便、互换性好、重复性好、能承受机械振动和冲击以及温度和湿度的变化。光纤活动连接器广泛应用于传输线路、光缆配线架和光测试仪表中。

光纤活动连接器种类按结构分有调心型和非调心型;按连接方式分有对接耦合式和透镜耦合式;按光纤相互接触关系分有平面接触式和球面接触式等。使用最多的是非调心型对接耦合式活动连接器,如平面对接式(FC)、直接接触式(PC)、矩形(SC)活动连接器,还有 APC、ST 等。

1. FC 型光纤活动连接器

这种连接器最早是由日本 NTT 研制。FC 是 Ferrule Connector 的缩写,表明其外部加强方式是采用金属套,紧固方式为螺丝扣。

典型的 FC 型单模光纤活动连接器结构如图 5-2-20 所示。它由套筒、插针体 a、插针体 b 和装在插针体中的光纤组成。将插针体 a、插针体 b 两者同时插入套筒中,再将螺旋拧紧,就完成了光纤的对接。两插针体端面磨成平面,外套一个弹簧对中套筒,使其压紧并精确对准定位。FC 由于平面接触产生空隙,使光在石英玻璃和空气间产生菲涅尔反射。

图 5-2-20 FC 型光纤任务连接器示意图

2. PC 型光纤活动连接器

FC 型连接器中的两根光纤处于平面接触状态,端面间不免有小的气隙,从而引起损耗和菲涅尔反射。改进的办法是把插针体端面抛磨成凸球面,这样就使被连接的两光纤端面直接接触。这类连接器称 PC 型光纤活动连接器。

FC 型和 PC 型单模光纤活动连接器的插入损耗都小于 0.5dB,而 PC 型结构可将反射损耗提高到 40dB。

早期的 FC 型和 PC 型光纤活动连接器的套筒和插针套管都是用合金铜或不锈钢制造的。但铜的耐磨性差,重复插拔的磨损会破坏对中精度,磨损产生的尘粒有时还会影响光的传输,因而使用寿命短。不锈钢比铜加工困难,但磨损程度有所改进。现在最好的方案是套筒和插针套管都用陶瓷制造。用氧化锆制作开槽套筒,用氧化铝制作插针套管,可得到最好的配合。采用陶瓷材料后,光纤活动连接器的损坏(插拔次数)可大于 10000,而温度范围可扩展到 -40℃ ~ +80℃。

3. SC 型光纤活动连接器

这是一种由日本 NTT 公司开发的光纤连接器。其外壳呈矩形,所采用的插针与耦合套筒的结构尺寸与 FC 型完全相同。SC 型光纤活动连接器如图 5-2-21 所示。

与 FC 型、PC 型活动连接器依靠螺旋锁紧对接光纤不同,SC 型活动连接器只需轴向插拔操作,能自锁,体积小,最适宜于高密度安装。SC 型活动连接器采用塑料模塑工艺制造,插针套管是氧化锆整体型,端面磨成凸球面。

图 5-2-21 SC 型光纤任务连接器实物图

4. ST 型光纤连接器

ST 型光纤连接器常用于光纤配线架,外壳呈圆形,紧固方式为螺丝扣。ST 和 SC 接口是光纤连接器的两种类型。对于 10Base-F 连接来说,连接器通常是 ST 类型的;对于 100Base-FX 来说,连接器大部分情况下为 SC 类型的。ST 连接器的芯外露,SC 连接器的芯在接头里面。

5. 3M 的 VF-45 光纤活动连接器

3M 公司推出用于光纤网络的 VF-45 连接器,大小如双绞线的 RJ-45,也是插拔式,比 SC 成本低,如图 5-2-22 所示。

3M 公司的 VF-45 插座和跳线的连接像连接 RJ-45 一样容易,是最新双式光纤活动连接器,给光纤应用带来和 RJ-45 接口一样的简便性。VF-45 插座能用于现场的电信间的配线板和楼宇水平布线,可以很方便地端接两芯光纤。

工厂端接在跳线上 VF-45 插头实现插座到插座或插座到收发设备的互联。VF-45 跳线有不同的长度能同 ST 和 SC 接口进行混合配置。全部 VF-45 跳线都用 3M 公司创新的 GGP 高强度被覆光纤制造,具有台式设备应用的经久性和严格的弯曲半径。VF-45 光纤互连符合为满足要求最严格的消费者而选定 TIA、IEC 和 3M 规范的要求。VF-45 互连是提供经济的光纤楼宇布线解决方案的核心。

6. FC/APC 型单模光纤任务连接器

FC/APC 型单模光纤任务连接器如图 5-2-23 所示。在这种结构中,两个插针体端面被磨成 8°倾斜,使反射波不能沿入射波的反方向前进而是逃逸到光纤之外。因此,FC/APC 单模光纤任务连接器的反射损耗可达到 60dB 以上,而最小插入损耗可达到 0.3dB。

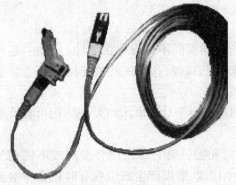

图 5-2-22 VF-45 光纤任务连接器　　　　图 5-2-23 FC/APC 型光纤任务连接器实物图

7. 双锥形连接器(Biconic Connector)

这类光纤连接器中最有代表性的产品由美国贝尔实验室开发研制,它由两个经精密模压成形的端头呈截头圆锥形的圆筒插头和一个内部装有双锥形塑料套筒的耦合组件组成。

8. DIN47256 型光纤连接器

这种由德国开发的连接器采用的插针和耦合套筒的结构尺寸与 FC 型相同,端面处理采用 PC 研磨方式。与 FC 型连接器相比,其结构要复杂一些,内部金属结构中有控制压力的弹簧,可以避免因插接压力过大而损伤端面。另外,这种连接器的机械精度较高,介入损耗值较小。

9. MT-RJ 型连接器

MT-RJ 连接器起步于 NTT 开发的 MT 连接器,带有与 RJ-45 型 LAN 电缆连接器相同的闩锁机构,通过安装于小型套管两侧的导向销对准光纤。为便于与光收发信机相连,连接器端面光纤为双芯(间隔 0.75mm)排列设计。MT-RJ 型连接器是主要用于数据传输的下一代高密度光纤连接器,如图 5-2-24 所示。

图 5-2-24 MT-RJ 型连接器

10. LC 型连接器

LC 型连接器是著名 Bell(贝尔)研究所研究开发出来的,采用操作方便的模块化插孔(RJ)闩锁机理制成。其所采用的插针和套筒的尺寸是普通 SC、FC 等所用尺寸的一半,为 1.25mm。这样可以提高光纤配线架中光纤连接器的密度。目前,在单模光纤连接方面,LC 类型的连接器已经占据了主导地位,在多模方面的应用也增长迅速。LC/PC 型连接器如图 5-2-25 所示。

11. MU 型连接器

MU(Miniature unit Coupling)连接器是以目前使用最多的 SC 型连接器为基础,由 NTT 研制开发出来的世界上最小的单芯光纤连接器。该连接器采用 1.25mm 直径的套管和自保持机构,其优势在于能实现高密度安装。利用 MU 的 1.25mm 直径的套管,NTT 已经开发了 MU 连接器系列。它们有用于光缆连接的插座型连接器(MU – A 系列),有具有自保持机构的底板连接器(MU – B 系列)以及用于连接 LD/PD 模块与插头的简化插座(MU – SR 系列)等。随着光纤网络向更大带宽、更大容量方向迅速发展和 DWDM 技术的广泛应用,对 MU 型连接器的需求也将迅速增长。MV/PC 型连接器如图 5-2-26 所示。

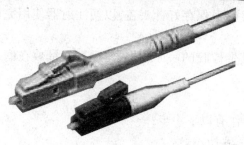

图 5-2-25　LC/PC 型连接器

图 5-2-26　MU/PC 型连接器

MT – RJ 型连接器、LC 型连接器和 MU 型光纤连接器均为小型单芯光纤连接器。这类连接器压缩了整个网络中面板、墙板及配线箱所需要的空间,使其占有的空间只相当传统 ST 和 SC 连接器的一半。

在前面图中,表示尾纤接头的标注中常能见到"FC/PC","SC/PC"等,它们的含义如下:"/"前面部分表示尾纤的连接器型号。

"SC"接头是标准方形接头,采用工程塑料,具有耐高温、不容易氧化优点。传输设备侧光接口一般用 SC 接头。

"LC"接头与 SC 接头形状相似,较 SC 接头小一些。

"FC"接头是金属接头,一般在光纤配线架侧采用。金属接头的可插拔次数比塑料要多。

连接器型号还有 MT – RJ、ST、MU 等,如图 5-2-27 所示。

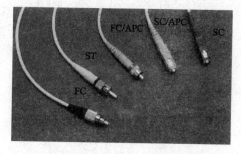

图 5-2-27　光纤接口连接器的种类

"/"后面表明光纤接头截面工艺,即研磨方式。

"PC"表示光纤接头截面工艺,是最普遍的。在广电和早期的 CATV 中应用较多的是 APC 型号。尾纤头采用了带倾角的端面,斜度一般看不出来,可以改善电视信号的质量(主要原因是电视信号是模拟光调制,当接头耦合面是垂直的时候,反射光沿原路径返回。由于光纤折射率分布的不均匀会再度返回耦合面,此时虽然能量很小但由于模拟信号是无法彻底消除噪声的,所以相当于在原来的清晰信号上叠加了一个带时延的微弱信号,表现在画面上就是重影。尾纤头带倾角可使反射光不沿原路径返回。数字信号一般不存在此问题)。

还有一种"UPC"工艺,衰耗比 PC 要小,一般有特殊需求的设备的珐琅盘为 FC/UPC。国外厂家光纤配线架内部跳纤用的就是 FC/UPC,提高了光纤配线架设备自身的指标。

(四)标准光纤连接器安装操作

在光纤连接器的安装操作过程中,一般来讲分为 SC 连接器安装和 ST 连接器安装。它们的操作步骤大致相同,不再分开叙述。

1. 工作区操作准备

(1)在操作台上打开工具箱。一般工具箱内有胶和剂、ST/SC 两用压线器、ST/SC 抛光工具、光纤剥离器、抛光板、光纤划线器、抛光垫、剥线钳、抛光砂纸、酒精擦拭器和干燥擦拭器、酒精瓶、Kevlar剪刀、带ST/SC适配器的手持显微镜、注射器和终接手册。

(2)在操作台上放一块平整光滑的玻璃,做好工作台的准备工作(即从工具箱中取出并摆放好必要的工具)。

(3)将塑料注射器的针头插在注射器的针管上。

(4)拔下注射器针头的盖,装入金属针头(注意:保存好针头盖,以便注射器使用完毕后再次盖上针头,以后继续使用)。

(5)将磨光垫放在一个平整的表面上,使其带橡胶的一面朝上,然后把砂纸放在磨光垫上,光滑的一面朝下。

2. 光缆的准备

剥掉外护套,套上扩展帽及缆支持,具体操作有以下4步:

(1)用环切工具剥掉光缆的外套,如图5-2-28所示。

(2)使用环切工具上的刀片调整螺钉,设定刀片深度为7.6mm(不同类型的光缆,刀片深度也不一样)。

(3)在光缆末端的96.5cm处环切外护套(内层),将内外护套拉出,如图5-2-29所示。

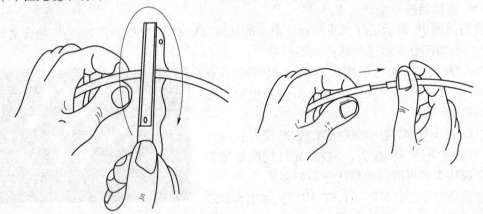

图5-2-28 用环切工具剥掉光缆的外套　　　　图5-2-29 拉掉外护套

(4)对光缆安装缆支持和扩展帽。先从光纤的末端将扩展帽套上(尖端在前)向里滑动,再从光纤末端将缆支持套上(尖端在前)向里滑动。如图5-2-30所示。

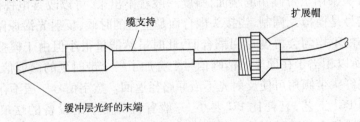

图5-2-30 安装缆支持及扩展帽

3. 作标记

用SC模板上规定的长度量取光纤外套的长度,用记号笔按模板刻度所示位置,在外套上作标记。

4. 将光纤的外衣剥去

准备好剥线器,用剥线器将光纤的外衣剥去。一种常用的手工光纤剥线器如图5-2-31

所示。

例如,利用5B5机械剥线器剥除缓冲器光纤的外衣,具体操作有以下7步:

(1)将剥线器深度按要求长度设置好。打开剥线器手柄,将光纤插入剥线器的导管中,用手紧握两手柄使其闭合,然后将光纤从剥线器中拉出(注意:每次用5B5剥线器剥光纤的外衣后,要用与5B5一起提供的刷子把刀口刷干净)。

(2)用浸有酒精的纸或布从缓冲层向前擦拭,去掉光纤上残留的外衣。要至少细心擦拭两次,且擦拭时不能使光纤弯曲。如图5-2-32所示。

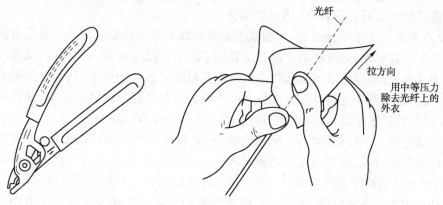

图5-2-31 光纤剥线器　　　　图5-2-32 小心擦拭光纤

(3)利用剥线器剥除SBJ光纤的外衣。

(4)使用6in刻度尺测量,并标记合格的光纤长度(用模板亦可)。

(5)用剥线器上的2号刻槽一小段一小段地剥去外衣,直到剥到标记外为止(注意:切勿弯曲光缆)。

(6)对于SBJ光纤,还要在离标记1.6mm处剪去纱线。

(7)用浸有酒精的纸或布细心擦拭光纤两次。

5.将准备好的光纤存放在保持块上

(1)存放光纤前用罐气将保持块吹干净。

(2)将光纤有外衣的部分存放在槽中,裸露的部分悬空。保持块上的小槽存放缓冲层光纤,大槽存放单光纤光缆。如图5-2-33所示。

(3)将准备好的12(或6)根光纤全部存在该保持块上。

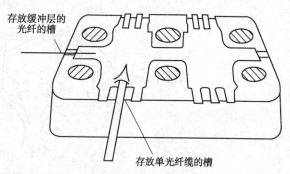

图5-2-33 将光纤放在保持块上

(4)若准备好的光纤曾放在不干净的空间中,则在继续加工前应再用酒精纸或布小心擦拭两次。

6.环氧树脂和注射器的准备

(1)取出装有环氧树脂的塑料袋(有黄白两色的胶体,中间用分隔器分开),撤下分隔器,然后在没有打开的塑料袋上用分隔器来回摩擦,使两种颜色的胶体充分混合并成为同一种颜色。

(2)取出注射器,拿下帽子,将注射器针头安装到注射器上,并拧转使其到达锁定的位置。

(3)将注射器塞拉出,以便装入准备好的塑料袋中的环氧树脂。

(4)将装有环氧树脂的塑料袋剪去一角,并将混合好的环氧树脂从注射器后部孔中加入(挤压袋子),约19ml的环氧树脂足够做12个ST连接器插头。

(5)从后部将注射器塞插入。

(6)将针管中气泡除去。方法是将注射器针头向上,压后部的塞子,使环氧树脂从注射器针头中出来(用纸擦去),直到环氧树脂塞是清澈的和自由的为止。

7. 在缓冲层的光纤上安装ST连接器插头

(1)从连接器袋中取出连接器,对着光亮处从后面查看连接器中的光纤孔是否畅通。如果通过该孔不能看到光,则可从消耗器材工具箱中取出一根细的硬芯铜丝线,试着将其从前方插入孔中并推进,这样可以将阻塞物推到连接器后边的打开的膛中,从而去掉阻塞物。再查看是否有光,若能看到光则可检查准备好的光纤是否符合标准,然后将光纤从连接器的后部插入,并轻轻旋转连接器,感觉光纤与洞孔的关系是否符合标注。

若光纤通过整个连接器的洞孔,则撤出光纤,并将其放回到保持块上去;若光纤仍不能通过整个连接器的洞孔,则可再用硬芯铜丝线从尖头的孔中插入,以去掉孔中的阻塞物。

(2)将装有环氧树脂的注射器针头插入ST连接器的背后(直到其底部),压注射器塞,慢慢地将环氧树脂注入连接器,直到在连接器陶瓷尖头上平滑部分出现一个大小合适的泡为止。

当连接器尖头上出现了一个大小合适的泡时,立即释放在注射器塞上的压力,并拿开注射器。

对于多模的连接器,小泡至少应覆盖连接器尖头平面的一半。

(3)用注射器针头给光纤上涂上一薄层环氧树脂外衣,大约到缓冲器外衣的12.5mm处。若为SBJ光纤,则对剪剩下的纱线末端也要涂上一层环氧树脂。如图5-2-34所示。

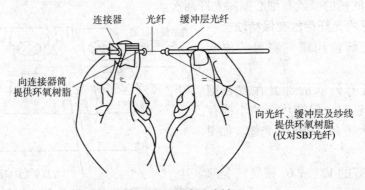

图5-2-34 插入光纤

(4)同样使用注射器的针头给连接器筒的头部(3.2mm)涂上一层薄的环氧树脂外衣。

(5)通过连接器的背部插入光纤,轻轻地旋转连接器,仔细地"感觉"光纤与孔(尖后部)的关系。

(6)当光纤被插入并通过连接器尖头伸出后,从连接器后部轻轻地往回拉光纤,以检查它的运动(该运动用来检查光纤有没有断,是否位于连接器孔的中央),检查后重新将光纤插好。

(7)观察连接器的尖头部分,确保环氧树脂小泡未被损坏。对于单模连接器,它只是覆盖了连接器顶部的平滑面。对于多模连接器,它大约覆盖了连接器尖平滑面的一半。如果需要的话,小心地用注射器重建环氧树脂小泡。

(8)将缓冲器光纤的"支撑(引导)"滑动到连接器后部的筒上去,旋转"支撑(引导)"以使提供的环氧树脂在筒上均匀分布。如图 5-2-35 所示。

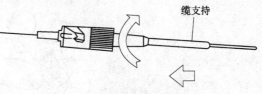

图 5-2-35　组装缆支持

(9)在扩展器帽的螺纹上注射一滴环氧树脂,将扩展器帽滑向缆支持,并将扩展器帽通过螺纹拧到连接器中去,确保光纤就位。

(10)在连接器上加保持器。将连接器尖端底部定位的小突起与保持器的槽对成一条线(同时将保持器上的突起与连接器内部的前沿槽对准)。将保持器拧锁到连接器上去,压缩连接器的弹簧,直到保持器的突起完全锁进连接器的切下部分为止。

(11)要特别小心,不要弄断从尖端伸出的光纤。若保持器与连接器装好后光纤从保持器中伸出,则应使用剪子将光纤剪成掩埋式的,否则当将保持器及连接器放入烘烤炉时会将光纤弄断。

8.烘烤环氧树脂

(1)将烘烤箱放在远离易燃物的地方。将烘烤箱的电源插头插到 220V 的交流电源插座上,将 ON/OFF 开关按到 ON 位置,并将烘烤箱加温,直到 READY 灯亮为止(约 5min)。

(2)将连接器和保持器组件(不包括光纤部分)放到烘烤箱的一个端口(孔)中,并用工具箱中的微型固定架(不能用手)夹住连接器组件的支撑(引导)部分。如图 5-2-36 所示。

(3)在烘烤箱中烤 10min 后,拿住连接器的"支撑(引导)"部分(切勿拿光纤)将连接器组件从烘烤箱中移出,再将其放入保持块的端口(孔)中进行冷却。如图 5-2-37 所示。

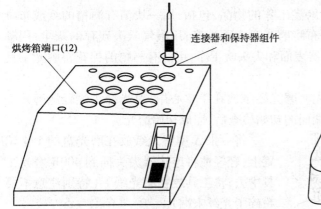

图 5-2-36　将组件放到烘烤箱端口中

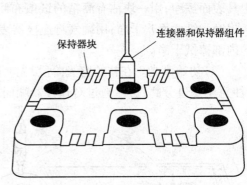

图 5-2-37　冷却连接器组件

9.切断光纤

(1)确定连接器和保持器组件已冷却后,从连接器上对保持器解锁,取下保持器,注意不要弄断光纤。

(2)用切断工具在连接器尖上伸出光纤的一面刻痕(对着灯光看清,在环氧树脂泡上靠近连接器尖的中位轻轻地来回刻痕)。

(3)刻痕后,用轻的直拉力将连接器尖外的光纤拉去。如果光纤不容易被拉开,则重新刻痕并再试。要使光纤末端的端面能成功地磨光,光纤不能在连接器尖头断开(即断到连接器尖头中)。切勿通过弯曲光纤折断它,如果动作干净利索,则会大大提高成功率。如图 5-2-38 所示。

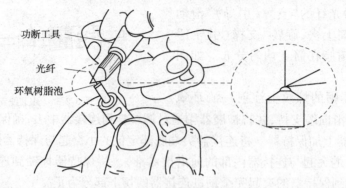

图 5-2-38　在光纤上刻痕

10. 除去连接器尖头上的环氧树脂

检查连接器,看它外面有没有环氧树脂,尤其不允许环氧树脂残留在连接器尖区。若有残留的环氧树脂,则会妨碍后续的加工步骤,且不能获得低损耗的接续。

如果在连接器的陶瓷头上发现有环氧树脂,则可用一个干净的单边剃须刀片将其除去。以一个浅工作角轻轻向前移动刀片,除去所有的环氧树脂痕迹,切勿刻和抓连接器的尖。

如果连接器是塑料尖的,当塑料尖头上有环氧树脂时,也可用单边的剃须刀片将其除去,注意不要损坏塑料尖。

11. 磨光

应注意,对多模光纤只能用在 D102938 或 D182038 中提供的磨光纸,一粒灰尘就能阻碍光纤末端的磨光。

(1) 准备工作。清洁所有用来进行磨光工作的物品,包括:用一块沾有酒精的纸或布将工具表面擦净;用一块沾有酒精的纸或布将磨光盘表面擦净;用罐气吹去残存的灰尘;用罐气将磨光纸两面吹干净;用罐气将连接器表面和尖头吹干净;用沾有酒精的棉花将磨光工具的内部擦拭干净。

(2) 初始磨光。在初始磨光阶段,先将磨光砂纸放在手掌心中,对光纤头轻轻地磨几下(注意不要过分磨光)。通过对连接器端面的初始检查后,完成初始磨光。

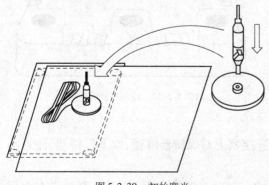

图 5-2-39　初始磨光

将一张 A 型磨光纸放在磨光盘的 1/4 位置上,轻轻地将连接器尖头插到 400B 磨光工具中去,将工具放在磨光纸上(特别注意不要粉碎了光纤末端)。

开始时需要用非常轻的压力进行磨光(用大约 80mm 高的 8 字形进行磨光运动)。

当继续磨光时,逐步增加压力,磨光的时间根据环氧树脂泡的大小不同,但平均移动 20 个 8 字形。如图 5-2-39 所示。

(3) 初始检查。在进行检查前,必须确定光纤上没有接上电源。为了避免损坏眼睛,不要使用光学仪器观看激光或 LED 光的光纤。

从磨光工具上拿下连接器,用一块沾有酒精的纸或布清洁连接器尖头及磨光工具。

用一个7倍眼睛放大镜检查连接器尖头上不滑区的磨光情况。如果有薄的环氧树脂层,则连接器尖头的表面就不能被彻底地磨光。在初始磨光阶段如果磨过头了,则可能产生一个损耗的连接器。

对于陶瓷尖头的连接器,初始磨光的完成标志是在连接器尖头的中心部分保留有一个薄的环氧树脂层,且在连接器尖头平滑区有一个陶瓷的外环暴露出来,能看到一个发亮的晕环绕在环氧树脂的周围。

对于塑料尖头的连接器,初始磨光的完成标志是直到磨光的痕迹刚刚从纸上消失为止,并在其尖头上保留一层薄的环氧树脂层。

如果磨光还没有满足条件,继续按8字形磨光。要频繁地用眼睛放大镜检查连接器尖头的初始磨光情况。如图5-2-40所示。

当初始磨光满足条件后,从磨光工具上取下连接器,并用沾有酒精的纸或布清洗磨光工具和连接器,再用罐装气吹干,并在工具中置换连接器。

(4)最终磨光。先要用酒精和罐装气对工具和纸进行清洁。

将C磨光纸的1/4(有光泽的面向下)放在玻璃板上。

开始用微小压力,然后逐步增加压力,以约100mm高的8字形运动进行磨光。

磨光多模陶瓷尖头的连接器,直到所有的环氧树脂被除掉。

磨光多模塑料尖头的连接器,直到尖头的表面与磨光工具表面平齐。

(5)最终检查。在进行此项工作之前,确认在光纤上没有发送源在运行。

从磨光工具上取下连接器,用一块沾有酒精的纸或布清洗连接器尖头、被磨光的末端及连接器头。

连接器扭锁到显微镜的底部。

开显微镜的镜头管(接通电源),照亮连接器的尖头,并用边轮聚焦,用高密光回照光纤的相反的一端。如果可能,照亮核心区域,以便更容易发现缺陷。如图5-2-41所示。

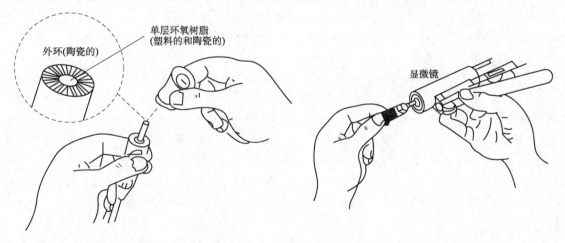

图5-2-40 使用放大镜检查连接器　　　　图5-2-41 使用显微镜观察

一个可采用的光纤末端所在核心区域中应没有裂开的口、空隙、深的抓痕或包层中的深的缺口。

如果磨光的光纤末端是可采用的,则制作的连接器就可以使用了;如果不是立即使用此连接器,则可用保护帽把末端罩起来。

如果光纤末端不能被磨光达到可采用的条件,则需要重新端接。

 复习与思考

1. 如果网上邻居计算机不可见,说明两台电脑可能没有连通,请排除故障。
2. 请思考光纤使用的注意点。
3. 说明光纤的熔接过程。
4. 说明光纤连接器的制作过程。

项目六 公交信息数据传输应用案例

知识要求

1. 了解公交信息数据传输应用。
2. 熟悉公交信息数据传输基本通信协议。

技能要求

1. 知道智能公交车载终端的功能。
2. 知道公交信息数据传输基本流程。

任务一 公交信息数据传输应用案例

公交车载智能终端是公交智能调度系统的核心设备。本次任务,我们以上海中安电子信息科技有限公司开发的 TW858-YT 公交车载智能终端为例了解公交信息数据传输的应用。

TW858-YT 公交车载智能终端是集"车载调度、报站、监控、系统维护"为一体的智能交通一体机。该车载智能终端集成了车辆自动报站、车辆调度、正点考核、视频监控、CAN 线采集、POS 机、投币机数据集成等设备功能,大大降低了公交智能车载终端的成本。

(一)车载终端总体架构

车载智能终端作为公交车联网的核心设备,通过车联网技术可以与公交外部设备进行连接,并向外部设备采集和发布信息,实现公交车载智能化应用。车载设备总体技术架构如图 6-1-1 所示。

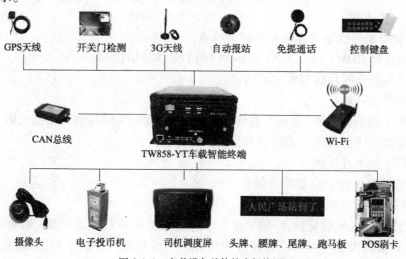

图 6-1-1 车载设备总体技术架构图

(二)车载终端功能介绍

TW858-YT公交车载智能终端是一款满足巴士通智能公交车载技术标准和数据通信协议、视频数据通信协议的高度集成设备。该设备能完成报站、调度管理、车载监控、3G视频实时监控等功能,形成完整的智能公交车载管理系统。下面就与公交信息数据传输有关的功能做简单介绍。

1. GPS定位功能

公交车载智能终端内嵌精确定位的GPS芯片,芯片功能不低于Sirf第四代,定位精度达到10m,并且可支持北斗模块的扩展,同时内置位置纠偏功能和盲区辅助定位功能。其中Wi-Fi辅助定位功能可以依据Wi-Fi热点对设备进行辅助定位,使得公交车辆在高架下、高楼下定位更准确,同时也可为电子站牌到站预报提供精确数据支持。而LBS辅助定位功能则可以依据LBS(Location Based Service,基于位置的服务)对公交车辆进行辅助定位。

GPS定位及辅助定位功能如图6-1-2所示。

SIRF四代定位模块

支持北斗模块扩展

Wi-Fi辅助定位支持

LBS辅助定位支持

北斗芯片模块

图6-1-2 GPS定位功能及辅助定位功能

2. 移动无线通信

公交车载智能终端通信模块具有以下特点:
(1)设备支持CDMA 1x/EVDO/TD-SCDMA无线通信模块;
(2)支持视频和图片数据实时上传;
(3)支持语音通话;
(4)将采集到数据按照《智能车载终端通信数据协议》实时传送到指定的服务器;
(5)能够接收中心传送过来的各种信息和指令;
(6)支持断线重连功能;
(7)支持LTE无线通信模块升级;
(8)具有掉线后数据补发功能。

断线重连和盲区补偿是指,一般情况下车载采集到所有数据通过3G模块进行传输,当所有无线数据信道失效时可启动盲区补偿功能。一旦车辆出了通信盲区,设备自动进行通信重连,重连之后将缓存的数据发送中心平台。

公交车载智能终端能与监控中心通过移动无线进行双向数据传输。数据接收是指接收监控中心发送的数据或指令。数据发送是指将智能公交车载系统设备直接采集的信息、经过处理后的数据及其他设备传输给终端的数据传输给监控中心。

3. Wi-Fi 无线通信

车载终端支持 Wi-Fi 通信(图6-1-3),包括:

(1) 支持 IEEE 802.11b/g/n 标准协议。

(2) 支持 Wi-Fi 无线数据传输,具备数据终端存储与上传功能。当天采集的数据(包括但不仅限于 GPS 定位、Wi-Fi 定位、营收、客流数据)进停车场后,在固定区域通过 Wi-Fi 集中上传。

(3) 具备识读 Wi-Fi 标杆功能,用于辅助定位。

图6-1-3 Wi-Fi 无线通信

公交车载智能终端系统内置位置测算功能,通过设备内置的地理信息、车辆位置、公交运行线路、线路上站点信息进行实时计算,在车载终端就能计算出车辆离各个站点距离。这种分布式计算方式比中心计算方式更优越,实时性强,计算更准确,能够有效提高电子站牌预报效果。计算结果可以通过监控中心发送给电子站牌,将来还可以通过 Wi-Fi 等短程通信方式发送给电子站牌。

任务二 公交信息数据传输基本通信协议举例

目前,公交信息数据传输有关通信协议还没有行业的统一标准。本次任务以上海巴士公交有限公司企业标准中的车载信息系统与通信平台基本通信协议和公交数据无线采集基本通信协议为例,对公交信息数据传输基本通信协议做初步介绍。

(一) 车载信息系统与通信平台基本通信协议

1. 交换规程

车载信息系统与通信平台数据交换使用开放的 TCP/IP 接口,适用于不同类型的无线通信网络(包括 GSM/GPRS 网络和 CDMA 网络)。数据交换基本模型如图6-2-1所示。

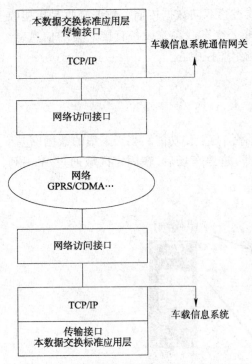

车载系统与通信网关交换数据时,车载系统作为发起方建立 TCP 连接。连接发起方应自动侦测链路故障,并负责链路恢复。

本规范要求实现连接认证且作为安全性控制手段,只有通过认证的车载系统才可传输数据,否则作为非法连接立即关闭。车载系统作为发起方与通信网关建立 TCP 连接后,首先向通信网关发送链路认证请求报文,通信网关收到后应回复认证确认报文以完成整个认证过程。正确连接认证流程如图 6-2-2 所示。

如车载系统在发出链路认证请求报文后 1 分钟内未收到认证确认,应关闭连接;通信网关在 TCP 连接建立后 1 分钟内未收到认证请求,应关闭连接。

如通信网关接收到认证请求报文,但其认证请求信息不合法时,应关闭连接。连接认证失败处理流程见图 6-2-3。

图 6-2-1 车载系统与通信网关数据交换基本模型

车载系统与通信网关间链路空闲超过 2 分钟时,应由车载系统发出链路测试报文。通信网关收到后应回复链路测试确认。车载系统 1 分钟内未收到测试确认应关闭连接。

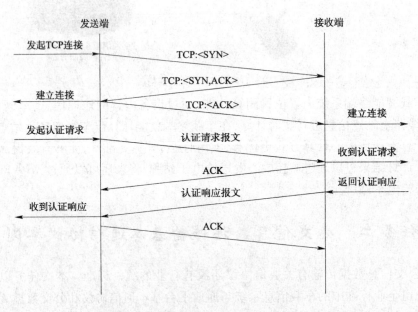

图 6-2-2 车载系统与通信网关成功认证流程

链路测试过程分为两个步骤,首先由链路测试发起方发出链路检测请求报文,对方收到链路测试请求报文后需返回链路测试响应报文。正确的链路检测流程见图 6-2-4。

当链路检测失败时,发起链路检测的一方应关闭连接,并在等待一定时间(15 秒)后尝试重新进行连接。

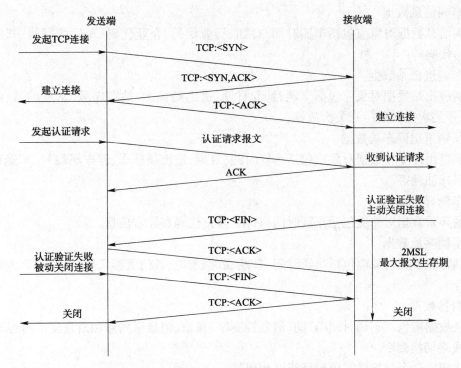

图 6-2-3　车载系统与通信网关认证失败处理流程

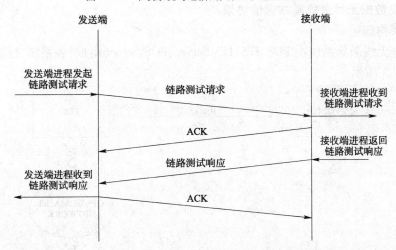

图 6-2-4　车载系统与通信网关链路检测流程

2. 数据对象

车载系统的数据对象包括车辆位置数据、车辆状态数据、车辆信息数据、车辆进出站数据、车辆进出停车场数据、车辆异常数据、车辆客流数据、消息数据、线路切换命令等。

1）车辆位置数据

车辆位置数据对象应包括时间/日期、纬度、经度、方向、速度、累计行驶里程和车辆运行状态等。

2）车辆状态数据

车辆状态数据对象应包括车辆时间/日期、车内温度、保留、车辆存油量和车辆累计油耗等。

3)车辆信息数据

车辆信息数据对象应包括车辆时间/日期、行业代码、企业代码、车辆牌照号、驾驶员工号和线路代码等。

4)车辆进出站数据

车辆进出站数据对象应包括车辆时间/日期、进出站标志、站点序号、站点编号、站间里程、前门开关次数和后门开关次数等。

5)车辆进出停车场数据

车辆进出停车场数据对象应包括车辆时间/日期、进出场标志、停车场编号、车辆存油量和车辆累计油耗等。

6)车辆异常数据

车辆异常数据对象应包括车辆时间/日期、异常代码和异常信息。

7)车辆客流数据

车辆客流数据对象应包括车辆时间/日期、数据来源、各门上客人数、各门下客人数和留车人数等。

8)消息数据

消息数据应包括车辆时间/日期、消息控制字、保留、消息序列号和消息文本内容等。

9)线路切换命令

线路切换命令数据格式应包括线路代码等。

(二)公交数据无线采集基本通信协议

1. 系统架构描述

公交数据无线采集系统由 POS、ITS、ITS Server、POS Server 组成,各系统之间的网络通信方式如图 6-2-5 所示。

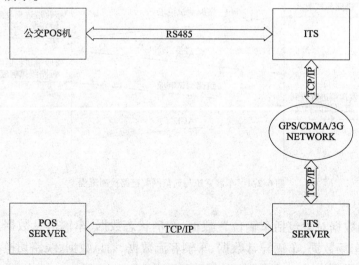

图 6-2-5　公交数据无线采集系统通信方式

2. 总体流程描述

1)POS 定时下载参数的流程描述

ITS 轮询 POS 机是否有数据需要上传。当 POS 机有参数版本信息需要上传时,回应 0x81 指令给 ITS,ITS 转发指令给 ITS Server,ITS Server 再转发给 POS SERVER。如图 6-2-6 所示。

POS SERVER 收到参数版本信息指令后,通过 0x80 指令向 POS 机发送最新参数版本信息(包括参数类型、参数版本、生效日期、失效日期等)。如图 6-2-7 所示。

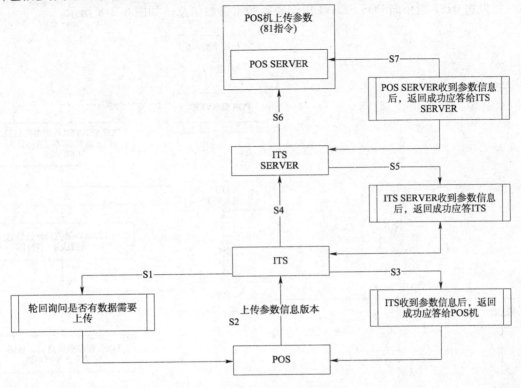

图 6-2-6　POS 定时下载参数的流程一

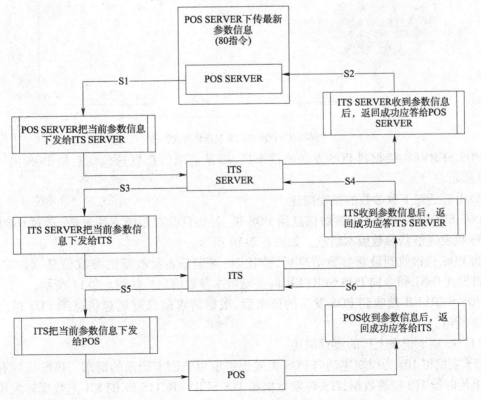

图 6-2-7　POS 定时下载参数的流程二

当 POS 机接收到最新参数信息后,作比对,确定是否接收新的参数信息。如需接收,POS 机发送 0x81 指令向 POS SERVER 询要新版本参数信息。如图 6-2-8 所示。

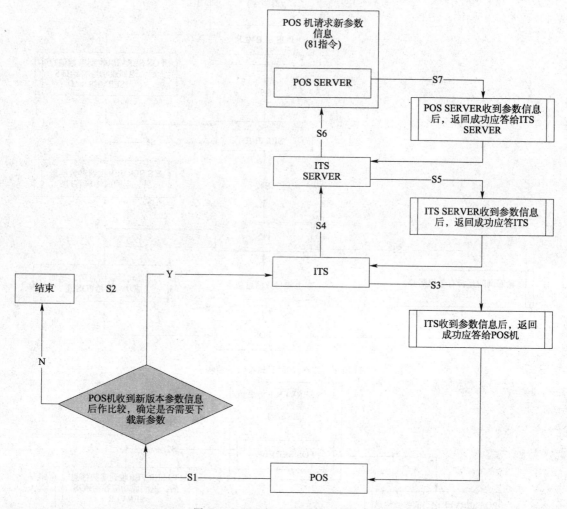

图 6-2-8　POS 定时下载参数的流程三

POS SERVER 接收到 POS 发送的请求后,根据请求信息发送包信息给 POS 机。如图 6-2-9 所示。

2)中心通知下载参数的流程描述

POS SERVER 主动下发参数信息给 POS 机,告知目前有新版本的参数,通过 0x80 指令向 POS 机发送最新参数版本信息。如图 6-2-10 所示。

当 POS 机接收到最新参数信息后,作比对,确定是否接收新的参数信息。如需接收,POS 机发送 0x81 指令向 POS SERVER 询要新版本参数信息。如图 6-2-11 所示。

POS SERVER 接收到 POS 发送的请求后,根据请求信息发送包信息给 POS 机。如图 6-2-12 所示。

3)POS 刷卡记录上传的流程描述

ITS 主机以 10s 为周期主动向 POS 机发出提取单笔刷卡记录的请求。POS 机如有数据需要上传时给 ITS 应答数据,ITS 转发数据给 ITS SERVER,ITS SERVER 把数据转发给 POS SERVER。如图 6-2-13 所示。

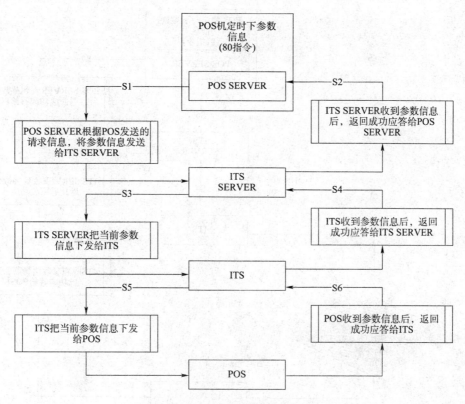

图 6-2-9　POS 定时下载参数的流程四

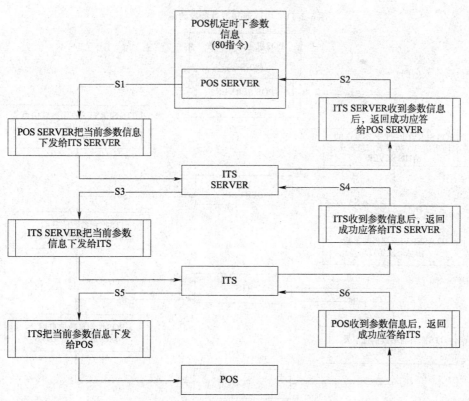

图 6-2-10　中心通知下载参数的流程一

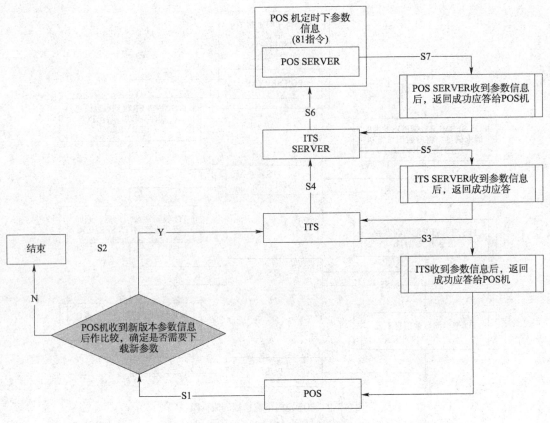

图 6-2-11　中心通知下载参数的流程二

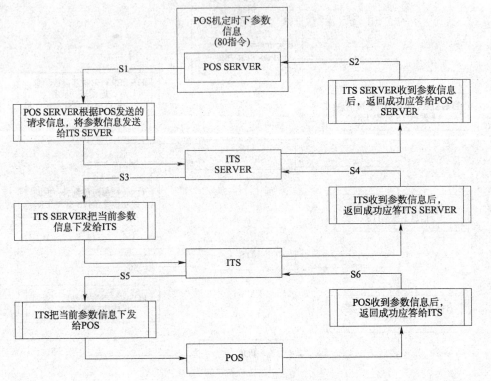

图 6-2-12　中心通知下载参数的流程三

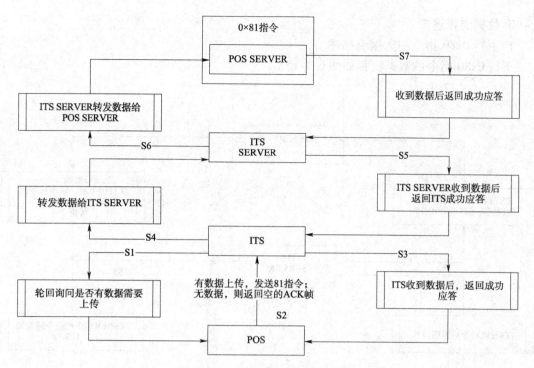

图 6-2-13　POS 刷卡记录上传的流程一

POS SERVER 收到上传数据后，反应 0x80 指令告诉 POS 机，数据已经收到。如图 6-2-14 所示。

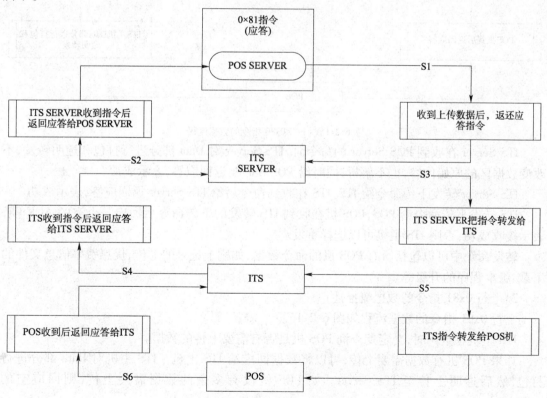

图 6-2-14　POS 刷卡记录上传的流程二

3. 数据流描述

1) 下行 0x80 指令的数据流描述

下行 0x80 指令的数据流程如图 6-2-15。

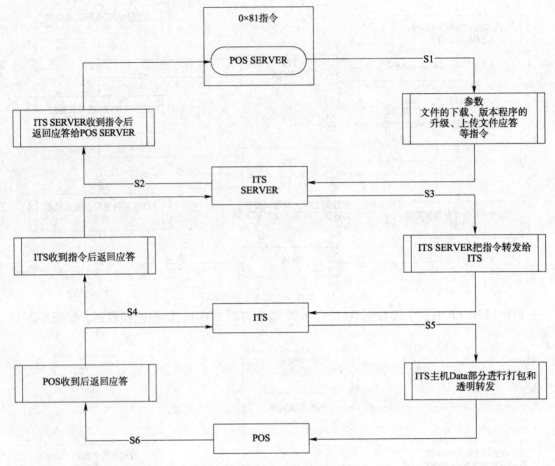

图 6-2-15 下行 0x80 指令的数据流程

ITS Server 在收到 POS Server 的命令时，ITS Server 对 Data 部分进行打包和透明转发，不改变数据区的原始内容，也不解析，同时给 POS Server 返回应答，表示成功。

ITS Server 转发下传命令给 ITS，ITS 在收到命令后给 ITS Server 返回应答，表示成功。

ITS 转发下传命令给 POS，POS 机在收到 ITS 转发的下传命令后回应一个空的 ACK 帧，表示接收成功，否则 ITS 主机可以选择重发。

转发命令中可以包括所有 POS 机的命令数据，如刷卡记录的上传、优惠费率信息文件的下载、版本程序的升级等。

2) 上行 0x81 指令的数据流描述

上行 0x81 指令的数据流程如图 6-2-16。

ITS 主机在空闲时，会定期查询 POS 机是否有需要上传的数据。

如果 POS 机有数据需要上传，可以将数据回应给 ITS 主机。ITS 主机对 Data 部分进行打包，然后透明上传至 ITS Server。如 POS 机没有多余的数据需要上传，则回应空的 ACK 帧。

ITS 向 ITS Server 转发上传数据，ITS Server 收到数据后返回 ITS 成功应答。

ITS Server 转发数据给 POS Server。POS Server 在收到数据后,返回 ITS Server 成功应答。

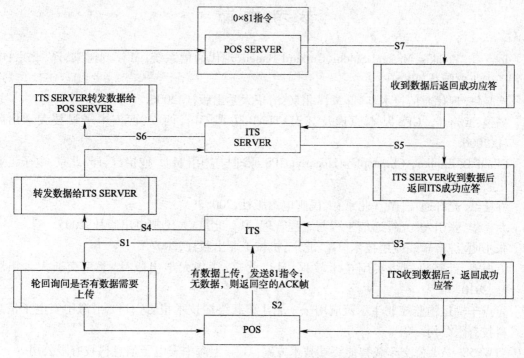

图 6-2-16　上行 0x81 指令的数据流程

参 考 文 献

[1] John G. Proakis,Masoud Salehi,Gerhard Bauch. 现代通信系统[M]. 刘树棠,译. 北京:电子工业出版社,2008.
[2] 严晓华. 现代通信技术基础[M]. 北京:清华大学出版社,2006.
[3] 杨俊,武奇生. GPS 基本原理及其 MATLAB 仿真[M]. 西安:西安电子科技大学出版社,2006.
[4] Elliott D. Kaplan, Christopher Hegarty. GPS 原理与应用[M]. 寇艳红,译. 北京:电子工业出版社,2012.
[5] 乔桂红. 光纤通信[M]. 北京:人民邮电出版社,2005.
[6] 尹树华,张引发. 光纤通信工程与工程管理[M]. 北京:人民邮电出版社,2005.
[7] 张小明. 综合布线应用技术[G]. 北京:机械工业出版社,2007.
[8] 万振凯. 计算机网络实用技术教程[M]. 北京:清华大学出版社,北京交通大学出版社,2010.
[9] 重点车辆运输监控北斗示范应用——北斗车载终端技术报告[G]. 上海中安电子信息科技有限公司.
[10] TW858 - YT 公交车载智能终端技术方案[G]. 上海中安电子信息科技有限公司.